موتٌ مُقيم/ رواية

د. وداد كيكسو/ مؤلفة من مملكة البحرين

الطبعة الأولى، 2018

حقوق الطبع محفوظة ©

المؤسسة العربيّة للدراسات والنشر

المركز الرئيسي:

المصيطبة – شارع ميشال أبي شهلا – متفرع من جسر سليم سلام

مفرق الجامعة اللبنانية الدولية LIU – بناية النجوم – مقابل أبراج بيروت

ص.ب.: 11/5460 الرمز البريدي 2190-1107

تلفاكس: 707892 1 00961 – 00961 1 707891

بيـروت – لبنـان

E-mail: mkpublishing@terra.net.lb

موقع الدار الألكترونيّ: www.airpbooks.com

التوزيع في الأردن :

دار الفارس للنشر والتوزيع

ص. ب.9157، عمّان، 11191 الأردنّ،

هاتف: 5605432 6 00962، هاتفاكس: 4631229 6 00962

E-mail : info@airpbooks.com

تصميم وإخراج : موسى الموسوي

لوحة الغلاف: محمود فخراوي / مملكة البحرين

التنفيذ الطباعيّ: ديمو برس / بيروت، لبنان

ISBN: 978-614-419-902-2

رواية
NOVEL

د. وداد كيكسو

موتٌ مُقيم

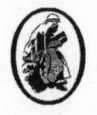

فيا حادي الأجمال ان جئت حاجِرا
فقف بالمطايا ساعة ثم سلّمِ
ونادِ القباب الحمر من جانب الحمى
تحية مشتاقِ إليكم متيّمِ
فان سلّموا فاهد السلام مع الصبّا
وان سكتوا، فارحل بها وتقدم
الى نهر عيسى حيث حلّت ركابهم
وحيث الخيام البيض من جانب الفمِ

❖❖❖

سروا وظلام الليل أرخى سدوله
فقلت لها: صبّا غريبا مُتيّما
احاطت به الأشواق صونا، وأرصدت
له راشقاتُ النّبل أيّان يمّما
فأبدت ثناياها، وأومض بارقُ
فلم ادرِ من شقّ الحنادِس منهما
وقالت؛ اما يكفيه اني بقلبه
يشاهدني في كل وقت أمَا أمَا !؟

محي الدين بن عربي

1

.. ترجّلت قادما من ساحة الكونكورد حيث انزلني التاكسي، بقصد قضاء بعض الوقت في متاهاتها المترامية الأطراف، تزيّنها معالم حضاره قديمه مخصّبه بالحداثة. ولكي اجرح ذكريات سنوات مضت .... آلمتّها وآلمتّني.... مما دفعت بقدماي في اتجاه خرج، يأخذني الى شارع الشنزليزيه. مشيت عبر رصيفه الطويل، متجها منطقة التسوق، حتى بلغت محلات شانيل، ولجت متقدما نحو بائعه عربيه اعرفها منذ سنوات، بعد تحيّتها، سألتها عن أحدث عطر، وشال نسائي حرير بلون الأزرق الملكي مُزيّن برسومات. ناولتني القنينة التجريبيه للتأكد من غايتي. بعد ان شممت رائحتها سألتها عن الرائحة الرائجة في العقد الماضي. ناولتني قنينه اخرى وبعد تجربتها أبلغتها بشراء القنينتين وشال الحرير، انتظرت حتى استلام البضاعة، شكرت البائعة وانصرفت.

خرجت هائما أين اتجه؟ وبعد ساعات وجدتني في بوليفارد أفنيو متعبا. اتجهت نحو اقرب مقهى وأخذت مقعدا في زاوية تكشف الشارع، طلبت قهوه وكلاب سندوتش ...... لاادري كم مرّ من الوقت، المهم لازال امامي ساعتان، قبل الموعد.

بعد ساعتين بلغت بالتاكسي أفنيو جورجس ف، تناولت المصعد في بنايه لشدّما ألفتها، دققت جرس الشقه تزامنا مع زيادة دقات قلبي. بعد ثوان فُتح الباب، استقبلتني مصافحه، دعمتّها بقبلة تحيه

على وجنتيّ، اصطحبتني الى غرفة المعيشه،برغم اني احفظ الطريق جيدا ، بادرتني :

كيف حالك وأفراد الاسره ؟.

لكني أسرعت بالقول:

أسفت لوفاة الوالدة، البقية في حياتكِ.

ردّت متداركه واجب الضيافة ؛

شكرًا ، من لطفك... تشرب قهوه ام شاي ؟

أفضل القهوة لو سمحتِ ؛ اجبتها.

غابت في المطبخ لبضع دقائق، عادت تحمل فنجانين قهوه وأكواب ماء.

قدمت القهوة وجلست الى جانبي، تطاولت الهديه مغلّفة بأناقة وناولتها إياها.

فتحتها على الفور... ادركت مغزاها ، هي تعشق اللون الأزرق وانا اعشقها برائحة الشانيل....

شكرًا لذوقك الرفيع كعادتك دوما؛ قالت بابتسامه عريضه.

طبعت قبله خاطفة على شفتيّ، وكأنها تفادت إثارتي او تجنّبت ردود فعلي ثم سألتني؛

كيف هي احوال حلب ؟ وهل مازال فيها احد من الاقارب ؟!

اجبتها بتجهم؛

حلب نار مستعره دون هوادة....، وأردفت؛

لم يبق احد هناك، اما نازح او مهاجر او قضى نحبه.

سألتني بتأثر واضح؛

8

وماذا عنك استبقى في فرنسا ؟!...

يعتمد على متغيرات الظروف.

اجبتها باقتضاب؛ وكأني أفضِّل تغييرموضوع الحديث ثم أردفت؛

اشتقت إليكِ...! والى دفئ حضنكِ يقيني صقيع الكون ....

ما لبثت، حتى استدركت... لدى النظر الى فستانها الأسود.

رب يمنحنا ايام هانئه !...!

قالتها ؛ ردًّا على بوحي برغبتي.

ساد صمت، قطعته بحركتها تلملم فناجين القهوة وأكواب الماء في الصينيه، متجهه الى المطبخ.

عادت بعد دقائق، لتجدني واقفا لتوديعها. تعانقنا بتحفظ، طبعت قبله على جبينها وانصرفت........

انصرفت اجر قدمي واجر عمري، وكأنه أُختزل في تلك الساعة.

اللحب نهايه ؟..... ايتوقف الحب ؟ ان حدث، ضلّ العاشق دهاليزالحياة..! وتساوت وعورتها وسلاستها .... ان توقف الحب، فقدت الحياة لغزها وفقدت سرّها وفقدت محتواها. لا لن يتوقف الحب.

لا توقفه الحروب والاعاصير والزلازل ...... هو يحيا بموت كل هذه الكوارث..... هو يبقى ما بقيت الحياة !....

كنت في السابعة عشرة وقت أحببتها وتمنيتها من بين صبايا الحي، الذي جمعنا في جادة بالمهاجرين، بدمشق الصبا والجمال.

كانت متميزة ومتفوقة في كل شيء، من بين فتيات كثر عرفتهن لاحقا. اكثر جاذبيه وأعمق شخصيه، وهي لازالت بنت

الرابعة عشرة، بضفائرها الحريرية ومريلتها الرمادية، وابتسامته المتحفظة التي تزيدها سحرا وهلاميه.

حينها، كنت شديد الخجل، طوال تلك الفترة لذت بالصمت والانكفاء.

خاصة، وانا الحظ باستمرار انها محاطة بإعجاب وتهافت معظم شبان الحي.

مرّت السنوات وكبرت تلك الصبيه، وبرزت معالم أنوثتها وفتنتها.

دخلنا الجامعة، سبقتها بسنتين في كلية الآداب. في تلك الأثناء كنّا نتبادل التحيه. حدث يوما اذ لمحتها جالسه بمفردها تذاكر في مقصف الكلية.

تقدمت اليها محييا ؛

صباح الخير، كيف تجاوبك مع الأدب الفرنسي ؟

ابتسمت قائله؛

تفضل بالجلوس... شو بتشرب ؟.

أنا بضيفك...

قلت جالسا في مقعد مقابل.؛

أومأ ت الى النادل وطلبت منه فنجانين من القهوة حسب رغبتها.

بددت حرجي لدى سؤالها مباشره ؛

على من وقع اختيارك، من الأدباء الفرنسيين كي يكون مشروع تخرجك؟

" أندريه جيد"، أجبتها متبعا ذات اسلوبها المباشر.

10

هل لي ان اعرف السبب ؟ واستدركت؛

الا ان كنت تفضل ان تبقيه سرا... اعني دون ان تفصح به الان.

معك لا يكون سرا !...

أجبتها مبتسما ، وأوضحت؛

لاشك وقد لمست مدى تميّز الأدب الفرنسي إجمالا في السرد وفي المفردات المستعملة والصياغة، كذلك الواقعيه، كل هذه ساهمت وبقدر كبير في وضع حجر الأساس للأدب العالمي. ما أضافه أندريه جيد، الشفافيه وابتكار تقنيات جديده غير تقليدية في السرد مثل عدم التقيد بتسلسل الأحداث.

سألت؛

ماهي أشهر أعماله ؟

اجبتها؛

رواية المزيّفون ورواية الباب الضيق واللااخلاقي وايزابيلا، معظمها ترجم الى العربيه بتشجيع من الأديب العربي طه حسين".

تابعت أسئلتها بالقول؛

ما أشهر ما كتب في الحب؟

أجبت؛

في دفاتر "أندريه"، كُشف عن قصة حبه لابنة عمه مادلين وهو في الرابعة عشره وكيف انه يسقط في هاوية الجنون عندما يتخلى عنها، وبالفعل فقد تم زواجهما لاحقا.

قالت مستفسرة ؛

وكيف تجلّت شفافيته وجرأته ؟

اجبتها كدقة سؤالها ؛

من خلال عملين، احدهما " اذا ماالحبه لم تمت" كشف سيرته الذاتية وشذوذه الجنسي. والآخر في" الاغذية الارضيه "حين بيّن انواع المتع الجسدية والروحية التي حصل عليها خلال سفراته ورحلاته. ولكنه فرّق بين اللذه والحب بدليل زواجه من ابنة عمه مادلين التي احبها.

واردفت ؛

بل هو من صرّح عن نفسه "أنا رجل الحوار، كل شيء فيّ يصارع ويناقض نفسه".

معلومات جيده،

قالت ؛ ثم اضافت ؛

كذلك "كلوديل فاليري" ترك بصمته على الأدب الحديث وهو من جيل أندريه جيد."

قلت موضحا ؛

هناك مقوله مهمه لناقد بارز فحواها" مثل بروست وأكثر من كلوديل فاليري، الكبيرين الآخرين في جيله، ظلّ جيد"حيّا وباقيا في قلب الأدب الفرنسي الحديث، مع ذلك هو يشكّل حاله استثنائية في تاريخ الأدب الفرنسي"

عقّبت مُبتسمة بقولها؛:

يبدو انك قرأت كثيرا عن أندريه جيد،

قلت مضيفا؛

من الجدير ذكره، هي ادانته لسياسة بلاده الاستعماريه، بعد عودته من زيارته لشمال افريقيا وبالتحديد الجزائر وتونس.

تساءلت ؛.

هل سولي برودوم" اول الحاصلين على جائزة نوبل في الأدب ؟

أجبتها ؛

هو كذلك، واردفت؛

امّا جيد" فقد نالها عام 1947 ، قبل وفاته بثلاث سنوات.

ساد صمت لبضع دقائق، قطعته بسؤالي؛

حدثيني عنكِ وعن مشاريعك ؟!

أجابت بتواضع؛

أنا لا يزال امامي متسع من الوقت، ثم أردفت ؛

في الحقيقة حائرة بين خيارين، الاول "اناتول فرانس والآخر" فولتير.

عاود الصمت وكأننا احتجنا للتفكير، رشفنا ما تبقى من القهوة من فناجيننا. قطعته بقولي؛

أتريدين رأيّ ؟!

أجابت بجدية بالغه ؛

طبعا ، لعله ينير خطواتي.

وهنا توجهت بها الى الرد على السؤال التالي؛

هل هدفك هو التركيز على الجانب الأدبي وحسب ام تولين عنايه للجانب الفلسفي ؟..

ردّت بكل ثقه ؛

بل الاثنين معا.

فرانسوان ماري أرويه"، وهو الاسم الحقيقي لفولتير، كاتب روائي وفيلسوف وهو من ابرز رواد عصر التنوير. اما " اناتول فرانس فهو أديب ومن روائعه رواية "ثورة الملائكه ورواية الزنبقة الحمراء.

أجبتها؛ بما عادل ثقتها، منتظرا ردود رايها او فعلها.

ساد صمت لبعض دقائق وكأنها تراجع نفسها فيما عزمت عليه، ثم قالت؛

أنا كثير ممنونه لرأيك، يبدو ان حديثنا كان مثمرا، أشكرك.

عفوا، انها لفرصة سعيده.

قلتها؛ بابتسامه، باطنها نشوى وانتصار على صمتي وخجلي طيلة سنوات واستاذنتها مصافحا وانصرفت.

إذن، هو دائما الانصراف والوداع المعلّق في نهاية لقاءاتنا......

كانصرافي اليوم من شقتها في باريس، وعشرات بل مئات

الانصرافات من شقتها في دمشق وحيث تكون.

بعد انصرافي من مقهى الكلية، وبعد ايام ... ربما أسابيع تبددت تلك النشوى، لم يعد بيننا مثل ذاك اللقاء اليتيم، او فرصة لقاءات اخرى خارج الكلية.

عاد الالم ... وعاد الخوف والياس يطرقني باستمرار. شغلت نفسي بعملي الحزبي داخل الجامعة وخارجها، او ربما هو شغلني كهبه من السماء.

قارب العام الدراسي على الانتهاء، وهذا يعني تخرجي من الجامعة وتلاشي اي أمل في اللقاء، اذ اننا نادرا ما يصدف تواجهنا في الجاده.

حتى كان يوما، وانا خارج من بيتنا في طريقي لاستقل خدمة التاكسي المشترك قاصدا الجامعة، لمحتها من بعيد ولما تلاقت

نظراتنا عبرت الشارع كي تقترب مني، تمهلت في خطواتي كي يتسنى لها ذلك حتى اقتربت وتصافحنا.

كيفك شو اخبارك؟! قربت تتخرج ما هيك ؟!

قالت ؛ بابتسامه عريضه.

شي شهر زمان، انت شو اخبارك ما عدنا التقينا !؟

قلت؛ مع تزايد دقات قلبي حتى خشيت ان يقع على الارض.

انتشلني سائق التاكسي عندما سألني؛

الى أين ؟!

الجامعة اثنين.

رددت بلهفة وتوتر.

ركبنا التاكسي هي قرب النافذة وانا بجنبها وآخر بعدي، اي قرب النافذة الاخرى. لازلت متوترا خاصة وقد تلاصق جسدينا، توقفناعن مواصلة الحديث... شيء اهم وأبدع من الحديث ... انه

نبض الجسد ... فما بالك بجسد عاشق متيم !!... يلهث من زمن!

ليدرك قطرة ماء.... !! تمنيت ان لا يصل التاكسي، بل يظل مخنوقا بزحمة السير كاختناقي في مقعدي ملتصقا بكتفها.... تلامس وجهي خصلات شعرها الحريري ... تلك الصبيه !.. وقد اشتهيتها منذ زمن، عشر سنوات مضت من الان...! اشتهيت ما هو أدنى مما أنا عليه اللحظه.... ربما القدر أراد مصالحتي بل تعويضي عمّا فات، على اي حال دعني لا افسد هذه الومضه بل أحياها بوهجها.

وفجأة، توقف التاكسي لدى موقف الجامعة واستدرت لها لأحثها على النزول بعد ان فتحت الباب، نزلنا واتجهنا صوب البوابه الرئيسه بدأت الحديث قائله؛

لقد اخترت فولتير لمشروع التخرج، واردفت؛

اذكرك خلال عملي في البحث، متاثرة بأرائك.

اجبتها مزهوا؛

شكرًا، ارجوا ان تكوني قد وُفّقتِ في اختيارك.

ساد صمت، وكنا وصلنا الكلية وعلى وشك ان نفترق. فجاة استدارت نحوي بكل اهتمام وقالت بابتسامه خجلى؛ أنا بتشرف دعوتك لعقد قراني، السبت المقبل، بالكنيسة الانجيليه بباب توما.

كأني ُصعقت بتيار كهرباء أفلّجني، فقد جسمي قدرة الحركه، خارت قواي وخرس لساني، لاادرِ كم مرّ من الوقت قبل ان الملم أشلائي المعطوبة وأقول؛

مبروك!!!...

ودعتني مصافحه وردّت بقولها؛

شكرًا، عقبالك، واردفت ؛

يسعدني حضورك !!!!.. وانصرفت.

16

2

تمنيت لو ان الارض تنشق وتبتلعني، فأتلاشى في العدم . جررت قدميّ خارج الكلية ... حتى وصلت لمقهى الجامعة الرئيسي تقدمت نحو طاوله في زاوية، وسقطت على احد مقاعدها.

فتحت امامي كتابا، كي أتظاهر بالمذاكرة والانشغال عن ما يجري حولي.

يالسخرية القدر!... يحلق بي عاليا على اجنحة الأمل!....!.... ثم فجاة يهوي بي في قعر الارض متهالكا. كما تسقى الشاة شربة ماء قبل ذبحها.

او يُنفَّذ لمحكوم بالإعدام اخر رغباته !....!!

السبت القادم. كيف تدعوني لحفل زفافها!؟!؟..... لعلها بالفعل اخر رغباتي !.... قبل ان ينفّذ فيّ حكم الإعدام !!!

أأنا من ذهب الى المقصلة بارادته !!!؟ تُرى، أكان بالإمكان تحاشي ذلك !.

طيلة سنوات !.!.. قبل ان تصعقني بالنبأ..واليوم بالذات! !... ايحقق المحال ما عجز عنه المستحال !؟ وبعد فوات الاوان ؟.

غرقت في بئر تكهناتي، متى تعرفت على ذاك الشاب ؟! ومن يكون هو؟!

من الجامعة او خارجها؟! قريبا لها او بعيدا ؟!. اما كان كنهه، اليست هي فتاة جاذبة ؟! سحرته بأنوثتها ودماثة أخلاقها فسبقك اليها !!

وانت غارق في بحر خجلك وكبريائك.

كما يبدو، هو تمكّن من فهمها أفضل منك!.. بعينه وبعقله المجردين. بعيدا عن الحب وتأثيره الأفلاطوني!

ما كان لمثلها ان تسعى وراء الرجال! لاقتناص زوج!.... بل

العكس هو الصحيح .... حقيا بك ان تكون أولى بفهمها من غيرك !

من هو هذا الغير ؟؟! أهو من شباب الحي ؟!!..

وأخذت استعرضهم فردا، فردا.... وأخيرا توصلت الى استنتاج لن يكون من الجاده. فهذه الاخيرة ليست بمقياسها الأوحد والحصري، بل هي اكبر مقاسا، مقاسها كل سورية.

لمست خيبتي المشوبه بسذاجتي. أخذت في تعنيف نفسي وجلّدها. تضاعف ألمي، شعرت باني أضعتها، ازددت هياما بها بدلا من الحقد عليها او لومها. تأبى نفسي الا ان تكون ساكنة اليها برغم ما حدث، ليس ذنبها ان لم تستشعر عاطفتي تجاهها، لم أفصح عن ذلك قط، عدى عن ندرة لقاءاتنا.

مكثت في مقصف الجامعة حتى المساء، لم يعد احد من الطلاب حول المكان، قد انتهت امتحانات الجامعة الأسبوع الماضي والكل في انتظار النتائج.

لملمت كتبي من فوق الطاوله، دفعت للنادل وانصرفت. كان الظلام يفرش اجنحته، جرتني قدماي خارج الجامعة.

سلكت الرصيف نزولا حتى مشفى الجامعة ثم اتجهت يسارا تفاديت مواصلة الطريق المعتاد عبر ساحة الحجاز لركوب المواصلات، فضّلت الاستمرار ماشيا عبر نهر بردى مرورا بمعرض دمشق الدولي نزولا الى نادي الضباط في الصالحية.

تابعت سيري طوال شارع الصالحية، صعودا الى المهاجرين.

وصلت الحي، أسرعت في الولوج داخل البيت متجنبا رؤية احد من شباب الحي وصعدت مباشره الى غرفتي في الطابق العلوي.

وضعت حاجاتي على مكتبي، حررت قدماي من الحذاء وقد تورّمت جراء عنف تسخيرهما لمشي هذه المسافه غير المعتادة، شلحت القميص والبنطال وتهاويت في سريري جثة مُفتّرسه.

بزغ الفجر بشمسه، ولكنهما عدّا نافذة غرفتي، حتى اسدل الظلام ستاره على ضوء النهار. استرجعت حلمي وكيف صعدنا في اتجاه قاسيون مُمسكا بيدها ونحن صغار وفجأة اختفت، أفقت من نومي فزعا مستحضرا كل احداث يوم أمس. فما كان مني الا ان عدت متدثرا بلحافي وكأني اشيح بحاضري بعيدا عن ذهني ووجداني.

في الليله التاليه، رأيت ذات الحلم ولكن اثناء بحثي عنها بعد اختفائها جأتني طفله تستنجد بي بعد ان تاهت عن والديها، مسكت بيدها وأخذت ابحث عن اهلها حتى جاءني صوت من بعيد ينادي؛ نرجس... نرجس

كانا والديها يبحثان في اثرها. تعرفت الى والدها وتبين بانه

والد نرجس، حبيبتي.

فقت من نومي جذلا ومشوشا في آن، أخذت استعرض تفاصيل حلمي تأكد لي ان من قابلته، هو حقيقة والد نرجس جاري في الحي.

19

غرقت بأفكاري... وبتأويل أحلامي!!.. ذات الحلم ولكن باختلاف النهايات..!!. احسست بغبطة متواريه، أمسكت بيدها طفله... وحققت لها رغبة الحاقها بوالديها بعد ان تاهت عنهما.... لكن غدا نهار السبت، حفل زفافها...

قررت ان اذهب لموعدها ... وان كان يوم زفافها...

اقبل نهار السبت !!.. يوم مقصلتي وزفافها، اقبل بكل تجلياته المتناقضه.

اقبل بوطأته... وبظله المستتر... اقبل بحيائه وبجزعه، اقبل بمرارته متثائبا من القهر ومن الضجر ... !

بعد منتصف النهار، شرعت في تجهيز مظهري، حلقت ذقني بعد تجاهله اياما وأعددت طاقمي الأسود وربطة العنق الحمراء مع قميص ابيض وحذاء اسود.

بعد ساعتين، كنت بالكنيسة بباب توما، تقدمت واجلسّتني مقعدا مكشوفا كي يُعلِمها بمجيئي.

لم تكن سوى دقائق معدوده، حتى أقبلت بصحبة ابيها. ابتدأت مراسيم عقد القران، وانتهت باعلانهما زوج وزوجه. عندئذ اتجهت بنظري إليهما بعد ان تحاشيت ذلك من قبل. بدأت حركة المهنئين واستمرت بعض الوقت، همّ العروسان بالانصراف، تلاقت نظراتنا تقدما في اتجاهي، وقفت متأهبا .

أهلين.... سعدت بحضورك، قالت وبتحفظ ؛

ثم تابعت ؛

زميلي دَاوُدَ خريج كلية الآداب، مخاطبة عريسها، ثم رفعت رأسها تخاطبني؛

سهيل.. خريج كلية الطب.

صافحتهما مقرونه بكلمة مبروك لكل منهما .

انصرفا... وانصرفت في اثرهما .

خرجت وقد استقرّت في صدري رصاصة، تهت مجروحا اجهل طريقي وفجأة احسست بيد تربت على كتفي، استدرت بوجهي، انه يونس صديقي خريج كلية الطب، هو الوحيد العالم بقصة حبي الكتوم. الظاهر، كان ينتظرني خارج الكنيسه.

تلقفني يونس ليرعى احتضاري ماسكا بيدي حتى عبرنا الشارع للرصيف المقابل. استقلينا تاكسي الى الصالحيه، ثم ترجلنا في اتجاه الجاده.

أخذني الى مقهى ومطعم الشروق على الناصية، ارتقينا الطابق العلوي مستقلين طاوله في احد الزوايا. قذفت بجسدي المُثخن موتا على احد المقاعد.

كذلك فعل يونس الذي لم ينبت بشفه طول الطريق، جلسنا يغشينا سكون المقابر. جاءنا النادل فطلب يونس قنينة نبيذ وكأسين، بعد دقائق جاءنا النادل يحمل نبيذا وكأسين وانصرف.

بعد ان عببنا كأسين من النبيذ ، استأذن يونس الى دورة المياه. عاد بأنغام الموسيقارمحمد عبدالوهاب تصدح في المقهى ولكنها مقرونة بكلمات لحسين السيد.... بصوت قيثارة الشرق، نجاة الصغيرة ....

حتى الأمل ما بقاش .... من حقي أفكر فيه..

بعد الليله دي..... خلاص ..... بقى غيري أولى بيه...

وتهت وسط الزحام.... ما حد حاسس. بي.....

عايز اجري وارجع أتوه ....

انهمرت دموعي... بصمت وبغزارة، اخيراً فقدت السيطره فأجهشت على سكوني، قلت مصطنعا المزاح؛

هذه المؤامره من تدبيرك!...

ياأخي دع نزفك يخرج من جوفك !...... قالها؛ بإشفاق مُحبّب.

ظلّت الألحان تداعب شجني فيتلبّد سَحَابا، ....

وتتقرالكلمات جرحي فيهطل دمعا ......" لقتني فايت من جنب بابه.... لا هوداري بقلبي ولا بلّي نابه ;...........

وَيَا ويلّي من طول غيابه وياويل أيامي من جرح عذابه

عذاب الجرح اللي فاتوه لي وسابه ... ساكن قصادي. وبحبه".

ترغرغت عينا يونس بالدموع....، طلب قنينه اخرى من النبيذ وقال بصوت متهدج ؛ اعرفت من هو العريس ؟.!

لا. أبدا ، لم تسبق لي رؤيته.....! قلت بعين حمئة؛ .

يبدو انه زواجا مدبرا خالٍ من عواطف مسبقه؛

أضاف يونس بتأثر.

"وأفضلت... استنى الأيام.. في ميعاد مايظهر... ومعاد ما يرجع

وفي كل خطوه... ارسم. احلام... تكبر في قلبي والقلب يكبر"....

لحد ما اخذها غيرك...! نهاية خجلك ومكابرتك يا صاحبي، عقَّب يونس على كلمات الاغنية.؛ وساد صمت قطعته بقولي؛

شكرًا في كل حال، خلينا نأكل وننصرف لنغرق نوما.

خرجنا من المطعم بعد تناول عشائنا ، نرتجل صعودا الى الجاده.

شعرت بأن الدنيا من حولي اقل عتمة وأكثر مرونة وجدليه. نمت ليلتها بفعل أثير نبيذ الصحبة الحقّه

بعد بضعة ايام، بدأت عوارض حمّى وفقدان شهيه تنتابني. لم أولها الاهتمام اللازم في بداية الامر، ولكن مع اشتداد وطأة الحمى اثناء الليل اضطررت لزيارة طبيب عياده باطنيه. بعد معاينتي، نصحني باللجؤ الى المشفى لأنها أعراض مرض التيفوئيد.

هاتفت صديقي يونس وأخبرته فتلقيت توبيخا لعدم اكتراثي، بعد عشرين دقيقه نُقلت الى مشفى الجامعة حيث يعمل، وبدا الطاقم الطبي يجري ما يلزم.

استدعت الضروره إقامتي لعدة ايام في المشفى، أثناءها بدأت اتعافى تدريجيا.

وفي صبيحة احد الأيام، تقدم مني طبيب مناوب قائلا بلطف بالغ؛

حمدا للرب على سلامتك، أنا سهيل وتسعدني رعايتك.

لبستني هالات الدهشة.... اذ أني لم استذكر هذا الاسم او السحنة.

بعد ثوان، تداركت بشئ من اللطف وقلت؛

أنا آسف جدا، نزعت لك اجازه مهمه.

قاطعني قائلا؛

بل لقد بدأنا العمل قبل تشريفكِ الى المشفى، لاتكترث.

شكرًا لكل ما عملته من اجلي؛.

اجبته متكلفا،

قال يحدوه الذوق والأدب ؛

عفوا، هو واجبنا.

في المساء، فُوجئت بزيارتها هي الاخرى، تحمل باقة من ورد الجوري مع الزنبق أضافه الى صينية بقلاوة بالفستق.

تقدمت بألقها مصافحة، وقالت ؛

شكرًا للرب على سلامتك كيف انت الآن.؟

اجبتها مغشيا بعنف المفاجأة؛

الحمد لله، أفضل.

ولدى انصرافها، قالت بحرص؛

دير بالك حلى حالك، نسمع عنك كل خير.

يومها أُصبت بالحرج وبالالم مجتمعين....!! وتمنيت لولم ترنِ بتلك الحاله كي لا أستدر منها عطفا او انتباها. ...

صبيحة اليوم التالي، أتاني يونس ليخبرني باني تعافيت وعلي ان أغادر المشفى. في طريقنا الى البيت قال لي ؛

ان ما استشعرته يا دَاوُدَ من اوجاع ومنها مرض التيفوئيد ما هي الا علامات شفائك من الصدمة، في علم الطب يقال له pains of recovery.

3

أعلنت الخطوط الجوية السوريه عن قرب إقلاع رحلتها المتجهه إلى موسكو.

فتوجهت الى البوابه المعنيه استعدادا لركوب الطائره.

قبل الصعود الى الطائره، جلت بنظري بعيدا خارج المطار ونحو الغوطة الشرقية، حيث الكون الأخضر وسرح ذهني الى قلب دمشق، ساحة الحجاز وساحة العظمه وشارع العابد والسبع بحرات، ثم الى ابعد من ذلك وتحديدا شارع الصالحيه صعودا للمهاجرين وأحسست بوخزات في قلبي، أنقذني نداء موظفة البوابه لدخول الطائره.

بعد ما يقارب الساعه، اقلعت الطائره وشعرت بنوع من الاستكانة والهدؤ المصطنع. كفى جوارحي تهتكا والتياعا كلما ذكرتها او صادفتها، خاصة وانها تعمل في قسم الترجمة بوزارة الاعلام وغالبا ما المحها قاصدة مقر جريدة البعث حيث أمسك القسم الأدبي.

كنت غضا يوم أحببتها ولقد نضجت فبتّ محترقا بعشقها، كذلك هي زادت بهاءا وإغراءا. ما عدت احتمل نار شهوتي وحرماني في آن، اضحى خلاصي في بعدي واغترابي ولو الى حين.

ايضا الظروف التي تمرّ بها سورية، هيأت ودعمت قرار سفري الى موسكو. أردت مغادرة القطر في اي اتجاه، خاصة بعد انقلاب الأسد الأبيض على القيادة القطريه حيث تمكن من رئاسة الجمهورية وغدى

الزعيم الأوحد. أضحت سوريا لقمه سائغه للحّاسين والمتسلّقين وذوي الضمائر الغائبة ولأصحاب المصالح الخاصة، طال الفساد الحزب بمؤسساته المختلفة وكذلك الجيش والاجهزه الامنيه، خرست الأفواه وانفتحت الابواق وانتحرت الكلمة الصادقه والامينه. ضقت ذرعا وتضاعفت أوجاعي.

اغتنمت توجهات سياسة الحزب او بالاصح انحرافاته نحو اليسار منذ انقلاب 1966 على القياده القومية، وخاصية العلاقة مع الاتحاد السوفيتي فطلبت ابتعاثي في مهمة دراسية للأخيرة.

مضى شهور على زواجها، وفق ما بدى. اختارت ان تبدأ العمل باكرا قبل تخرجها، لم يحدث ان منحتها فرصة التحدث في خصوصياتها. بل أتحاشى ذلك بما ملكت من انفه وكبرياء.

صادفتها بالمصعد يوما ؛

مرحبا. ..، ..

حييتها دون مصافحه. ردّت بابتسامه

أهلين، كيف أحوالك مع الجريدة ؟ واردفت ؛

كم رائعه الصفحات الأدبية !...

شكرًا ؛

أجبتها ، متظاهرا الإنشغال بقراءة أوراق أحملها في يدي.

لما هممت بالخروج من المصعد ، قلت؛

عن اذنكِ.....

خرجت مزهوا بقوة احتمالي لمواجهة ذاك المواقف، وكأنني حققت نصرا لذاتي. لما انفردت بنفسي في مكتبي، اكتشفت ما

علق بجارحي.... انه عطرها. يومها شرعت بتنفيذ قراري المتعلق بالسفر.

أردت ان أكون صانعا لاقداري، وهو اول درس تعلمته من تجاربي السابقة. سأكون قبطانا لسفينتي، ابحر بمحض قراري متهيأ لما يترتب على ذلك من تبعات وبشجاعه.

قُدحت جاهزيتي بجمر الامي، لن ادخل جولات في لعبة شطرنج كي أكشّ ملكا افتراضيا.

في كل الأحوال ستفاجأ بخبرسفري غير المعلن، بل وقد تُصدم.. منذ حملت الزهور إليّ في مشفى الجامعة واسمعتني كلمات مبطنه بخجل ودٍ ولهفه. بت ابحث عن سر اهتمام، ببذاخة ورد جوري وزنبق تهديه إليّ دواء واعتذارا ..!! تُرى هل فكت رموز شفرتي متأخره ؟

فأصيبت بخيبة المرأه التي خسرت الحب، لتشتري ورقة يانصيب زواج..!!؟

ثم، ما وراء اختيارها للعمل باكرا بوزارة الاعلام ؟!..

بعد قرابة الشهرين من زواجها، التحقت بالعمل، تناقضات مثيره للريبة، ...!..! خاصه بانتفاء حاجتها الماديه !.. وزيادة مسوؤلياتها الاجتماعية والأسرية بعد الزواج اضافة الى اعباء الكلية !...

تجلّى وكأنها تتقفّى اخباري.. أين اعمل، تفاصيل نشاطاتي الأدبية.

لما فشلت في تحقيق ما من شانه ان يضعها في طريقي ولو مصادفة لجأت الى العمل في الاعلام لِتقرّب بيننا المسافات..!!

ولولا الحرج وتحاشيها لصدّي الفاضح، لفضلت العمل في الجريدة ذاتها.

عادة ما تستّتمر المرأه في مواجهة ما يعوق بينها وبين تحقيق رغباتها العشقيه، تهلك كي تظفر بوصال خليلها!...

ينعدم مفهوم التضحية في الحب لدى المرأه العاشقه !!.. تظل تقاتل كي تظفر بقربه ولو للحظات !... وبشكل خاص المتزوجة منهن فهي تدرك انه اهون وأسهل الطرق !!..

سهله ولذيذه الخيانه الزوجيه كأكل الشوكولاتة لدى المرأه!!!...

تحضرني قصة حب لرفيق يماني، كان يحدثني باستمرار عن لقاءاته بحبيبته الشاميه في شقتها بعد مغادرة زوجها لعمله. كان يمازحني بالقول؛

دعك انت بحبك الأفلاطوني الخجول !... بل ويضيف؛

ماذا تجني يا زلمه...! ؟

نقاء روحي وعفة ضميري... أجبته يوما، فامتنع وكفّ عن المزاح، بل فاجأته يوما بعد عودته نشوانا من لقاء، بسؤالي له ؛

تخيل حالك زوجها المخدوع او في مقامه ذات يوم ؟!..

أجابني بكل أريحية؛

للحب زمان ومكان وسلطان..!..!

قد تكون هي اقل دهاء وأكثر سذاجة، ولكن ككل امرأه تحلم بطيف حب يدغدغ عواطفها ويلوّن أيامها...!!

لازلت اذكر ذاك اليوم، وقبل ما يقارب الخمس سنوات، كانت في صف البكلوريا وانا سنه أولى جامعه. حدث ان كنت خارجا للتو من بيتي في طريقي الى الجامعة، لمحتها تلج شارعا فرعيا من الجاده، تبعتها دون ان تلحظني، مرّت من أمامها سيارة اجره تحمل راكبا بجانب السائق، توقفت وأشار لها الراكب بدخول السياره في مقعدها الخلفي دخلت بسرعه وحذر، وانطلقت السياره مسرعه.

اثناء إيماءة الراكب باشارة الدخول، لمحت وجهه وتعرفت اليه، هو واحد من الرفاق الذين تمرسوا في نصب شراك لرفيقات، في غالب الأحوال باسم اجتماعات حزبيه طارئة.

استقليت سياره اجره في الحال وطلبت من السائق ان يستتبع السياره الاخرى.

كانت مسرعه، ولكني استطعت تقفيها في طريق دمّر، ، سألت السائق ان يتجاوزها لإجبارها على الوقوف بعد ان ادعيت بان الفتاة شقيقتي.

ترجلت من السياره وبوثوقيه وحنق أخرجتها من تلك السياره، لمحني بنظراته ولما تعرف إليّ طلب من السائق ان يعدو به على وجه السرعة.

أدخلتها السياره ورجعت بها الى الحي، لما ترجلنا سألتها؛

أين كنتِ ذاهبة مع ذاك الشاب ؟

ردّت متلعثمه ومضطربة وكأنها تحاول ان تنفي عنها شائنة اخلاقيه ؛

دعاني الى اجتماع خليه طارئ !!..

أجبتها، وبعصبيه ؛

انه يدّعي ذلك ولكنه أراد بك شرا، واردفت مُوبّخا ومتسائلا ؛

كيف تُلبّين دعوة اجتماع، خارج مؤسسات الحزب..!!

رافقتها، حتى منزلها وانصرفت الى الجامعة. بعد يومين كان ذاك الشاب مفصولا من الحزب.

في أعقاب ذاك الحادث، شُرخ جسر التواصل الزجاجي بيننا كما خُدش حياء أنوثتها الأشم وقد شعرت بنزف جرح .

ولكن، اما ساقها قلبها الملهوف لرعشة حب تذوق اثر ذاك الجرح بطعم برتقالي بدلا من المراره.! ؟ ان استمزجت غيرتي، بحرصي على تلك الأنوثة ! و ان استمزجت لهفتي بخوفي على عنفوان تلك الأنوثة .!

بعد ما يزيد على العقد من الزمن، حين التقينا بباريس وقد عتى الحب بفعل تلك السنين الرمضاء، قالت لي بشغف ممازحة ؛

كنت متصورا بانك عنتر تذود عن شرف عبلة !!..

اجبتها بكل جديه؛

طبعا!..

لكني استرّعبت خجلا وايلاما !..

قالتها وقد احمرّ وجهها حتى لكانها تعيش اللحظه.

اما خطر بذهنك سبب اكثر وجاهة ؟!..

قلتها بذات الجديه ؛

كأن منعت شرا كاد يلحق بي؟!...

قالتها متماديه في مزحها المبطن بشغف قلبها لتوقد غيرتي ؛

ولكني تابعت بذات الجديه، مُبّطنا سؤال لطالما الحّ علي ؛

كيف كنت ستتصرفين ازاء غدره بكِ ؟!..

كنت ساصده بكل تأكيد ؛

قالتها بملئ فيها ، وكأنها على ثقه من قدرتها.

أردت التلطيف وإعادة وهج شغفها؛

متى تلاشى خجلك مني؟ ! اما استمّزجتِ الذاذا بايلامكِ ! واردفت؛

أكان يستحق ان يغير حال قدرنا ؟!..

تحاشيت مواجهتك، غلب حياء الصبيه !.

قالتها وهي تداري شجونا داهمتها فجأة .

ساد صمت، وكأن كلانا يحاول ان يغتسل من ذكرى آلمته.

لو ادركت حينها قدر حبي وامتداد عمره، كطول عمر النجوم فوقها في السماء، لما تحاشت مواجهتي، بل، وتركت الزمن يُقرض عمرنا، حتى التقينا في باريس .

فجأة، انسلخت بجسدي عن ذاكرتي على صوت المضيفة تسألني عن وجبتي المفضله. اجبتها بمضاضة وكأني أردت ان اصرفها عن إزعاجي .

4

كنت ملتحما بأخصب ما جاد به القدر من وهج الحب واشراقه في تسعينات القرن الماضي، حين التقينا في ارض النور والحريه باريس التي عمّدت حبّنا القديم، في حاضر خلا من نكهة حب حقيقيه حين تبهرجت الحياة بمختلف انواع الاكسسوارات المشبوهة والرخيصة، فغدى ذاك الحب فريد الصيت وفريد النكهة .

حينها كنت سفيرَ سوريا لدى فرنسا. ذات يوم وقبل احتفال لبنان بذكرى عيد استقلاله عرجت على صديقي السفير في زياره خاطفه.

استأذنت سكرتيرته للدخول، فأذن لها وسلّمته لائحه بأسماء المدعوين للحفل، بعد ان ألقى نظره عليها ناولني إياها للاطلاع بحكم خصوصية علاقتنا. اثناء القائي لمحه سريعة على القائمه، خُطف نظري باسمها فبان على تعابيري. سألني ؛

اتعرفها ؟...

أهي لبنانيه ام سورية ؟..

سألته بدوري ؛ لابدد شكي بيقيني..

أجابني بثقة ؛

بل شاميه !..

اصطنعت قلة الإكتراث، وهززت كتفي قائلا؛

لا اذكر على وجه التحديد ؛

واردفت بقصد تغيير بؤرة اهتمامه؛

ماراح نشرب قهوه، أنا لِسّه ما رحت مكتبي؟!..

رفع سماعة هاتفه وطلب القهوة. في هذه الأثناء وضعت القائمه على مكتبه، متعمدا ان اركنها على جنبه وليس أمامه.

بعد ثوانٍ وصلت القهوة، شربتها على عجل متذرعا بازدحام برنامج يومي. وانصرفت دخلت مكتبي وأغلقت الباب، نزعت معطفي وعلقته فوق المشجب.

جلست الى الطاوله ورفعت سماعة هاتفي غير المباشر مخاطبا

السكرتيرة بلهجه آمره ؛

الغي جدول مواعيدي لهذا اليوم، لدي عمل طارئ انجزه.،

أجابت بلهجة الاذعان؛

حاضر سعادة السفير، ثم سألت؛

والحالات الطارئة ؟!

اعلميني بها ؛

أجبتها ، وأنزلت السماعة.

غرقت في لجة شعور غامض جذبني بألوان زاهية حينا وألوان داكنه حينا اَخر، اتساءل كم مضى على وجودها في باريس ؟!

هي لاشك، عليّمة بوجودي في باريس في حين اجهل وجودها !!

وسببه !.. لما استنكفت عن إعلامي بقدومها ؟!.. او حتى محاولة

الاتصال لاحقا !!.. تُرى اما عدت عنيت لها شيئا ؟!..

زُغت عن لهفتها يوم غادرت دمشق الى موسكو اول مره، بعدها لم تلتق نظراتنا حتى اللحظه !. من يومها وقد اضحى قلبي مفطوما من رعشة حب !..

حلّ يوم الحفل، سبقه رعبه والقه في آن، ذهبت بصحبة لهفتي بدل زوجتي التي أوحيت لها بالاعتذار بذريعة شدة فقاعة الطابع العروبي للحفل وهي روسية لاتجيد لغتنا، خاصه انها وزوجة السفير اللبناني وهي شاميه على طرفي نقيض في الكيمياء.

وصلت الحفل، استقبلني السفير وحرمه التي لم تستفقد زوجتي بل ناب عنها زوجها بالسؤال فأبلغته اعتذارها بسبب صداع داهمها.

دخلت القاعه بعد ان ألقيت نظره فاحصة وسريعة على بوكيه ورد سفارة سورية في ركن بارز، يحمل أجل عبارات التهنئه للبنان في ذكرى استقلاله.

توجهت مباشره حيث السفير الجزائري يومئ لي بيده، تبادلنا التحيه العروبيه كالعاده، بدأت تتقاطر الاضايف والتحيات والابتسامات الجاهزه.

اكتمل حضور المدعوين، استرد السفير حريته في الحركه فسُمعت صدى قهقهاته كشعاع الألعاب الناريه تُدير لها رؤوس المتفرجين.

منتصف الحفل، وبعد ان أرتشفت قليلا من الشمبانيا وبدات زخات سمفونية بيتهوفن الخامسة تُنغّم القاعه احسست بيد تربت على كتفي، استدرت فإذا بالسفير اللبناني يمسك بيدي قاصدا زاوية معينه بهدف تقديمي لأحد من ضيوفه. لم أبدِ اهتماما ملحوظا كعادتي في مثل هذه المواقف، فجأة استعرت سخونة اهتمامي مائة وثمانين درجه بتأثير تسارع دقات قلبي.

انتشلني السفير بحركة يده يقدمها الي ؛

السيدة نرجس من الشام واستطرد بقوله؛

طبعا ، الاستاذ دَاوُدَ غني عن التعريف، سفير سوريا لدى فرنسا.

لاحظ السفير بريق جُسّر بين نظراتنا ، فاستدرك بالقول؛

يبدو أنكما تعرفان بعضكما !!..

بادرت مسرعه بالقول ؛

عز المعرفة، تربينا في ذات الحي.

هنا تبدد الرعب وترك الألق يُشلّحنا حتى أضحينا عراة !..

مسك السفير بيد زوجته الواقفة جنبها يستدعيها كي نُترك احرار.

خرجت من الحفل بعد ان اشرف على نهايته، تغمرني سعاده سريالية.

طلت نجمة في أفق بعيد لطالما حلمت به معتما ، ولكني الليله رأيته مضيئا بل وأحسست اثيره يداعب جوارحي وكأنه يسقيها من رضاب الجنه !.

آه لتلك السنين كم غزتني صامته دون اعلان الحرب، كالاستعمار الاستيطاني يندس بين الجذور الاصليه ليشوهها ، فيغير روحها وطابعها.

احسست ليلتها وكأني وُلدت طفلا من جديد واقتربت من أسطورتي الشخصيه بل ولمستها وقد امتلكها .

لما آويت الى فراشي وجدت زوجتي مستغرقه في النوم، تنفست الصعداء وتدثرت بالغطاء كأني اخفي ما تبوح به جوارحي من خفقات عشق.

5

افقت صباحا، تغمرني طاقه جارفة برغم أني لم أنم حقيقة. بل قضيت ليلتي أخطط لغدي، وها اقبل غدي !

تناولت فطوري مسرعا بعد ان سعدت وابتهجت في سرّي وانا ارتّش بحمامي وبرغوة جسدي وذقني وهي تطوقني كما تخيّلتها من ذكرى أمسي.

حال دخولي مكتبي مبتسما باستثناء العاده، دققت هاتف سكرتيرتي أقبلت مبتسمه هي الاخرى ابتسامه عريضه بعدوى ابتسامتي.

قلت لها آمرا :

سيكون حفل استقبال مصغر في بيتي في عطلة نهاية هذا الأسبوع.

من هم المدعوين ؟ وما هي التحضيرات ؟:

سألت السكرتيرة بشيء من الورع.

اجبتها :

ذكّريني غدا.

واردفت:

من اتصل بي اليوم؟

سعادة السفير اللبناني وكالعادة قائمه من الصحفيين.

أجابت وهي تهم بان تعرض علي ذلك.

نهرتها بشيء من اللباقة ؛

لا اريد ان ارى شيئا الساعه .

لطّفت لهجتي بالقول ؛

فقط اطلبي لي سعادة السفير.

بعد ثوان دقّ صوت هاتفي، رفعت السماعه واتى صوتها ؛

سعادة السفير اللبناني معك ياسعادة السفير.

مرحبا سعادة السفير، أردت ان أبلغك تهانيّ وشكري لنجاح الحفل، كان مُميّزا.

اجابني السفير اللبناني بالقول؛

ولو، كله بفضل وجودكم بالا خَص الأخوات السوريات اللواتي حضرنّ لأول مره.

وأضاف؛

كالاعلاميه نرجس ادلبي، بدى وكانكم اصحاب معرفة قديمه. !

كان اَهلها من المهاجرين، جيران في الجاده !

عقّبت على كلام السفير مشتما في لهجته ما يثير الشكوك .

ثم استعمّدت تغيير موضوع الحديث الى السياسه والصحافه ومستجدات الجامعة ألعربيه، حتى استأذنت بحجة متابعة بعض التقارير الهامه وقفلت الخط.

لم أكن بمعزل عن وهج ليلة الامس وتفاصيل أحاديثنا التي انطلقت من محطة فراقنا بسفري المتعمّد الى موسكو، جلّ ما استدعى سعادتي علمي كيف بدأت خطبتها بمبادره من والدة سهيل وكيف تمت الموافقه من والدتها التي قررت بانه زوج مناسب.

ما وجد ما يعيق ذلك الزواج حتى في قرارة نفسها، كما أخبرتني بمأساة وفاته متأثرا بعدوى الكوليرا اثناء تأديته لواجبه، صيفية انتشار المرض في دمشق.

وما ترتب على ذلك من التزامات ادبيه تجاه والدته، اذ انه وحيدها. حدثتها عن زواجي بسونيا في موسكو، ثم التحاقي بالسلك الدبلوماسي من خلال وزارة الخارجيه التي قصدتني ولم أقصدها.

انطوى حديثنا على إشارات لم يفهمها من يسمعنا، ولكن جيدا تلقّفتها اذهاننا وسعدت بها خوالجنا.

في اليوم التالي، أقبلت السكرتيرة تُذكّرني بمشروع حفل الاستقبال المصغر في بيتي وموجباته، طلبت منها تأجيله لما بعد القهوة.

في تلك الأثناء، طلت من مفكرتي هاتف العمل لنرجس وطلبت من السكرتيرة ان تصلني بها.

بعد ثوانٍ رنّ جرس الهاتف، رفعت السماعه وأتاني صوتها؛

مرحبا، سررت لسماع صوتك كيف حالك؟

مشتاق، كيف أحوالك أنتِ؟ وأضفت ؛

هل يُعقل ان تكوني بباريس منذ شهر من الزمن، وانا لا اعلم !

من سؤ حظي بالتأكيد، أجابت بشيء من مكر النساء.

سأراك مساء الجمعة القادم في بيتي، في احتفالية مصغره على شرفكِ، تلتقين خلالها بعدد من الأصدقاء السوريين.

اجبتها، وكأني اعتذر، لجهلي بوجودها مسبقا.

واردفت؛

أرجوكِ لا تترددي بالاتصال في جميع الأوقات.

قالت بلهجة حميميه؛

ادرك ذلك جيدا يا دَاوُدَ.

الى اللقاء إذن.

انهيت المكالمة، وارتشفت قهوتي، كان مذاقها شيئا مختلفا عن الامس .

بعد دقائق، دققت للسكرتيره دخلت ومعها دفتر مذكراتها، أمليت عليها قائمة المدعوين للحفل،وطلبت منها تحضير ارقام هواتفهم ليوم غد، ليتسنى لنا دعوتهم .

بما ان القائمه تتضمن اسماء شخصيات تجاريه وثقافيه سورية، معظمهم أصدقاء في زيارة عمل لباريس، لذا ترتّب عليّ دعوتهم شخصيا.

مرّ الأسبوع، بطيئا ومتواترا وها هو نهار الجمعة يقبل بألقه

وبرغم انه يوم تجهيز الحقيبه الدبلوماسية الا انه كان مفعما باللهفة.

تراخيت بقصد ان تبقى أعصابي هادئه لا يشدّها ما يثيرها كعادتي في مثل ذاك اليوم، أكثرت من تناول البابونج بدل القهوة.

اخيراً أُغلقت الحقيبه، كانت الساعه تقترب من الثامنة مساء.

دق جرس الباب، الساعه تجاوزت التاسعة تقدمت لفتحه بمفردي موعزا لخدم الاستقبال ان ينصرفو لأعمالهم. فتحت لقلبي اذ تزايدت دقاته وإذا بها تستقبله، صافحتها معانقا بعينيّ ودعوتها حيث قاعة الاستقبال ومازلت ممسكا بيدها، همست لي بأنها لم يسبق ان تعرفت على زوجتي، اجبتها بانه سيتم ذلك باديا عدم الاكتراث لهذا الشأن.

ولجنا القاعه، مشيت بها لاقدمها للضيوف حتى ادركت مقعدها.

سار الحفل كما توقعت، سادته الالفة بعيدا عن التكلف. عينه من المجتمع الدمشقي ما عدا السفير اللبناني وزوجتي الروسية التي لا تزال تجهل ألعربيه، باستثناء بعض المفردات الشاميه.

تألقت نرجس بحضورها وتألّق قلبي، لا اكاد اختلس النظرات اليها الاوتعانقت عينانا. حتى دعوتهم للعشاء وأخذ كل مقعده، تجاوزت مقعدا بجوارها ولما تحلّق الجميع حول المائدة شغلته. كما انشغل كياني بوجودها. "لو تعلمين كم أعشقك وكم اشتهيكِ" وما جست من جسدها حتى اللحظه غير يديها! يبدو ان جذور هذا العشق استوطنت روحي وجسدي فألفها قلبي على مدى عقدين من الزمن.!

مرّ أسبوع بعد تلك الحفل، دون ان يبادر احدنا بطلب الآخر تهاتفا، اذ انها أعربت لي عن خالص شكرها وسعادتها لدى مغادرتها منزلي.

بدأ صبري ينفذ وقلقي يتعاظم، شوقي يتراكم حتى ليغدو لهفة، وكأني سأراها الان او بعد ساعه. عبرت ذاكرتي سنوات الشام وكيف أضعتها بسبب خجلي حينا ومكابرتي حينا اَخر. السببان أصبحا ممجوجين في ذهني اليوم، قلبي يوعزني بقرار رغبته امتلاكها، وانا ماعدت اتمر سوى لقلبي ! مهبول من لم يفعل ذلك.

هو من يمنحني الحياة وهوايضا من يُسلّمني للموت اذ أنا لم اسخّر الحياة لاسعاده. شقى قلبي بترددي وعزة نفسي، شقى قلبي بضجري وعنادي، هو استعذبها دون كل النساء. وَيْل قلبي برعونتي، اذ غدى مرتعا للشوق والضنين في آن، فادمن العشق المخنوق في مقابل ادمان ذهني للعمل المتواتر. وَيْل قلبي بتجاهلي ووقاري، وَيْل قلبي ببروتوكول الدبلوماسية والاناقة الاخلاقيه. وَيْل قلبي بروث التقوى المجتمعيه وتأليه الوثنيه.

وضعني عقلي في قالب معدني منذ امتهاني الحماقه الدبلوماسية تجاهلت زفرات قلبي في بعدها عن عينيّ، ولسوف امتثل له في قربها مني.

تسلّقت مركبا مجهول العنوان، فقط ليبعدني عن حياتها، عصفت بي رياح متعددة الاتجاهات وتهت دربي، تزوجت سونيا امعانا في التيه وتأطير التبلوه. كنت أراه من الخارج، كما يراه الآخرون، كذلك امعانا في تجاهل قلبي ورغباته.

من يركب التيه يغمره التيه ويفقد البوصلة، حينها لا من سبيل سوى إشارة القلب.

هو ذَا، ألمي، حزني، شوقي ولهفتي، كل هذا كان دليلي لاسطورتي الشخصيه التي أضعتها في التيه وعثرت عليها يوم نصتّ لقلبي.

6

سألتني زوجتي صبيحة اليوم التالي للحفل ؛

من هي نرجس ؟ لم اسمع عنها من قبل.

اجبتها مبديا عدم اكتراث ؛

سيده سورية منتدبه من وزارة الثقافة بسوريا لأداء مهمة عمل في فرنسا.

قالت بشيء من الاستنكار الممجوج ؛

ولكنك أبديت بالغ الاهتمام بها ،

واضافت؛

لكأنها هبطت عليك من السماء !

اجبتها بذات النبره السابقة ؛

تجمعنا ذكريات طفوله مشتركة .

تعمدت تعاطي هذا الشأن معها بالاختصار والحسم كي الجم فضولها وخيالها.

كذلك نزعتها التجسسية التي ورثت جيناتها من ابيها، اذ كان من عصابات المافيا الروسية اثناء وبعد الحرب العالميه الثانية حتى اغتيل بعد ذلك.

علمت بذلك اثناء تواجدي في موسكو، اثر فضح جرائمه من

قبل الصحافه الروسية التي حركتّها واوعزتها العصابات ذاتها اثناء حروب التصفيات الداخليه المحمومة بين أعضائها.

من سوء حظي، لم يصل لعلمي ذاك الا بعد ان اقترنت بها.

كانت ودوده وماكره، شأن كل النساء الروسيات، تعمّدت مساعدتي ابّان دراستي اللغة الروسية حتى حملتني على التفكير بأني مدين لها بشكل من الأشكال. شأني في ذلك شأن معظم الشباب العربي اذ توهمه الحميّه وعزة النفس بوجوب ان تكون يده العليا وليست السفلى بقبول الصدقه، فيبلع الطعم.

اكتشفت علاقتها بالمخابرات الروسية في أواخر السبعينات من القرن الماضي. اذ تبين بأنها بعثت تقاريرا بشأن مواقفي الرافضه لمعاهدة الصداقة والتعاون كما رغبها السوفيات اذ ذاك وكنت سفيرا لبلادي في موسكو. كان هو موقف القياده السوريه كذلك ممثلة بالرئيس حافظ الأسد. برغم تحفظي على طريقة وصوله كرسي الرئاسه، الا ان صلابة موقفه الوطني في تلك الأثناء ونزعته الاستقلالية في إدارة شوؤن السياسه الخارجيه مع السوفيات برغم شدة حاجته اليهم حينها، كانت باستمرار محط اعجابي ودعمي.

بل ان الساسه السوفيات أنفسهم توصلوا الى تقدير أسس تلك العلاقه واقترحوا بحثها في الامد الطويل.

انها ذهبت الى ابعد من هذا في أعمالها التجسسية، إبّان محادثات صفقات التسليح، استعدادا لحرب تشرين مع العدو الصهيوني.

من خلال الزيارات المكوكية للرئيس الأسد لموسكو واجتماعاته مع الزعيم السوفياتي ليونيد بريجنيف. حتى فيما تعلق بالحصول على صواريخ سام ٦ المتنقلة، ودبابات T -26 التي كانت

احدث مالدى السوفيات اَنذاك. وبعدها على أولى طائراتها من طراز ميغ-21 . تم ذلك من خلال التنصّت على المكالمات.

شمل التجسس أزمة سحب الخبراء السوفيات من مصر، والتي اثارها الرئيس السادات بهدف ما عُرف بالصدمة المفاجئة. على اثرها تم تكليف الرئيس الأسد وكان في موسكو، فطار منها الى القاهرة في محاولة لرأب الصدع بين العاصمتين تفاديا لتعميق الازمه التي سببت له قلقا كبيرا لم يقل عن قلق السوفيات أنفسهم.

أُحطّت علما بكل هذه التفاصيل بعد عودتي الى دمشق نهاية السبعينيات، وذلك من المخابرات السوريه، التي انتهجت سياسة الاحتواء، الى جانب المراقبه، تحاشيا لتسرب تلك المعلومات الى العدو الاسرائيلي.

في يوم، وبعد عدة شهور، دق هاتف خطي الغير مباشر، وأتاني صوت السكرتيرة ؛

سعادة السفير، السيدة نرجس ادلبي على الخط، هل تودُّ مكالمتها؟ فورا؛

اجبتها وكأني منهك من الصبر.

آلو، مرحبا دَاوُدَ ؛

قالتها مُبطّنة بهيام

أهلين، ما هذا الصباح البهيّ بالنرجس ؛

بادرتها حتى قبل ان تنهي تحيتها.

اعلم مدى انشغالك، لكن ؛

قالت، ثم تابعت.

لديّ مشوار، قرب السفاره، داهمتني فرصة رؤيتك اذا سمح لك

وقتك ؟

انت بتشرفي دون استئذان ؛

اجبتها ، وفي شهيتي ما هو ابعد من ذلك.

شكرًا ، الى اللقاء ؛

قالت ، كما لو كانت خطوات تبعدها عن السفاره.

أوعزت للسكرتيره بان تسمح لها بالدخول حال وصولها.

بعد دقائق فُتح الباب ، كانت هي القادمة استدرت ونهضت من مقعدي لاستقبالها ، صافحتها تلتهمها عينيّ بايحاء من شفتيّ ، التي تخاذلت عن اداء وظيفتها تقديسا لحمرة وجنتيها التي بدت بلون الورد الجوري البكر ، فاستعطفت لباقة ذكورتي.

دعوتها للجلوس وطلبت فنجانين من القهوة.

اَسفه ان كنت أربكت جدول مواعيدك ؛

قالتها ؛ وكأنها تستعطف جوارحي بعد ذكورتي.

نظرت في عينيها ، لمحت عفة كلماتها ، تداركت فقلت؛

كيف حالك في باريس ؟

واوضحت؛

هل حدث التناغم المطلوب؟

الى حد ما ؛

أجابت باقتضاب كما السؤال.

تحدثنا في السياسه والأجواء الثقافية الصاخبة وفي العلاقات العامة ولكن كان حديث ابكما ، واحتسينا فناجين قهوتنا ، ولكنها كانت فناجيناً فارغة .

كنت ألهث بقطع طريق يرنو لي في نهايته عذوبة بئر يروي ظمأي، غير ان إشارات عينيها استعذبت اللونين الأحمر والبرتقالي دون اللون الأخضر! كأن لهفة الوصول الى البئر اعذب من البئر ذاته.

ام انها استلذّت ما يستجلبه اللون الأحمر من صدمة وفتون كذلك ما يسبقه من ارتباك اللهفة في اللون البرتقالي فآثرت عدم الانعتاق من اللونين والانطلاق نحو الأخضر .

ان زخم العشق والاشتهاء في جوفي بل وأطرافي لتستّبّلد لهفة الطريق للوصول الى البئر. ان الاكتفاء بتناول المقبّلات ما عادت تطعمني، جوعي فتاك لا يرحمني ولايتسول، لا يقتات ولا يتذلّل.

لكأنها تقرأ افكاري، سألتني ؛

ما سر عشقك لعملك، الجميع يشيد بالسفير الاستثنائي !

اجبتها بابتسامه متواريه ؛

وهل جميع السفراء يُمثّلون سوريا ؟

أجابت مرتبكه وكأنها صُدمت بالسؤال ؛

طبعا لا.

عشقي لسوريا، البلد الاستثنائي والجدير بالتفاني ؛

قلت، واردفت ؛

ان هذه السفاره بقعه من سوريا تتمتع بالحصانة والاستقلال وترتدي ثوبها القومي. ثم ختمّت ؛

هلا ادركت سرّ عشقي وتفاني لعملي.

ابتسمت، صمتت لثوان ثمّ تابعت ؛

يقال ان عملك غريم اي امرأة تقع في غرامك.

وهل كل امرأة في منزلة سوريا من همّي ويقيني ؟

كان جوابي جاهزا ؛

اذا بها تتلقفه لتسأل ؛

اتعني بأنه قد تبلغ امرأة ما منزلة يقينك وهمّك كما هما لسوريا ؟

اجبتها ؛

بالتأكيد، هذه المرأة لن تكون سوى سورية الوجدان، عشقي لامرأة ليس بديلا لعشقي سوريا بل في ظلاله، وإلا لن أكون دَاوُدَ الوادي.

في هذه الأثناء، رنّ هاتفي المباشر ؛

أهلين معالي الوزير.

كنت أصغي لتعليماته، ثم أجبته ؛

وهو كذلك معالي الوزير، سأتصل حالا بمندوب الجامعة العربية بغرض التنسيق لتهيئة لقاء رسمي مع ممثل الشؤون الخارجيه للاتحاد الأوربي، سوف أضعك بالتفاصيل في حينها.

لك تحياتي، معالي الوزير.

ما ان انهيت المكالمة، حتى هَمّت بالوقوف استعدادا للاستئذان ؛

سعدت بلقائك وبحديثك.

قالت ؛ على وجهها ابتسامه عريضه كأنها ظفرت بغاية في نفسها طالما ارّقتها ؛.

صافحتها مودعا، قبلتي في عينيّ الق وشوق .

7

أفقت على رنات هاتفي النقال،

آلو مرحبا ؛ أجبت مرتبكا.

أهلين دَاوُدَ كيف أحوالك ؛

ردّ الجانب الاخر من الخط؛

ماشي الحال، شو صار بخصوص الاجتماع ؟

قلت متسائلا ؛

اليوم الساعه الثامنة مساء بذات المكان،

ردّ المتحدث ؛

الى اللقاء إذن

أجبت منهيا المحادثة.

وجدت نفسي في ذات المقهى ببوليفارد افينيو، وهو مايعني باني بعد مغادرتي شقتها همّت على وجهي متسكعا حتى عدت لذات المقهى.

شتان بين الامس حيث سفارتي ومملكتي وكرامتي وعزة نفسي واليوم اذ أصبحت معارضا خسر وطنا !

تمنيت لو ظل هاتفي الجوال صامتا وما اوقظني، وتركني أحيا الق مسلسل غدى بعيدا على ارض هذا البلد الباريسي.

لكن، ما كل ما يتمناه المرء يدركه. ثم ما قيمة ان تحلم وتتمرغ بشهد ماضيك وانت مداهم بمرارة حاضرك تبحث في دهاليزه عن خرج قد يأخذك الى سكة أمن تحفظ به ما بقى من ماء الوجه وبعضا من كرامة.

خامرتني محن غيري من وطني، منهم الجائع والنازح بلا ماوى والغريق في البحرواللاجىء في مخيمات الشتات العربي والعالمي، يتسول أسباب الحياة او اعانة انتظار الموت. وهم كثر بالملايين.

استشعرت عمق جراحاتهم وقسوة مهاناتهم، اذ اجبروا على ترك منازلهم، وحاراتهم المحفوظة عن ظهر قلب، غامروا بسلك دروب مجهولة الوعر ليبقوا على حياتهم وحياة اطفالهم، وهم من ذُرءوا في تراب سوريا ونفثوا هواء سوريا وتيمّموا فيجة سوريا وهنئوا بسلة خضار سوريا ومهرجان الفاكهة السورية وأشمّوا بعزة سوريا، غادروا كل هذا هربا من موت دون عزة وكرامة، اما بالبراميل المتفجرة وأما في غياهب سجون سجاني عديمي العزه والكرامه، حتى لجأ بعضهم الى الموت الجبان شنقا بالحبال فرارا من افتراء سجانيهم.

قاومت غصة في جوفي لاتسأل كيف ولما حدث كل هذا الهول من الهوان لشعب سوريا لدرجة العجز عن درءه ؟!

تذكرت ابني الذي استشهد مدافعا عن حلب، تذكرت رفاقي الذين اختطفوا في دمشق ولا تزال عائلاتهم تبحث عنهم.

آلاف المفقودين في جميع أنحاء سوريا، منهم من قضى نحبه ومنهم من ينتظر وما بدلوا تبديلا.

هذا الغزو الاستيطاني المقنع بشعارات مسمومة، داهم مدننا وداهم أريافنا الوادعه، شلّحها ردائها الجميل ليكسوها بالجادر

الفارسي، اخرس لسانها العربي انتقاما من شبح أمجادها الذي يسبب لهم القهر والرعب. ولتنفيذ غاياتهم المشبوهة

كيف تمكنت ايران من اراضينا ومن مقدراتنا بل ورقابنا ؟ وتفصلنا عنها دول، في مقدمتها الشقيقه العراقية التي غدت لقمه سائغه لأطماع طائفية الفرس !

لقد وُطّنت النزعة الطائفيه في ديارنا القوميه، لتجهز على الاخيرة.

كيف أُحِلَّت لتسعين مليون ايرانيا قوميه وحُرِّمت على مئات الملايين من العرب قوميتهم !؟

كيف تقمّصت ثوب الاسلام العربي بعمامه ملغومة ؟

لو ما تمكّن الأسد من حكم سوريا منذ سبعينات القرن الماضي لما حدث هذا الإعصار في الديار ألعربيه.

تواطىء الامام موسى الصدر مكّن الأسد من حكم سوريا، وما كان ليجرأ او يحلم به أسوة بأقرانه في اللجنة العسكريه. عندما أفتى زورا بتفرع مذهب العلويين من المذهب الجعفري في حين ان هذا الأخير لطالما اعتبر الاول باطلا.

غدى هذا التحالف المذهبي الطائفي الملغوم ذريعه لإطلاق يد ايران ليس في سوريا وحسب بل في عمل خلايا طائفية نائمه في عموم المشرق العربي، تصحو عندما تقتضي مصلحة ايران القوميه.

غدى هذا التحالف المافي الخطير سببا في تشوه واضعاف النسيج القومي في أقطار الوطن العربي. وبالتالي النزعة القوميه.

حفزّ هذا التحالف المشبوه شهية واطماع اقليات عرقيه لطالما انّصهرت في النسيج القومي الاجتماعي على مدى قرون.

يالشدة دهاء حكام العمائم في ايران، سخروا شعارات الصراع العربي الصهيوني، مستغلين بغض الشعب السوري لإسرائيل، وحاجتهم الدائمه لمناهضة عدوانه وأطماعه التوسعيه. كذلك غياب مصر وتحييدها عن الصراع، بعد توقيع معاهدة كامب ديفيد. فدسوا سمومهم المذهبيه والنافذة في معوناتهم العسكرية، التي تبين بأنها لذر الرماد في العيون، مقارنة بما ظفروا به من مصابنا القومي، الذي لم يسبق له مثيلا في تاريخنا الحديث. ذاك ما تبجح به زلم العمائم حول امتداد إمبراطوريتهم حتى شملت اربع عواصم عربيه؛ بغداد، دمشق، بيروت وصنعاء.

شعرت بالإعياء الذهني الى جانب الجسدي، ندهت للنادل وطلبت فنجانا من القهوة في محاولة لملمة اجزائي المبعثرة، تمهيدا للاجتماع.

قاربت الساعه النصف بعد السابعه، دفعت الفاتوره وانصرفت.

8

بعد انتهاء الاجتماع المقرر والذي شمل الائتلاف الوطني لقوى الثوره والمعارضه السوريه، وتم انتخاب الهيئه العليا للمفاوضات الممثلةلأطياف واسعه في المعارضه.

توجهت وعدد من الرفاق الى منزل احدهم للتعقيب والتحدث فيما يعتّمل في النفوس لتخفيف حمولتها.

قال نهاد، احد الرفاق ؛

من الملفت للملاحظة والتنبأ بان باريس شهدت باكورة المعارضه لنظام الأسد منذ سبعينيات القرن الماضي والمتمثلة في شخصية صلاح الدين البيطار حين اصدر مجلة دوريه " الإحياء العربي"؛

وأضاف ؛

نشر في اعمدتها حملات المطالبه بحريات التعبير وبالحقوق الإنسانيه في سوريا. فقد نشر في شهر شباط 1980 مثلا مطالبة نقابة المحامين السوريين بإعادة حكم القانون، مع جرأة الاشاره الى قاعدة النظام الطائفيه - العلويه-

أكّد محمد ؛

وقتها بدا وكأن البيطار يمكن ان يشكل خطرا حقيقيا.

قلت؛

كانت انتقاداتهم، هو وامثاله تمسّ عصبا حساسا، اذ كانت تنصب على منطقه بدا فيها الأسد وكأنه قد ابتعد عن النهج القومي العربي الحق. اتهموه بالازدواجية إزاء خطط السلام الامريكيه عندما فاوض حول فك الاشتباك في الجولان مع كسينجر وهو من اتهم السادات بسلامه المنفرد.

قال نهاد ؛

وكيف يمكن حينها للاسد ان يدّعي مناصرة القضيه الفلسطينيه وهو يحارب منظمة التحرير في بيروت، ! الم يكن جيشه في لبنان ينفذ اتفاقية صامته مع إسرائيل.

وأضفت متسائلا ؛

الا يتحمل الأسد بعض المسؤوليه في موضوع التنافر مع مصر ؟ كذلك في انهيار الانفراج مع العراق.

وانبرى محمد مذكرا بثورة الاخوان في حماه ؛

لقد زجّ حينها بحوالي 12000 رجل لمحاصرة الأحياءالقديمة وكأنه يختبر ولاء الجند الى ابعد مدى بعد ان فرالكثير منهم وانضم الى الثوره.

وأضاف عزيز ؛

حينها دُفن الناس تحت ركام منازلهم، ومُسحت واستوت بالأرض احياء بكاملها وذكرت تقارير ان أعمالا وحشيه قد ارتكبت بعد ان استعادت الحكومة السيطره على البلدة.

قلت بحرقه ؛

ما أشبه اليوم بالبارحه، حينها تبجح الأسد بمقولة المؤامره واعتبر ثورة الشعب ومقاومتهم لنظامه الظالم والمستبد ما هوالا مؤامره من الأعداء في الداخل والخارج

واردفت ؛

للأسف ينطبق الحال على ما سُمي حينها بالبعثيين الجدد الذين سخرهم ونظمهم الأسد ليكونوا درعا شعبيا تحت قيادات علويه لضمان بقاء النظام والذين أُطلق أيديهم في الأحياء القديمة بحماه تدميرا وتنكيلا بعد إخضاعها، وما سمي بالشبيحه اليوم، ذات الدور.

عقَّب نهاد ؛

ان نهج الحكم المطلق الذي سلكه في الصراع من اجل البقاء في السلطة قد ثبت انه يسبّب الإدمان. ان أجهزة المخابرات التي استخدمها كأدوات لفرض سلطة الدوله راحت تتضخم وتفرض ظلّها الثقيل بشكل لا يُطاق وبأكثر من السابق، فهي أصلا لم تكد تُعرف في سوريا من قبل.

وأضفت ؛

بل ان المخابرات قد تسللت الى جميع المؤسسات السوريه بما فيها السلك الخارجي خاصة بعد ملامح سياسة الأسد الخارجية التي أعيد تشكيلها في السبعينات من القرن الماضي.

ابرزها، وقوفه مع ايران الخميني. هذا التحالف كشف الطابع الشاذ والخطر للنظام ومثلما حدث عند تدخله في لبنان لتحجيم اليسار عام 1976، بدا الأسد وكأنه يخطو بجرأة خارج المسار الأساسي العربي القومي .

قال عزيز ؛

كان يتبجح بأسباب استراتيجية لتحركه، ولكن كانت لها جذور في خلفيته كأحد أبناء طائفه مشتقه من التشيع وهي اقلّيه، كذلك شعوره بالتعاطف مع اصوله الريفية، ولكي يحمي نظامه بشكل أساسي.

عقَّب زياد بقوله ؛

بدا هذا التأييد حتى عندما كان الشاه لا يزال في السلطة، حينها قدّم الأسد لمساعدي الخميني ألمساعده بأشكال متعددة، مثلا للمدعو صادق قطب زاده، مُنح جواز سفر سوري وهوخارج سوريا وتتكر في شخصية مراسل صحفي لجريدة الثوره الدمشقية، وآخرون أصبحوا وزراء بعد الثورة .

أضفت موضحا؛

كان موسى الصدر همزة الوصل بين الأسد ومعسكر الخميني، ولقد قدّمُ الاول للثاني خدمات جليله ومصيريه في تثبيت حكمه لسوريا والسيطره على الساحه اللبنانيه اذ كان رئيس المجلس الشيعي الأعلى قبل اختفائه الذي سبب للاسد من الحزن ما يشبه حزنه ومرارته على خروج السادات من الصف العربي على حدّ قوله.

قال محمود معقّبا ؛

بمناسبة ذكر السادات، لقد حاول الأسد إقناع الآخرين بان يروا في ايران وزنا يعادل ثقل مصر الذي خسره العرب بتوقيعها معاهدة السلام مع إسرائيل.

أضفت؛

لطالما سوق لاهداف إيران الطائفيه التوسعيه بشعاراته التي البسها حلة عروبية، بل وتجرأ لِيّشبه الثورة الإيرانية في بروزها،

كبروز عبدالناصر على مسرح الشرق الأوسط قبل ذلك بربع قرن، جهل اوتجاهل خدمة لأغراضه بان حركة عبد الناصر كانت قوميه عربيه، في حين ان حركة الخميني كانت نقيضها طائفية امميه شقت الصف العربي بل و الاسره ألعربيه.

توقفنا عن الحديث لنرشف قهوتنا وظلال من الماضي تطل على حاضرنا، الذي ما كنّا لنعيشه لو لم يتمكن الأسد من رقابنا في سبعينيات القرن الماضي، وما تنبّأنا باستمراره.

قطع الصمت عزيز ؛

ترى هل كان سيستمر نظام الأسد في غياب نظام الخميني؟

هل علمتم بحجم فزع الأسد عندما عبرت القوات العراقيه الى داخل ايران بشكل كثيف في 22 أيلول من عام 1980.

ففي غمرة حرصه على تجنب انتصار عراقي، قرر اتخاذ خطوه أخرى بعد التأييد الا وهي دعم مجهود ايران الحربي وكانت هناك تقارير فوريه عن جسر جوي من سوريا عبر بلغاريا والاتحاد السوفيتي بعد زياره مفاجئه قام بها للأخيرة،

استخدم فيه أسطول الشاه الضخم من طائرات البوينغ.

بعد ذلك أقامت ايران خطوطا جويه منتظمه.

وأضاف محمد ؛

بل راحت مخابرات رفعت الأسد تنضم الى ايران في القيام بمهمات تخريبيه ضد العراق، وسرعان ما وجدت سوريا نفسها منغمسة الى رقبتها في الحرب ضد العراق.

وانبرى نهاد متأثرا ؛

العراق الذي كان خطوطنا الخلفية بل والأمامية في حربينا مع العدو الإسرائيلي وصدّ عن دمشق هجمات خطيرة اثناء مواقف حرجه.

وأضاف نهاد ؛

بل العراق شكل بعدنا القومي والأمني قديما وحديثا، كيف بالله غلبت نزعته الطائفيه على ادعاءاته المصلحه ألعربيه ؟

وقال رجاء ؛

هو تساوى مع إسرائيل في المصلحه وهي إذكاء نيران الحرب العراقيه الايرانيه لاستنزاف العراق ولرواج تجارة السلاح الى ايران التي انغمست فيها إسرائيل ومنها فضيحة الإيران - كونترا التي بينت الى أي مدى قامت بجرّ حليفها الأمريكي للتورط في مستنقع التعامل والصفقات السريه مع ايران.

وبينما استمرت الحرب في مسارها، استمرت كل من سوريا وإسرائيل تتسابقان على كسب ودّ ايران.

واسترسل محمود ؛

لم تكن مغازلة ايران سياسة مجانيه بلا متاعب لكل من سوريا وإسرائيل. بل كانت المكاسب لكل منهما في مقابل كلفه كبيره . واجه الأسد انتقادات عربيه لاذعة وشاهد التزامه القومي يتعرض للتشكيك، كما تناقصت المعونه المالية الهامه من دول الخليج. اما إسرائيل فإنها فقدت مصداقيتها لدى اهم حليف لهاعلى الإطلاق، عندما اضطرت الى الكذب.

وعقّب محمد متسائلا ؛

الا تجزمون بان ثمة علاقات تبلورت بين إيران وإسرائيل من خلال اتصالات سريه تمّت اثناء الحرب وبعدها.

فقد غادر ايران 25000 يهودي بفعل الثوره، لذا كان من الطبيعي ان تلجأ الولايات المتحدة لطلب المساعده من حليفتها إسرائيل في عملية تقييم الوضع الإيراني.

وقد ثبت ذلك من خلال أزمة الرهائن وفضيحة الإيران - كونترا، ولا زالت قنوات الاتصال مفتوحة حتى اليوم. اكبر دليل هو إنجاز الاتفاق النووي الذي تم بغير رضى الأوربيين.

عقّبت بشيء من القلق؛

لطالما اخشى ان يكون استقلال سوريا الحقيقي ثمن التسويه بعد الحرب في حال استبعاد شبح التقسيم الذي يعد اخطر جريمه من نشوب الحرب ذاتها.

وأضاف نهاد ؛

طبعا، جريمة التقسيم واضحه وجليّه قتل سوريا بثبوت الأدلة والترصد، ان النفوذ العسكري والاستيطاني وحكام بالوكاله كل هذا يدلّل ثبوت الجريمه وان لم تكتمل بعد .

أردفت مستنتجا؛

ان كل من الروس والإيرانيين لن يدعا سوريا للسوريين برغم الاختلاف الايديولوجي الشاسع بينهما، أقصى اليسار وأقصى اليمين الا انه ومنذ قيام الثوره في ايران برزت بينهما مشتركات غريبه عدا عن نطاق المصالح المشتركه.

الشيوعيه الامميه والشيعيه الامميه، شعاران مبطنان في جوف شعاراتهما المعلنه والتي تبدو جوفاء وخرقاء لكل القوميات.

واضفت ؛

لقد غُذّي العلويون- وهم ذوالنزعه اللاقومية الانعزالية والمعروفون بخاصية التكيف- بفكرة الثوره والانفصال عندما جاء بهم الفرنسيون الى اللاذقيه وقالوا انها عاصمة دولتهم "العلويه" وعندما أغروا شبابهم للتجنيد في قوات المشرق الخاصة في عام 1921 تحت إمرة ضباط فرنسيين كي يستعملوهم كفرقة مطافىء لقمع الاضطرابات في أي مكان من البلاد حتى أصبحوا منظمين ومدربين.

أدت الخدمة العسكريه لدى الفرنسيين الى تأسيس بدايات تقليد عسكري علوي اصبح مركزيا في صعود الطائفه اللاحق فيما بعد - اللجنة العسكريه- خير مثال - لقد بذل الفرنسيون كل جهد لابقاء هذه القوات الخاصة في معزل عن التخمرات الوطنية المتفاعلة في المدن السوريه.

وأضاف محمد ؛

تحضرني أسماء علويه تعاونت مع الفرنسيين وكونت ثروه ونفوذ ، مثل إبراهيم كنج وسليمان المرشد الذي رأى فيه الفرنسيون حليفا محتملا ضد الوطنيين السوريين.

فاخذوا بتضخيمه والرفع من شانه وراح يجبي الضرائب وفي عام 1937 انتخب لعضوية البرلمان بدمشق برغم انه كان اميا ، وفي عام 1939 اصبح لديه خمسون الف من الاتباع وترسانه من السلاح زوده بها الفرنسيون.

بعد رحيل اخر جندي فرنسي من سوريا لدى الجلاء في نيسان 1964 اعتقل سليمان المرشد وتم شنقه في ساحة المرجه في تشرين الثاني من العام نفسه.

تدخلّت في الحديث ؛

بدى الأسد وكأنه يشارك أبناء طائفته في السخط على الماضي ومعاناة الحرج من دورهم المشبوه مع الفرنسيين والذي لا يمكن الاعتراف به، وانضم الى أكثر الأحزاب اتجاها نحو العروبه الا وهو البعث العربي الاشتراكي، لكنه وللأسف اصبح في خاتمة المطاف حاكما لسوريا بالاغتصاب للسلطه .

كان يدرك بان عليه ان يعمل بجد لاقناع المتشككين الكثر بانه قد خلف عُقد الاقليه وراء ظهره وبأنه ملتزم جسدا وروحا قلبا وقالبا بالتيار القومي العروبي الرئيسي، وبأنه صالح ومناسب لقيادة السوريين.

عقَّب عزيز ؛

تعني اصبح حاكما لسوريا تحت لواء التشيّع وليس لواء البعث الذي تذرع به مسيئا لجوهر عقيدته بعد ان البسه ثوبا على مقاس مصلحته وبالتالي طائفته ، ولذا صحّ تسميتهم. بالشبيحه.

ساد صمت لبعض الوقت، وكأن معظمهم وهم رفاق بعثيون يفكرون بما آل اليه حزبهم العقائدي القومي من تشويه وتدمير.

قال نهاد ؛

ترى، لو لم تنشب الحرب العراقيه الايرانيه لكان ممكنا رأب الصدع بين قيادات الحزب في كل من سوريا والعراق؟

بادرت بالاجابة قائلا ؛

الحرب من وجهة نظر العراقيين كانت استباقية للدفاع عن وحدة العراق، فنزعة الانتقام الشيعيه لدى الخميني كانت تهدِّد وحدة العراق. الدافع الثاني استعادة حقوق العراق في شط العرب بالتخلص من اتفاقية 1975 التي انتزعت منه تحت ضغط الحرب الكرديه وارغمته على ان يُسلّم للشاه بسيطرة جزئيه على ممر شط العرب.

وأضاف محمود ؛

بالفعل كشف ما حدث ويحدث في العراق غزارة ووحشية حقد حكام طهران على العراق وكل العرب، بل ان ما حدث ويحدث في سوريا ما هو الا تعبير عن مدى شراسة هذا الحقد التاريخي.

لدى العودة للحديث عن حاضر سوريا ومحنة السوريين، غشى الجميع النعاس ووجدوا في النوم راحة للهروب، خاصه وان الوقت قارب الفجر، استأذنت مع بقية الرفاق، وانصرفنا.

9

مساء اليوم التالي هاتفت نرجس أخبرتها بحاجتي لزيارتها واتفقنا على اللقاء عند السادسة.

مررت بشارع الشانزليزيه قبل الموعد بساعة كي احمل لحبيبتي هديه. بعد تفقدي لبعض محلات التسوق، اهتديت لقنينة عطر تحمل رسالتي التي وددت قولها، لولا كبريائي.

انها من ماركة جفنشي تحمل اسم " فري ارسستابل "، مرفقه بملصق احمر كُتب عليه عبارة " نييد يو تونايت"

Very Irresistible ,Need You Tonight,.

عند السادسة، كنت ادق جرس شقتها، فُتحت البوابه فورا، دخلت المصعد وغادرته في الطابق الخامس متوجها الى باب شقتها.

كانت تنتظرني في المدخل، استقبلتني بابتسامتها الطفولية العارية وبعناق الأطفال ظللت ممسكا بها بيد حتى وضعت الهديه على اقرب طاولة، عندئذ استدرت وعانقتها بطريقتي في قبلة لطالما افتقدتها.

اجلستني وجلست في المقعد المقابل، بادرت بسؤالها ؛

كيف الأحوال ؟

أجبت متوترا ؛

ماشي، لا جديد يُذكر.

نهضت قائله بعد ان لمست توتري ؛

اعمل لك قهوتك.

حاولت جاهدا تجميع أشتات نفسي المبعثرة، لكن ذهني يصغي للدماغ لا مفر.

بعد دقائق، رجعت تحمل صينية القهوة وأكواب الماء.

هذه المره جلست بجانبي على نفس المقعد، تشاطرنا ذات الطاوله لإحتساء القهوة.

انهمرت علي أسئلتها المتلاحقة ظنا منها ان تصرف ذهني عن حاجتي الملحه والناطقة في تململي وردودي المقتضبة.

لاحت فرصة انقاذها عندما رنّ هاتفي الجوال، طلته كي اصمته لكنها كانت أسرع مني، حينها نهضت تحمل صينية القهوة عائده الى المطبخ.

تضاعف توتري، عصفت بذهني، تذكرت هديتي فهدأت وانتظرت رجوعها من المطبخ.

بعد دقائق حسبتها زمنا، أقبلت، بادرتها متصنعا االاسترخاء ؛

الا ترِ ما اتيت به إليك؟

حينها اتجهت لموضع الهديه، تناولتها وفتحت أغلفتها بتأن ملحوظ وانا أراقبها منتظرا شيئا من ردرد فعلها، ولما طال انتظاري قلت ؛

أرجو ان يكون ذات عطرك.

التفتت إليّ قائلة يسبقها مكر ابتسامتها ؛

متشكره، انا بعرف انك مزوق كتير.

لكن عيناها نطقت بما لم تقله شفتاها وما يعني، لكن لاتنتظر مني ما يحدّثك به ذهنك، اَسفه جدا وتصعب علي كثيرا. وقد تضيف في سرّها اعرف بأنك تتجرح وتكابر وهذا ما يزدني حبا فيكِ.

انصرفت من شقتها مجرورا بخيبتي وجرحي، بعد مكابرتي حيال حميمية قبلتها لدى انصرافي. ما لم تخطئه أبدا قراءتنا لبعضنا البعض منذ فجر حبنا وهو ما هوّن علينا اعتى المحن.

انبلجت ذكرى زهرة لقاءآتنا في باريس عندما كنت سفيرا لسوريا حينما دعتني لتناول القهوة بشقتها بعد ان فرغنا من وجبة غداء في مطعم بدعوة مني . دخلنا الشقه وكأننا دخلنا الجنه اخيراً بعد لهيب جهنم، حيث اكتوينا باشواقنا ولهفتنا سنينا. كان كلانا يقرأ الاخر، يصرخ كفى وتهاوينا في أحضان بَعضُنَا، قد اخذنا الأمان من الزمان بعد ان غير طبعه، اواه.

من يومها وقد احسست نشوة امتلاكي أسطورتي الشخصيه،

نشوة ولوج سحرها، هي تقتالني بأثير دغدغات صوتها، فكيف بحضورها ! وشهوتي المبتورة، بجرحي المكابر كما حدث الليله. هي تقرأ ذلك جيدا وتتألم، تُرى ! ماسرصدها الدبلوماسي !

أهو موت والدتها! او موت كل سوريا، نحن نموت بمفردنا يوميا دعينا نحيا ببعضنا ساعة لقائنا، دعيني احيا بين ذراعيك كي أتمكن من ألموت لأجل سوريا، كفاني جرح سوريا، لا تكوني جرحا اخر يا اول النساء وَيَا اخر النساء.

في حضنك استقر عمري الذي قضيت سنينا ابحث عنه حتى عثرت عليه يوم زهرة لقاءاتنا. لاشك تذكرين ما حدث في اليوم الذي تلاه، عندما هاتفتكِ سكرتيرة مكتبي من السفاره لتقول لك باني

أودّ التحدث اليكِ، يومها اعيتني محاولاتي العديدة التي لم تنجح لمحادثتك مباشره من هاتفي، حتى أوكلت اليها مهمة العثور عليك للضروره. تذكرين مدى استغرابك لالحاحي الفاضح والخارج عن مألوف عادتي، عندما طلبت مقابلتك في شقتك بعد ساعه فاستجبت والتقينا.

لم اشِ بحجم شوقي ولهفتي يوم افترقنا مساء اليوم الذي قبله، فما كنت أطيق صبرا لأجل غير مسمى، لذا بادرت بمهاتفتك حال دخولي مكتبي صباحا ليتحقق يومها لقاء اخر.

تعانقنا بلهفة يشعلها شوق عنيد حال دخولنا الشقه، كنت التهمك دون ان اشبع، اذ كان جوعي مشروعا باجيج شبق عاطفتك

التي تشعلني وتطفئني بلا حدود.

عندما جلسنا لنحتسي شايا حرصت في اختياره بادرت قائلا:

هل ادركتِ سبب الحاحي في لقائنا اليوم ؟

أجابت بابتسامه ملغّمه ؛

ماذا غير جنون شبقك الأسطوري.

قلت بجديه ؛

جئت أطلبك للزواج.

ابتسمت بدهشة قائله

ولماذا الآنَ ؟

قلت ببراءه صبيانية ؛

كي لا أخسركِ تارة أخرى.

قهقهت بإغراء؛

لا ، لن يحصل ذلك أبدا. واردفت؛

كيف تخشى ان تخسرني بعد ان امتلكتني.

قلت موضحا؛

ربما عقدة الامس البعيد.

زادت ابتسامتها اغراء ؛

الان ادركت سر لهفتك التي بحجم الكون.

قلت منتصرا؛

اما سمعتِ بحب المطاوله لفيلسوف الحب ' ابن حزم الأندلسي ؟

للأسف، لم اقرأ له حتى الان.

قالت مُبديه شيء من الفضول ؛

اجبتها وقد استجبت لإغراء ابتسامتها ؛

سأدعكِ تقرأين له.

صمتنا لوهله اذ دعينا شفاهنا للحديث، رحيق شفتيها تسرب في جوفي واستثار ذكورتي التي استدعت لهفة عاطفتها المتوقده.

يومها ادركت مدى تأثيرسحر أنوثتها المتفردة على عشقي الابي لها. فازددت بها هياما مبصرا.

يومها لم ننهِ حديثنا ، رُحل للقاءاتنا التاليه.

مرّت عدة أيام، وفي يوم فاجأتني في مكتبي، هي تعلم جدول عملي اليومي من خلال مكالماتي الصباحية التي اجريها معها من هاتف سيارتي الخاصة لارشف صوتها فيبقيني بنشوه نادره طوال يومي المزدحم معظم الأحيان. حتى أضحيت عرضه للملاحظة وربما

الحسد من زملائي السفراء الذين لا يترددون في الإفصاح عنه بصيغة الممازحه. مما يزدني نشوة وغرورا.

مرحبا سعادة السفير؛

بادرتني بابتسامتها القاتلة تمازحني.

نهضت من مقعدي جذلانا ومتوترا، تبادلنا تحيه عشقيه زادتها القا واغراءً، جلست في المقعد المقابل تفصلنا طاولة مكتبي.

اضافت؛

عيناك في غاية الإثارة، هي سر عشقي.

لبستني ابتسامتي المتواريه وهي سر جاذبيتي.

فاردفت؛

طبعا، مين قدك كنت طاووسا بلون احادي والآن ازدانت اجنحتك بعدة ألوان.

عقّبت قائلا ؛

بألوان سحركِ

تساءلت ؛

هكذا أتألق في عينيك

اجبتها

الا ترين نفسك فيهما ؟

أسرعت بالقول ؛

حقًّا، هذا ما أردت قوله.

قلت بغرور متمنع ؛

يوم أمس كنت باجتماع وزراء الخارجيه العرب، فلم اسلم من تعليقات كل من سفير الجزائر ولبنان .

عقّبت قائله ؛

هذا ما يحدث لي كلما التقيت زوجة الأخير بل وتثير حفيظتي بتناول موضوع الزواج.

أضفت بالقول؛

معظمهم يعتقد بأننا تزوجنا شرعا. واردفت؛

لم افهم موقفكِ بهذا الشأن.

أجابت ؛

اتريد ملكيتي بوثيقه شرعيه؟

أجبت بذات الابتسامه ؛

دوما جرأت لسانكِ بجرأة عشقكِ.

إجابتها كانت سريعة وجاهزه كما اعتقدت ؛

أليس المصدر واحد ؟ واردفت؛

لولا جرأتي في مقابل خجلك ثم حماقتك، لهلك حبنا يوم هربت الى موسكو.

عملت ذلك من اجلك.

اجبتها بتأثر بالغ ؛

وأضفت؛

قدرنا ان نحصد ثمار حبنا هنا في باريس.

لاحظت تفاعلات عاطفتي، فاقتنصتها استمرت في الحديث حول كنه الموضوع، قالت؛

استنتج بان طلبك الزواج الان من اجلي بما فيها سمعتي.

تريثت قليلا ثم قلت ؛

بل من اجل كلانا ، اننا في حالة عشق نادر نُحسد عليه وواجبنا رعايته.

تساءلت بشيء من الحده ؛

وهل لا يترعرع الحب خارج مؤسسة الزواج ؟

لم اعني هذا على الإطلاق ؛ اجبتها ثم أوضحت؛

بل قد يكون العكس هو الصحيح.

كأنها اقتربت من مرماها ، فقالت؛

الأدلة على صحة العكس كثيره، خذ مثلا هنا في فرنسا لينعموا بعشقهم ويبقوه متوقدا يحرصوا على سلامته خارج المؤسسه الزواجيه التقليدية أولهم رؤسائهم ومشاهيرهم.

لبست ابتسامتي المتوارية بقولي؛

احبها وأخشاها صراحتك، لو كانت امرأه أخرى في نفس وضعك لبادرت هي بطلب الزواج من السفير.

كنت اقصد ان أصل بهذا الحديث البيزنطي الى خاتمه مسكيه فاخترت اثارة عواطفها بصدمة، وتم لي ما أردت اذ قالت؛

اذهب واعشق تلك المرأه.

برودها المصّطنع بهزّ كتفها مسّ حفيظتي فقلت؛

انظري في عينيّ، لو كنت بين ذراعي لما تفوهتِ بهذا!.

نهضت من مقعدها واستدارت خلفي جست نعومة يديه اكتفيّ وراحت تقبل عنقي هامسة؛

دعني اعشق دَاوُدَ وليس السفير كما عشقت نرجس وليس الزوجه.

طبعا هي أفصح مني في نقر أوتار هشاشتي، فما كان مني الا ان استدرت بمقعدي واقفا اعانق شذى جوهرها، هممت بتقبيلها الا انها واصلت بقولها ؛

حبنا اكبر من ان يؤطّر بالزواج، لا تخنقه او تهينه فينجرح وبالتالي بجرحنا. انني أعشقك بعشقك لي، عشقك فاتن ومثير. أني اخشى على نقائي من عقد الزوجه.

اجبتها وعيني في عينيها ؛

وانا اخشى ان يعشقكِ غيري لسحركِ واثارتكِ.

قالت وهي تهز رأسها باشارة النفي؛

دعنا نعيش بفتنتنا واثارتنا لبعضنا اليوم وننسى غدا

حينها أطبقت على شفتيها بقبلة مثخنة بتجليات تلك الفتنة وتلك الإثارة نازعت نشوتي همسة من شفتيها تذكرني بأننا في مكتبي في السفاره.

10

من يومها وقد أضحت اكثر حرصا على اللقاء وكأنها تعيش لهفة اللقاء فتسبقه بشلال عاطفتها الذي يزخني نشوة وصبابه من خلال صوتها عبر الهاتف حين يغمزني بالقول ؛

حياتي افتقدك واحتاجك كثيرا.

حينها اصمت لثوانٍ، اذ يكون اثير لهفتها باغتني بالعدوى ثم أقول وقد تذكرت جدول عملي ؛

لدي حفل استقبال بعد الظهر، سأذهب واعتذر لسبب طارئ ألقاك السادسة واقفل الخط، اذ غالبا ما يكون احد في زيارتي ولا أريده ان يلحظ بهجة مشاعري الفجائية وقد تجلت في عينيّ او في تبعثر حديثي.

عندئذ، كلانا يقنع اللهفة بانتظار بضع ساعات ليس أيام، هي تنشغل بإعداد نفسها للقائي وانا اُشغل ما تبقى من حيّز شاغر ومحدد في ذهني، لإنجاز مراجعة تقاريري التي لطالما حرصت على دقتها.

بحبي ووفائي لها ولعملي، أحقق ولائي لرجولتي التي تمثل المنطقة الحمراء والحصينه من مساحات حياتي.

قالت لي يوما؛

انشغالك الباذخ في عملك يبدو وكأنه غريمي، يُذكّرني " بمايا كوفسكي ".

رددت بالقول؛

حمدا لله انه عملي وليس امرأه أخرى.

قالت بكبرياء

ما خُلقت تلك المرأه.

لم أُدهش بجوابها بل زادني شغفا بها لثقتها بكلينا واكتفيت بأن حدّقتها بهالة حملت تلك المعاني.

ما أدهشني في واقع الامر هي تلك المجابهة الغريميه بينها وبين عملي كما وصفتها وكأنها متيقنه من درجته في الأهمية، مطلقا لا يتوارد الى ذهنها موضوع زوجتي.

كما أني نادرا ما استجلب سيرتها اثناء لقاءاتنا وإذا حدث ذلك مصادفه من طرفها نهرتها بلهجه مستحبة ؛

لا اريد سماع سيرتها، ولا تفسدي عليّ متعتي بقربك.

زوجتي بلغت مرحلة اليقين في علمها بدرجة علاقتنا وانه عشق مع سبق الإصرار والترصد، وذلك بفضل شبكتها التجسسية التي زرعتها في أماكن كثيره ارتادها على رأسها مقر السفاره. خاصه وأنها تستلذ العمل التجسسي بحكم نزعتها الجيناتيه المتأصلة.

لم يفزعني يقينها وبالتالي معزوفة انتقاداتها اليوميه والمتكررة لدى كل مناسبة.

كان همي وواجبي ان احتوي فجّها وصلافتها بشتى الطرق الممكنه، دبلوماسيه او العصا والجزره وغيرها لابطل سيناريوهات

72

ممكنه تمس الأمن الوطني والقومي. تلك كانت تعليمات جهاز الأمن القومي بعد اكتشاف أعمالها التجسسية السابقة مما يعني ان أبقيها في حوزتي شرعا بقصد احتوائها ومراقبتها . برغم هذا الوضع الشاذ والمؤلم الذي أعيشه، فاني حرصت ولازال ان ابقي نرجس تماما خارجه، هي لا تعلم شيئا عنه البته .

ما يدهشني، هو قلة دهشتها لموقفي اللامبالي من ضجيج زوجتي حيال علاقتنا التي أصبحت كشعاع الشمس، واعزو ذلك لفرط ثقتها في كلينا وتجذّر حبنا في أعماقنا لدرجة انه اصبح من لوازم كينونتنا وخارج نطاق المساءلة.

استفقت من باريس الامس لدى اقترابي من ضفة السين، نزلت العتبات لأجد نفسي في أروع جزره والتي تكشف فضاء عريضا من حوله. كنّا اعتدنا ارتيادها في ساعات الليل المتأخرة في غفلة من اعين اللائمين والحاسدين.

جلست على احد المقاعد الخشبية، وحدتي دعتني قسرا للمقارنه بين زمنين، وتساءلت لو دعوتها اليوم، أكانت ستقبل ؟ انكون عشاق الامس لا نعبأ بما حولنا من فرط نشوتنا ؟، لكن أين تلك النشوه والرعشه العشقيه، لو قبلت وجلست بمحاذاتي حتى لوتعانقت أيدينا وهذا أقصى ما كنّا نرتكبه من مخالفات اخلاقيه، أكان هذا يبلغني شاهقات نشوة اجتياحي سحرها أكان يُطفئ اللظى الذي احسّه في عروقي!. كنّا نجلس هنا ونصلّي في سريرتنا صلاة الشكر للطبيعة من حولنا وننتشي بموسيقى صمتها بعد ان نكون قد انتشينا بجمرة عشقنا نشعلها ونطفئها على وثارة نار سرير هادئه.

سألتها يوما ممازحا عبر الهاتف وكنت في حلب قبل عدة أسابيع ؛ أين ذهبتِ بأولادي، قتلتيهم بأقراص منع الحمل الحمقاء، لو عاشوا لكان لي جيشا طلائعيا تحت أمرتي، يقاتل بعقيدتي وبجيناتي وبصلابة ولائي لسوريا الوطن، خارج حدود الدين والطائفه.

أجابت بذات المزحه ؛

احسبهم جميعا شهداء، ثم أردفت ؛

لكنت المرأه الخارقة التي تنّجب بدزينة توائم .

11

مضى ما يزيد عن الشهر على مغادرتي باريس دون ان أودعها، فأنا من يمقت مراسيم الوداع التقليدية. عبر سنوات حياتنا الغرامية المديده، كنّا نفترق بشوقنا لاحضان بَعضُنَا بعد وصال مؤقت من خلال تحالف مع الزمن، نحصد فيه ثمار عشقنا المرّوي بعروق الوجد وأنّات الوله.

فيحل الشوق ونحن نفترق بنهاية الوصال، في احداقنا المتولّهة، ظلال وصل قادم، وفي شفاهنا رعشة تعدّ زمن اللهفة.

يوم غادرت باريس هذه المره، تجاهلت لقاء نصف عاشقه، قلت في سريرتي، دعني بجوعي وولهي، اهون من مرارة جرحي اذ اغادرها بنشوة مخنوقة لصدّها الأنيق، مُعزّيا نفسي بان طلاء القسوة سيتقشر عاجلا ام آجلا ثم يتساقط. والاحزان قد انضبت في روحها موارد عاطفية سخيّه، لذا تكبّدت نزيف جرحي المكابر، عندما قبّلتني في وجنتّي لدى انصرافي في زيارتي الأخيرة رنّ هاتفي النقال مشيرا باسمها مرارا، لكني تجاهلت ندائها، ادرك فداحة ألمها، على أية حال ومن خلال نوع رنين النقّال، لاشك قد علمت باني خارج فرنسا، وهذا ما يعمّق جرح كبريائها اذ غادرت دون حتى ان اعلمها.

نادرا ما يحدث ذلك تحت اقسى الظروف التي كثيرا ما مررت بها.

عشقنا صبور كجمل الصحراء، اعتاد الجوع والعطش وطريقة التعامل معهما، لا ينهزم أبدا.

سألتني مرارا وبالحاح في مثل هذه الحالات قائلة؛

ردّ ولو ثوانٍ، انت تدرك تأثير صوتك على قلبي المتولّع .

أجيبها ؛

وانت لاشك تعلمين سحر صوتكِ في اثارة صبابتي تردّ بغنج؛

دعها تتصبب وهل اجمل من هذا !

جوابي جاهز ؛

ليس في بعدكِ عن تناولي.

تزيد غنجها بالقول؛

يحلو لك التهامي.

وتضيف؛

وفي كل الأوقات، أكتف بالشمّ أحيانا.

فأجيب؛

حتى شمّكِ قاتل كما المخدر في زيادة جرعته.

تقول؛

ويحك، اما ادركت رقة عاطفتي !

اجيب بالقول؛

ويحكِ، وما ادركتِ قسوة صبابتي !.

تسرع بالسؤال الغاضب؛

أهو لكل النساء ؟

أجيبها باقتضاب متعمّد ؛

كلا .

تتمادى في غضبها ؛

ما نوع فريسة الذئب المحببة ؟

اجيب بهدؤ ؛

غزاله ،

تقول بعصبية ؛

وما اكثر الغزلان..

أردّ بذات الهدؤ ؛

هي غزاله واحده، اجوع لها واشبع بها.

تعقّب بالقول ؛

يالك من ذئب صبور ومتواضع.

اردّ قائلا؛

هكذا يكون الذئب العاشق .

تصمت قليلا ثم تقول ؛

ما ارقى وما أجمل عشق الذئاب .

أعقب قائلا ؛

هو الذئب 'الجنتلمان'.

واستطرد ؛

الذي أغواه مكركِ.

تستعذب الرد ، فتعقّب ؛

بما فاق مكر الذئب 'الجنتلمان'.

ارّد مفتعلا الهزيمه ؛

للأسف، هذا ماحصل.

سألتها يوما وقد أضحينا في باريس على اثر ثورة شعبنا وما أعقبها من حرب؛

هل تذكرين غريمكِ هُزم شرّ هزيمه.

أجابت ببالغ التأثر ؛

تعني عملك، ما كنت لاريد ذلك او اتوقعه.

أضفت بالقول ؛

ولكن أراكِ الان منشغلة اكثر مني.

ولما لاذت بالصمت، استطردت ؛

هكذا يبدو وكأنكِ تصطنعين غريما.

دافعت بالقول ؛

ابدا ، في كل الأحوال الغريم يطيل عمر العشق الحقيقي ويزيده اثارة.

أجبت قائلا ؛

ولكنّ عشقنا يملك من طول العمر ومن الإثارة ما يكفيه .

وأضفت ؛

أم انك استعذبت اللوعة والحرمان لدرجة الإدمان.

أجابت متسائلة ؛

ومن دفعني لذاك الإدمان ؟

قلت بابتسامة تظهر المزح وتخفي الجد ؛

اتنوين الإنتقام ؟

أجابت بقصد نفي التهمة عن نفسها ؛

78

بالطبع لا ، وتساءلت ؛

اكنت تتعمّد لوعتي وحرماني أيام او سنوات كنت بالصين ؟

سارعت بالقول ؛

انت على يقين من الجواب النافي، وبأن مقتضيات ظروفي حكمت بما سبب لي ولكِ اللوعة والحرمان، بعض تلك الظروف علمتِ بها وبعضها تجهلينها درءا لمضاعفة اثقالك وقلقكِ في غالب الأحوال.

ردّت لائمة ؛

تبدو وكأنك تخفي عني سرّا .

أجبت ؛

طالما يصبّ في نفعكِ .

واردفت ؛

قد تعلمينه يوما ، انه ليس من الأهمية بمكان االبته

قالت ؛

انت تعلم مدى انشغالي بمشكلة النازحين و ما يترتب عليها من قلق.

سارعت قائلا ؛

اعتبريني واحدا منهم .

أجابت بابتسامتها الماكره ؛

حالتك لا تستدعي القلق.

رمقتها بنظرة استعطاف ماكره أيضا ثم قلت ؛

وكيف لا تقلقين على طفلك المُدلل.

واصلت بذات الابتسامة ؛

جاءني أطفال أكثر منه حاجة لاهتمامي.

وأضافت ؛

لا وقت لاطفال لا تكبر.

سارعت بالقول مُغاضِبا ؛

تبا لك، يبدو وقد أُصبتِ في عقلكِ.

أجابت بذات النبره ؛

أليس الإصابة في العقل أخف وطأة من إصابة القلب.

صمتُ لدقائق وكأني أتحرى مقاصدها، ثم قلت ؛

انت لاشك تصطنعين سببا وهميا من نسج عقلكِ المُصاب.

وأوضحت؛

كي تدفعي التهمة عن انحراف عاطفتكِ.

عرضت ابتسامتها المثيره بقولها ؛

كعادة الذئاب الموغلة في المكر.

بادلتها ذات الإبتسامة قائلا ؛

ليس بعد ان تعشق فريستها.

12

حلّ موعد مغادرتي باريس منهيا عملي سفيرا لسوريا لدى الجمهورية الفرنسيه. لشدة حزنها وآساها اختارت ان تغادر باريس قبلي في زياره لأخيها الياس المقيم بولاية نيوجرسي في الولايات المتحدة الامريكية اذ انها لا تزال في مهمة عملها بفرنسا.

غدى وقع لحظة فراقنا أشد وطأة علي، لشدّما كابرت لإخفاء الم جرحي النازف ساعة وداعها، من يومها وقد عاهدت نفسي المحتتقه بانه فراق من اجل اللقاء، اخر عباره همست بها عندما تعانقت عينانا مستتجدتين ؛

نحن نفترق لكي نلتقي.

أصبحت هذه العبارة شفرة ندغدغ بها انين قلبينا المتحفزين للقاء لدى فراقاتنا الكثيره.

بعد شهر عادت الى باريس وهاتفتني في مكتبي بالشام ؛

آلو ، حمدا لله على سلامتكِ متى عُدّتِ ؟

يوم أمس، مشتاقة جدا استفقدك كل لحظة وكل ومضة في عينيك الاسرتين اما زلت اسكنهما ؟

هذه الرقه والشفافيه في الوجد تدفعان بنبض قلبي وشهوتي في آن، فألزم الصمت كي استعيد نصف توازني لاقول ؛

ماذا تتوقعين! هما سكناكِ أينما ذهبت، اغمضهما كي احتضنكِ.

وأضيف ؛

كي لا تهربي مني.

تقول بذات النبره ؛

حياتي، سعيده لسماع صوتك واتحرق شوقا لرؤيتك.

وتزيد ؛

بل ولتمشيط غابة صدرك بأناملي بحثا عن موضع لقبلتي الملتاعة جدا.

اصمت لأنّي لا أتمكن من اختيار الألفاظ، فالرعشة تمخر كل حواسي.

يأتي صوتها ؛

آلو حياتي.

اردّ ؛

انا معكِ.

تضيف وقد ادركت نشوتي ام محنتي ؛

كيفها الشام، لابد وقد زادت جمالا لوجودك فيها.

ستكون اجمل لو كنت فيها !

قلت بعد ان جمّعت ما أمكنني لأُعيد توازني.

أصبحت بعد ذلك أحتسي صوتها يوميا عبر هاتف مكتبي.

سألتها كعادتي يوما ؛

أين ذهبتِ بالأمس وقابلتِ مين ؟

أجابت ؛

لاشئ، كالعاده المكتب ثم ذهبتُ اتسوق لدى'بودي شوب'.

أسرعت بالقول ؛

انكِ لست بحاجة لشئ من 'بودي شوب'.

قبل ان يتسنى لها الرّد، فاجأني طرق على باب مكتبي فاستأذنت منها.

وقفلت الخط.

كان رفيقا قديما أراد مفاجأتي بزيارته، شربنا القهوة وتحدثنا لساعة من الزمن ثم استأذن مودعا.

لم يغب عن ذهني وحواسي جسدها اذ نطقت "body shop"، ولكأنها تذكرني بل تدعوني لزيارته وضمّه واقتناصه قبل ان يفوزبه غيري في بعدي عنها.

لاحت امام عينيّ بدعة الخلق في كمال وروعة نهديها ببرعميه الطفوليين وقد أُوقظا بسحر الندى، حين تفكّ أسرهما يديّ المرتعشتين لأخذهما بما أوتيت من نظر، قبل افتراس عشقي يذيبنا في فورة بركان أحمق.

هما يمنحاني بطاقة ائتمان ألماسية لانهل من سحرها وضوعها مايؤهلني قيصرا لملكتها العجيبة.

هما ينصّباني قيصرا دون كل الرجال، وبهما اقّتص من جوعي وحسرتي.

لم أغادر مكتبي يومها، تجاهلت جدول عملي وأخيرا تفتقت قريحتي العشقيه.

أوعزت لسكرتيرة مكتبي ان تجري ما يلزم لترتيب مهمة عمل لي في باريس غدا ولمدة يومين.

حينها غادرت مكتبي وذهبت لانسب ما يكون مطعما، فيه أخذت كاسا من بيرة الشرق قبل تناول وجبتي.

هاتفتها صباح اليوم التالي من مطار دمشق ؛

آلو

أتى صوتها قبل ان انهي جملتي وكأنها أطبقت على ضالتها ؛

اني في غاية ألشوق اليك !

تسنّت لي فرصة الإجابة ؛

دعيهِ يزداد اكثر .

أسرعت قائله ؛

هواكثر مما تتصوّر.

أجبتها متصنعا الهدؤ ؛

حتى اكثر من لهيبي القادم من الشرق.

أجابت متسائلة ؛

لم افهم، هل تعني ما تقول ؟

أوضحت ؛

سأكون بالفور سيزن باريس الساعه الخامسة من مساء اليوم.

وأغلقت الخط،

تركتها تتعامل مع المفاجأة بطريقتها.

في تلك الأثناء انصرفت لإتمام بعض الاتصالات لترتيب مواعيدي مع مسوؤلين فرنسيين، مستغلا تواجدي في قاعة التشريفات.

شعرت بزهوة النصر لدى إنجاز خطة تواطئ قرار سفري المفاجىء مع إرادة شهوتي العاجله.

بعدها، اصبح بإمكاني ان أخبئ لهفتي الرعناء في جيب سترتي الأنيقة واتصرف بما تقتضيه الحكمة والدبلوماسية تماشيا مع منصبي.

13

وصلت مطار شارل ديكول وجدت موظف التشريفات برفقة السائق من سفارتنا بباريس في انتظاري.

حمد الله على السلامة سعادة السفير ؛

بادر بقولها الموظف.

تبعه السائق بالقول ؛

نوّرت باريس يا سعادة السفير.

قدمت شكري بطريقتي الدبلوماسية وكأني لازلت ربّ عملهما .

في الطريق الى الفندق قلت مبديا اللباقة ؛

كيف حال السفاره، واحوالكم جميعا ؟

بادر الموظف بالرد ؛

كلنا بخير، والفضل إلك يا سعادة السفير

عينه من شعب شهم وكريم، قلت في سريرتي مفتكرا حسن صنيعي قبل إنهاء مهمتي حين منحتهم جميعا الترقيات المناسبه.

أتممت سؤالي بالقول ؛

وكيفكم مع السفير الجديد وأضفت ؛

انشاء الله مرتاحين ؟

أجابا معا ؛

الحمد لله،

وأضاف الموظف الذي رُقي الى سكرتير اول ؛

ما هو السفيرالجديد تلميذك يا سعادة السفير.

لقد رشحته لمنصب السفير وكان سكرتيرا اول بالسفارة لديّ.

وصلنا الفندق بشارع جورج في. قبل ان ادخل المصعد وبعد إتمام الإجراءات اللازمه، ودعتهم بالقول ؛

الله يعطيكم العافيه، وسأتصل بكم وفق جدول عملي .

دُقّ باب حجرتي برقّة بالغه، كان قد مضى على وصولي نصف ساعة فتحت الباب لاجدها أمامي بينما انا منهمكا في تفريغ حقيبة ملابسي.

قبّلتني في وجنتيّ وأكملت عني المهمة. طلت حقيبة أدوات حلاقتي وأخذتها لوضعها في الحمام.

بعد إتمام ما اعتدت عليه في جميع سفراتي وهو تنظيم ملابسي وشؤوني الصغيرة استدرنا نحدّق في بَعضُنَا، بدأت تفك ازارر قميصي عروة إثر عروة بما يعني ستبدا اجتياحها الناعم والخطير في مداهمة لغابة الذئب علّها تجني ما تستعذبه قبل ان يغير عليها في وجبه كامله.

تتنزه في جغرافية صدري وتبعثر موجات نشوة بقبلاتها وأناملها، لها فعل سحر لا تملكه امرأة أخرى، هي تُولّد إعصاري .

حينها رفعت يديّ خلفها افك وانزع ما يمكنني من حواجز وسدود.

همست قائلة ؛

انت لم تفصح عن أمنيتك، دعني انعم بامنيتي .

اجبتها بابتسامتي المتواريه ؛

انا جلّ فصاحتي في فعلي .

تمتمّت بعينيها ؛

هذا ما يفسره قدومك المفاجئ !.

أدركت بأنها استذكرت درسها.

واصلت يديّ بحثها عن كنوزها حتى أحسستُ طراوة ونعومة برعمي نهديها لحقتها، رعشة ندائها، لبيّتها اذ قطفتها من أغصانها مخطوفة الى السرير.

ساد نهم عشق اخرس قبل الإعصار.

تلاه دوران إعصار أهوج أفقدنا جميع الحواس الإ حاسة جسدينا.

تزيدني عنفوانا ومضات همساتها تتمتم 'حياتي'

هذه المرأة التي صنعت من رجولتي 'سوبر مان'.

اعشقها بقدر عشقي لرجولتي وللحياة في ظل أحضانها . ليس لها منازع ولا اريد منها فكاكا.

هدأ عنف الإعصار ووجدتها تتوسد صدري وتعبث بي كل من شفتاها واناملها.

قالت بنشوة ؛

اعشق صدرك وأعجب لصبرك !.

سألتها ؛

ما قصدتِ بالثانية

أجابت ؛

تنتظر ان تجهز كامل وجبتك، من المقبلات حتى طبقك الرئيسي.

تابعت قائلا ؛

باستثناء طبق الحلو، اتركه لكِ.

سألت؛

ماذا تعني ؛

اجبتها ؛

الا تستحلين ما تقترفه شفتاكِ وانامِلكِ حاليا.؟

سارعت قائلة ؛

جدا.

وأكدت بالقول؛

اعشق ان أبقيك أسيرا في قبضة عواطفي ونعيم حسي بجسدك.

أوضحت قائلا ؛

هذا ما يجعلني امام الإعصار ثانية.

سألت ؛

اتحبه ام تخشاه

اجبتها ؛

الاثنان معا.

كانت تحدثني بعينيها وشفتيها، استخرست الثانية بالتهامها في قبلة نازعتني فيها رغبة طائرة من بين أناملها، فأردت ان اضمها إليّ في وجه الإعصار.

جرفتها سكرة قبلتي وانصهرنا معا في دوران إعصار إثر إعصار إثر إعصار.

أدركتني وقد أغمضت عينيّ فريّسة للنعاس، قبّلتهما ودسّت رأسها بمحاذات صدري تسمع أنفاسه.

صحوت من نومي كالطفل يبحث عن ام في صورة امرأة عاشقه، استدرت فلم اجدها بمحاذاتي ناديتها ؛

حبيبتي أين أنتِ ؟

أجابت من غرفة الملابس؛

انا هنا أُصلح زينيتي.

سألتها وانا أهمّ بأخذ حمّام سريع ؛

كم الساعة الان ؛

أجابت ؛

الحادية عشر مساء

قلت ؛

حتما تشعرين بالجوع، كحالتي.

لم انتظر إجابتها اذ بدأت تشغيل رشاش الماء وبالطبع حجب عني صوتها.

أتممت حمامي وخرجت، فارتديت ملابس 'كجول' استعدادا للذهاب لتناول العشاء، غادرت غرفة الملابس ووجدتها واقفة في انتظاري .

بادرت بالقول؛

نعيما حبيبي.

قبّلتُها وطوّقتها بذراعي خارجين من الغرفة، بعد دقائق، كنّا بالشارع.

سألتها ؛

أين تريدين ان نذهب لتناول عشائنا ؟

أجابت والإعياء باد في خطواتها ؛

كما تحب، حياتي.

بادرت ؛

سأخذك لمطعم فندي، خطوات ونصل انه مطعم جميل ولا يفتح الا مساء.

بلغنا المطعم، اخترنا طاوله في زاوية تكشف حديقه داخليه منسقة بأناقة جلسنا قبالة بَعضُنَا، أتانا نادل بقائمة الطعام، القينا نظره سريعة.

قلت ؛

هل تتركين لي اختيار وجبتكِ ؟

أجابت ممازحة؛

كما تختار انت وجبتك العشقيه.

قلت ؛

وهل يساورك شك في ذلك.

ردّت ؛

ابدا ، انني ادرك فصاحتك في الفعل.

قلت بابتسامتي المتواريه ؛

سأنظّم لكِ وجبة عشائكِ ودقات قلبكِ الليله.

قالت بصيغة الخبر ؛

تعلم باني سانام في شقتي الليله.

أجبتها ؛

حق العلم وسأثبت لك الان ؛

ندهت للنادل لأخذ امر تفاصيل وجبة العشاء،

أتى بقلمه ودفتره، طلبت مقبلات سلطه يونانيه لشخصين وشرائح لحمه مشويه مع الخضار لشخصين وطبق حلو شريحة كعكة الجبن بالفراوله لشخص واحد.

اضافه الى قارورة نبيذ لشخصين.

غاب النادل لدقائق، وعاد بقنينة النبيذ لاختبارها، بعد إقرارها سكب في كأسينا وانصرف. سألتها ؛

ما رأيكِ في النبيذ، أرجو ان يكون اختياري لطبقكِ الحلو مناسبا لذوقكِ.

بعد ان رشفت من كأسها، قالت ؛

جيد، ولكن لو اعفيتني من أكل الحلو اسوة بك.

أجبت بذات الابتسامه ؛

لانكِ لن تجدي ما تتحلين به الليله في سريركِ.

رمقتني بنظرة المنهزم قائلة ؛

شو قوي ' !

ادركت بأن حدسها قد بلّغها رسالتي.

سألتني ؛

ما برنامج غدك ؟

أجبتها ؛

اجتماع مع وزير خارجية فرنسا، الحادية عشر صباحا .

واضافت متسائلة ؛

هذا ما جاء بك لباريس ؟

صمتّ لثوان ثم أجبت ؛

بل ان هناك مهمة أخرى خاصة.

لم أكن اريد ان أبلغها صراحة بأنها من جاء بي لباريس، وإني افتعلت مهمة رسمية لمّا افترسني كل من شوقي ورغبتي لها.

بدت وكأنها صُدمت بوخزة حزن في أعقاب نشوة سعادتها بزيارتي.

ولكنها تمادت في طرح الأسئلة علّها تعثر على ضالتها.

قالت؛

هل لي ان اعرف هذه المهمة الخاصة ؟

قلت مبديا قلة مبالاة ؛

تتعلق بالسفير الجزائري وزوجته.

ردّت :

ومتى ستنجز هذه المهمة ؟

اجبتها ؛

ظهر الغد .

استخلصت بقولها؛

افهم بأنك ستكون مشغولا طوال يوم غد ؟

قلت مع إحساسي بما اقترفته من جريمه ؛

سأراك الخامسة مساء.

لم تعد تريد سماع ما ينغص عليها سهرتها وربما وجبة عشائها. حين اقبل النادل يحمل الاطباق المطلوبة بدى الإحباط في نبرات صوتها عندما شكرته.

كان توقيت النادل مخرجا لإيقاف سهامي المجنونه نحو اهم وأحب كائن لي على هذا الكوكب. بدت نفسي وكأنها تتقمص نقيضها .

انشغلنا بتناول طعامنا، سألتها ؛

هل تريدين مزيدا من النبيذ ؟

أجابت بإقتضاب ؛

لقد اكتفيت، شكرًا.

شعرت بأنها تردّ السهام إليّ دفاعا عن كرامة أنوثتها المجروحة . اقبل النادل ثانية يجمع الاطباق بعد ان انتهينا من تناول الطعام، وجّهت لها ذات السؤال ؛

ما رأيك بفنجان من القهوة.

أجابت بذات اللهجة ؛

شكرًا حان لنا ان ننصرف.

حينها طلبت الفاتورة مع آلة السحب لبطاقة الإئتمان وتهيأنا للانصراف .ما كانت الا دقائق، حتى أصبحنا في الطريق الى شقتها. خاصرتها كي أوصل تيار ما احس به تجاهها من حب ورغبه حميميتين. اعلم مقدار عدم صلاحيتي للإعتذار والتراجع كعلمها به في مقابل شهامة فصاحتي في الفعل ؛

اخيراً ولجنا مدخل عمارة شقتها، طلبت توصيلها لباب شقتها لكنها رفضت قائله ؛

94

ما انت أطعمتني الحلو في المطعم، واردفت ؛

ما عدت في حاجة اليه، تصبح على خير.

حينها ضممتها إليّ، بعنف ما استجّلدت نفسي لحماقتها وكبريائي المجروحة، قبّلتُها بعشق مذبوح وهمست قائلا ؛

سأهاتفكِ غدا، وانصرفت.

14

صباح اليوم التالي هاتفتها ؛

آلو، صباح الخير

أجابت ؛

أهلين .

قلت ؛

أتمنى ان تكوني قد هنأتِ بنومكِ.

أجابت ؛

نوم العشاق.

سألتها ؛

ماذا تعنين ؟

أجابت ؛

سهاد العشاق.

لم اشئ ان اسمع تراجيديا صباحية، قلت ؛

سألقاك الخامسة مساء، سنتناول بعض النبيذ في الغرفة قبل ان نذهب للعشاء ولاني لم اسمع ردًا، سألتها ؛

هل ترغبين في شيئ آخر اطلب تحضيره مع النبيذ ؟

أجابت ؛

كَلا، شكرًا .

انهيت المكالمة بالقول؛

الى اللقاء.

بعدها، هاتفت السفير الجزائري، أخبرته بوجودي في باريس لمهمة عمل ودعوته لتناول الغذاء الساعة الواحدة حسب ما يسمح به جدول عملي.

أبدى سرورا وشوقا للقائي، واتفقنا على ان يأتي ليصطحبني من الفندق.

تلقيت مكالمة من سفيرنا في باريس لتحيتي ودعوتي للغذاء ام العشاء، اعتذرت بودّ بالغ وطلبت منه ان يبعث لي بسياره الساعة العاشرة والنصف لتأخذني حيث موعدي مع الوزير الفرنسي.

حينها هممت بتحضير نفسي بعد ان رشفت فنجان قهوتي الذي انتظر طويلا.

قبل مغادرتي الفندق الى موعدي، طلبت من خدمة الغرف تحضير ما يلزم لتناول اجود ما لديهم من نبيذ مع مازة لشخصين وباقة ورد من التولب الأحمر الى جانب الزنبق عند الساعه الخامسة مساء.

عدت من الخارجيه الفرنسيه الى الفندق، تحررت من طاقمي الرسمي وربطة العنق واستبدلته بلباس 'كجول'، خطرت لي ابتسامتها المثيره والتي تبطن المكر وهي تعبر عن سعادتها لدى رؤيتي بثياب 'كجول' اذ يتيسر لها النظر وربما العبث بحشائش صدري الغليظة سألتني يوما ؛

ما هو سبب هووسي بصدرك، انه يفترسني ؟

97

اجبتها ؛

تماما كما يضعني صدرك في أسره لايعتقني، دوما بين الموت والحياة.

بعد دقائق هاتفني موظف الاستقبال يخبرني بان السفير الجزائري في انتظاري.

أسرعت لاستقباله في صالة الفندق، تناولنا كأسين من النبيذ، ثم اصطحبته الى احد مطاعم شارع الشنزليزيه.

استفاض السفير في الحديث عن احوال الجزائر ردًا على سؤالي الذي استعمّدت، إذ اني لم أكن مهيئا لتجاذب حديث امر ما البته.

ما كنت لألتقي إنسانا سواها، ظللت غائبا بذهني ووجداني، أفكّر كيف استدرجتني حماقة نزعتي كل ذاك الشوط حتى استحالتني عن بؤرة غايتي. ياله من مطبّ قميئ !.

ودّعت السفير لدى مدخل الفندق وتوجهت الى غرفتي بنية أخذ فترة من التجلّي والاسترخاء قبل موعدي مع من جئت باريس لاجلها .

داهمني توجس احمق بأنها قد تتمنع عن المجئ بسبب طراوة جرح الامس، لكني أبعدته عن ذهني، هي لا تقدم على ارتكاب هكذا حماقه، هي ابلغ من هذا، تدرك بأنني اليوم في متناول يدها وغدا للغيب.

تدرك بان تأجيل اوان الفراق ولوعته يوما، لهو منحه إلاهية.
ثم ان شلال عاطفتها يجرفها دوما حيث انا، مُهلكّة اي من الحواجز.

شفافية وجدانها تسقط المكابرة في هكذا عشق.

لين وذكاء اللبؤة يهزم توحش نزعات الذئب في جميع الظروف .

نظرت الى ساعتي فإذا بها تجاوزت الخامسة، ساورني قلق، رنّ الهاتف فزاد توتري لعلها تعتذر لسبب تصطنعه، رفعت السماعه فإذا به موظف خدمة الغرف يسأل ان كان بامكانه تجهيز الطاوله حسب الطلب.

في تلك الأثناء سمعت نقرا ناعما على الباب، لابد انها أناملها هرعت لافتح الباب فإذا هي، رجعت للمنادي على الهاتف وطلبت منه تجهيز الطاولة.

استدرت لها كانت ترتدي فستانا احمر تحت معطفها الأسود.

تقدمت فأشلحتها معطفها وقبّلتها في عنقها، سرت نشوة عبقها في كياني المتهالك، نظرت اليها، عُريّ موارب لنهديها في رُقي فستانها الذي زادها فتنة وإثاره، التهمتها عينيّ قُبلا، قبل ان يُطرق الباب من قبل موظفي خدمة الغرف لتجهيز الطاوله.

بينما تُعدّ الطاوله، اتجهت لغرفة الملابس كي تُضبط شعرها وزينتها.

رجعت لتجد نبيذا، سرّها لونه في كأسينا، رفعت كأسا وقالت ؛

نخب من أتى بك باريس.

رشفت منه واعادته فوق الطاوله، تناولته وأخذت منه رشفات بدت من شفتيها وقلت بابتسامتي المتواريه ؛

نخب من بقدومها تقبل إليّ الحياة .

جلسنا الى الطاولة متقابلين.

بادرت بسؤالها ؛

كيف قضيت نهارك اليوم ؟

أجبتها ؛

كما هو مُقرر، بلّغت الرسالة من وزيرنا الى الوزير الفرنسي.

ولمّا طال صمتي، أكملت سؤالها ؛

وطبعا تناولت الكسكسي في منزل السفير الجزائري ؟.

اجبتها مرتديا ابتسامتي المعهودة ؛

بل تناولنا الغذاء في مطعم بالشانزليزيه انا والسفير.

ابتسمت قائله ؛

بما يعني ليس كما هو مُقرر.

كنت ادرك منذ جلسنا متقابلين، قد تقمصنا ادوار لاعبيّ
شطرنج.

واصلت اللعبه بالقول؛

مُقرر ان التقي بالسفير، وهذا ماحدث.

ساد صمت، وكأنها تفكر كيف تلعب الخطوة المقبلة.

قالت باستفزاز ؛

يا لهذا التبذير للمال العام، وأضافت ؛

إيصال رساله من وزير الى وزير يتم من خلال الحقيبه
الدبلوماسية وأما لقاء السفير الصديق للتحدث معه فيتم ذلك بسهولة
عبر الهاتف.

ولمّا لم يصدر مني غير الصمت.

أوضحت بالقول؛

الاجدر بالوزارة تجنّب نفقات مهمّتك هذه.

أجبت بذات الابتسامه ؛

مهمتي إبلاغ رساله شفهيه.

قالت مستمرة بلهجة الاستفزاز ؛

بإمكان سفيرنا تبليغها للوزير الفرنسي.

واصلت اللعبه معها قائلا ؛

بروتوكوليا لا يجوز، بلّغتها بصفتي وكيل وزاره نائبا للوزير.

ردّت متسائلة ؛

أكان ضروريا تشفّه الرسالة وليس تحريرها ! .

قلت وكأني قررت تتمة اللعبه ؛

تساوي ضرورة تقبيلكِ.

وأضفت ؛

هل يجوز ان أكلّف احدا بتقبيلكِ ؟

قالت وكأنها لم تنوي تأجيل اللعبه لجوله أخرى ؛

مفهوم، أقنعت وزير الخارجيه بضرورة المهمة الاساسية، ماذا عن المهمة الخاصة مع السفير الجزائري ؟.

شعرت بأنها ستكسب هذه الجوله، اذ فاتني حين أُوليت المهمة الخاصة ذات أهمية العامة في حديثي معها، مع ان الواقع ليس ذلك إطلاقا.

فآثرت الصمت.

أجابت هي عن سؤالها وقد حلّ المزاح بدل الاستفزاز ؛

آه، هو لإيهام داخليتك بنبل مهمتك ليس إلا.

حينها، وقد تبلّغت هضمّها لكل السيناريو أوضحت قائلا ؛

بل لايهامها بأني سأنشغل بغيرك وهو عكس الواقع .

101

ساد صمت، وكأنها تقيّم جولة الشطرنج هذه لمعرفة من هو الرابح. أحسست بأنها كشفت ضعفي وهو ما حرصت دوما على مداراته عنها . قلت محاولا استرداد كبرياء رجولتي ؛

طالما ليس بالإمكان طلاقها وجب احتوائها لإطالة عمر حبّنا الذي هو همّي وغايتي، لا يعنيني امرا غيره .

واردفت ؛

أني اعمل ما بوسعي لأبقي شمعة هذا الحب متّقده، بها تتّقد حياتي.

واصلت حديثي بسؤالي لها ؛

أتدركين مطبّات حياة رجل في وضعي ؟

رمقتني بنظرة فحواها ؛ ادرك ما هو ابعد يا كل حياتي.

كعادتها في مثل هذه المواقف، شفافية وجدانها تجرفها حيث تُمسكني تعانقني.

ما أبرع هذه اللبؤة في مصالحة بل واثارة شبق ذئبها .

لمسات أناملها وشفتيها استجّلبت جذوة شهوتي، نزعت منها مقود القياده اذ اجلستها على حجري، زهّرت واحة عريّها بقبلاتي فانسكب أريجها وتبعثرت بين ذراعيّ، لململتها لاغاثتها فوق السرير. فقدنا كلانا مقود القياده حين انتزعه الحبّ ليجسّد ملحمته.

حبّنا كثمرة الكمى في البادية العربية، تُسقى تربتها بمياه الأمطار فقط فتتفتق بلاءلئ الكمى الفريدة في رائحتها وطعمها . جذور تنشأ من تلقاء نفسها،

لتعطي ثمرا نادرا وان كان موسميا لكنه أبدا لا ينضب.

يبدو وكأني غفوت قليلا، نبهنّي طرق على الباب من النادل قادما بفنجان من الشاي طلبته من اجلي كعادتها.

تناولته واتت به على الطاولة بجانب سريري قائلة ؛

نعيما بالغفوة الآسره " my baby "

قلت :

أتعلمين بان لحظات غفواتي في حضنكِ أسعد ساعات نومي مجتمعة.

قالت بابتسامتها الودودة ؛

طبعا ، طالما تأتي في أعقاب غزواتك المظفّرة والمهيبة.

قلت متسائلا ؛

الا استحق هذه الخلوة او الغزوة حسب تسميتكِ ؟

واردفت ؛

بدأت أخطط لها منذ وصولي الى الشام أي منذ فارقتكِ هنا.

اتمّت بالقول ؛

منذ خمسة شهور.

انتهيت من احتساء فنجان الشاي، وهممت بدخول الحمام قائلا ؛

كوني جاهزة للذهاب كي نتناول عشائنا .

ما كانت الا دقائق حتى جهزنا ، احطّتها بذراعي الى الشارع .

سألتها :

أترغبين في اكل او مطعم معيّن ؟

أجابت بشئ من الغنج ؛

يحلو لي التمتع بمشاهدة نهر السين في صحبتك ، حياتي.

قلت ؛

أي يوم نحن فيه من الأسبوع، آه انه الأربعاء. واردفت ؛

حسنا، سأطعمكِ عشاء رومانسيا بالقرب من السين وايفل في مطعم لاسترنس.

طلبت من الاستقبال توفير سياره اجرة.

أشار إلينا بالتوجه اليها في الحال، بعد ان سبقنا موظف بوابة الفندق لفتح أبواب السياره، فولجنا.

طلبت من السائق ان يأخذنا الى الدائره السادسة عشر، مطعم L'astrance استغرق المشوار ما يربو على العشرين دقيقة. أثنائها ألقت رأسها بخفة على كتفي ودسّت باناملها في راحتي.

كان هذا أبلغ حديثها إليّ.

وصلنا المطعم، اجلّسنا موظف الاستقبال للحظات ننتظر لتعذر الحصول على طاوله دون حجز مسبق، غير ان موقعي السياسي السابق شفع لنا حينما تعرّف إليّ مدير المطعم.

تقدم لنا نادل بنسختين من قائمة الطعام .

قالت بعد ان اطّلَعْت على القائمه ؛

يبدو وكأنه متفردا بغرابة وتميّز أطباقه.

أكدت ذلك بالقول ؛

هذا صحيح.

واردفت ؛

هذا المطعم لديه رئيس طهاة متميز ومشهور بمزج الفواكه مع الخضروات في أطباقه .

سألتني ؛

وماذا عن موضوع أيام الأسبوع، لدى ذكرك الأربعاء ؟

أجبتها موضحا ؛

المطعم يعمل أيام الثلاثاء حتى ايام الجمعة فقط.

وأضفت ؛

يعوّض ذلك بزيادة الطاولات وبالتالي الزبائن خلال أيام عمله الأربعة.

15

خرجنا من المطعم بختام تناول أطباقنا الطيبة المذاق.

فضلّنا التنزه بالمشي على طول ضفة السين حتى أُصبنا بالإعياء.

بعدها ، استقلينا سيارة أجرة عائدين الى الفندق.

قلت بصيغة الأمر ؛

ستقضين الليله معي في الفندق.

وسألتها مضيفا ؛

اتودين جلب شيء من شقتكِ ؟

أجابت بنبرة حزن ؛

فعلت ذلك ساعة أتيتك مساء اليوم.

وأضافت ؛

ادرك بأني لن أجدك مساء الغد.

قلت صامتا ؛

دعينا نحيا الليله وكأننا لن نعيش غدا.

أعلم بأني مهما قلت، لن أتمكن من إزالة مبعث حزنها المخنوق.

هذا العشق يتعتق بلهفة اللقاء ولوعة الفراق، هما سرّ استثنائيته.

ساد وجوم في طريقنا الى الفندق، تخلّله عزف ناي أناملنا المتعانقة ، نستعذبه ونخشى مرارته في أصالة شهده.

وصلنا الفندق، ذكرّت موظفي الإستقبال بموعد مغادرتي غدا .

اتجهنا الى الغرفه تحدونا رغبة ان ننام كالأطفال في أحضان بَعضُنَا.

فجرا استيقظت بحس نداوة شفتيها تنقّر عشب صدري المحشو برأسها.

وبعبق فلّ عطرها المعتق بكيمياء جسدها يبث نفحات النشوة والاشتياق.

مددت ذراعي، فطلت خصلات من شعرها مشّطتها خلف اذنها.

وهمست ؛

كُلّكِ، له فعل السحر في اشعالي.

واردفت متسائلا ؛

ماذا تخفين تحت جلدكِ.

أجابت وقد داهمتها رعشة همسي ؛

حبا.

نزلت بذراعي اتحسّس نعومة فقرات ظهرها السفلى.

غدت مأسورة في قبضة جسدي وشعرت بها في جوفي، تذوب وتتلاشى

داخلي، استفاضتني عاطفه اخترقت جوفي والتحمت بها، ذابت معها.

نهضت قليلا فسمحت لوجهها بمواجهتي، أمسكت به مبعثرا زخّات قُبل تسربت هي الأخرى من جوفي.

حينها، لم يعد بمقدوري مقاومة ان احررّها من قبضتي كي ابتلعها دفعة واحده.

انها أشهى فطور أتناوله عبر صباحات سنيني، قلّما يجود الزمان بمثله.

حينما تكون نجمة أمسياتي يكون القمر بدرا استثنائيا في أي ليلة عشوائية.

وتتفلق شمس أبكر، من أعالي أفقها تهنيني عبر إشعاعاتها البكر بصباحية ليلتي الاستثنائية.

حينها يكون فوزي بجائزة الغفران الكونيه الذي لا ينالها الا العشاق، وهي ما عبّر عنها شاعر عباسيّ بقوله ؛

أيها العاشق المعذب صبرا   فخطايا أهل الهوى مغفورة .

و قال يحي بن معاذ المرازي ؛

لو أمرني الله ان اقسّم العذاب بين الخلق، ما قسّمت للعاشقين عذابا "

نهضت كي افتح للطارق، وإذا به نادل يحمل صينية القهوة، تناولتها وأغلقت الباب لاجدها خلفه، قالت ؛

لم أتمكن من تناولها بسبب عريّ قميص نومي الباذخ.

نظرتها بإعجاب مبتسما. فأضافت ؛

طبعا، ما يليق بعينيك لا يليق بعيني غيرك.

وضعت الصينيه على الطاوله وجلسنا نحتسي قهوة صباحنا الوردي.

بادرت بالقول ؛

الفطور كذلك طلبته من خدمة الغرف .

عقّبت بابتسامة جذلى ؛

الا يستحق شهريار تسيّدا في حضور شهرزاد.

أجابت بمودة ؛

من يجرؤ ان يقول غير هذا .

رمقتها بنظرات في ظاهرها البهجة وفي باطنها حسرة.

قلت لها ؛

أين ابحث عنكِ وأين أجدكِ غدا.

أجابت وكأنها علمت بالسؤال مسبقا ؛

في جوفك.

قلت ؛

كي أبقيكِ في قبضتي، فلا تهربي مني.

وأضافت ؛

وفي عينيك، الا تراني في عينيك ؟

اجبتها ؛

يراكِ الآخرون في عينيّ.

طُرق الباب ثانيه، كان النادل قادما بعربة الفطور.

قلت بعد خروجه ؛

أشعر بالجوع والرغبة في الاكل.

قالت ممازحه ؛

اما اكتفيت بفطورك السحري !

اجبتها مبتسما ؛

ذاك فطور استثنائي زادني رغبة في الاكل.

قالت؛

109

صحتين على قلبك حبيبي.

انتهينا من تناول الفطور. اتجهت حيث حقيبة ملابسي لإعادة تنظيمها وجدت قد تم تنظيمها ، قلت ممازحا ؛

يسلمو أيدين من هذّب ترتيب ملابسي.

فجأة عبر بي شعوري حيث تماس الأضداد ، السعاده والحزن حين أصل الشام وافتح حقيبتي لافرغها فأحس بصماتها على ملابسي وشوؤني الصغيرة وتساءلت أتكون قد فعلت هذا عمدا لنعبر موجات التماس مساء اليوم سويا ، عندما توشّحها الوحدة في شقتها. بل وتعزف باريس سمفونية حزن صامته.

تعلن وداعي وكأنها أُفرغت من باريسيتها لتعلن الحداد.

أحسست ذراعيها تلفّ خاصرتيّ كالعاده بدت قد قرأت نشرتي النفسية.

استدرت وأمسكت بها اقبّلها ، سمعت نوح قلبها فضممتها الى عرشها برهة من الوقت حتى استدركت بقولها ؛

حياتي عليك الاستعداد للذهاب الى المطار ، الوقت يدركك.

استأذنت لأخذ حّمامي الصباحي والذي يستغرق وقتا بسبب حلاقة ذقني.

كنت تحت رشاش الماء بعد ان أنهيت حلاقتي ، عندما اندسّت تحته فتلاحم جسدينا بمزيج رغوة النرجس أحضرتها معها مساء الامس ، قالت مبتهجة ؛

هل هناك أجمل من ان نغتسل بجسدينا.

لكم علت قهقهاتنا عندما قفزنا موجة التماس الموجعة .

خرجنا من الحمّام نلتفّ باللهفة، كزوج حمام ما انفك ينتشيان بمنقاريهما حتى تسنى له إخضاع جناح التدلل بصبابة عبر سرير.

حان موعد مغادرتي الى المطار، قبّلتُها في بهو الفندق وانصرفت .

هي امرأه سخيه في عشقها، في خوفها عليك، في انشغالها بك في ا شتهائك في امتاعك وحتى في ايلامك .

ذلك السخاء الباذخ الذي يشعرك عندما تفقده بفاجعة اليتم العاطفي. لأنك تعي ان لا امرأة بعدها ستحبك بذاك القدر، او بتلك الهالة من القداسة .

ذلك، اثناء انبهارك بها، هي لا تنفك تعيث فيك عشقا واولُهيّة ودلالا. تشكّلك بحيث لن تعود تصلح لامرأة سواها، فهنّ لا يملكن شرنقتها.

16

افقت من أمسي البعيد على هدير يداهمني بتماس الأضداد، لأجدني في مدينة اسطنبول.

اتمرّغ بمرارة اليتم والذل، بقايا عاشق فقد ملكة عشقه، وبقايا سفير فقد وطنا يمثله.

أي جريمة يرتكبها القدر في حق إنسان، حين يفقده حضن امرأة لا يشبهه حضون النساء و حضن وطن لا يشبهه أي من الأوطان.

ان بذور الحزن تكمن في رفات الزهور، تكسو شجرة الحياة.

انتشلني من قعر حزني رنين جرس الشقه، لابد انهم الرفاق جأوا لأجل الاجتماع المقرر اليوم.

أسرعت، ففتحت لهم ودعوتهم للجلوس، استأذنتهم لعمل الشاي وعدّت بعد دقائق بإبريق الشاي وصينية الأكواب.

سألت كل عن احواله في غربته، احتسينا الشاي وتجاذبنا ما جدّ من حديث الثورة . قلت منفعلا ؛

لقد استطاع النظام الفاشي ان يحول شعبنا الابي الى جراد، هجّره زرافات بعد ان رشّه بالمبيدات الكيميائية. تناثر في اصقاع الدنيا مذلولا، مغبونا حتى حقه كأنسان لاجئ يستحق الكرامة بموجب القوانين الدولية.

فضّلت غالبية الدول تسميتهم ضيوفا كي يتسنى لها تقديم ما أمكنها لضيوفها دون الالتزام بقوانين اللجوء.

سألتهم ؛

أيودّ احدكم البدء، أم نبدأ بتركيا؟

أجمعوا على البدء بأحوال اللاجئين في تركيا.

واصلت حديثي ؛

نزح الى محافظة هاتاي الحدودية مع سوريا وبالتحديد من جسر الشغور وحماه وحمص واللاذقية والقرى المجاورة ما يتراوح بين عشرة آلاف وخمسة عشر الف نازح. واردفت ؛

حتى أني قابلت في جولتي الأخيرة من هم من القامشلي.

سأل احدهم ؛

من يتولى تنظيم إيوائهم من الجانب التركي ؟

أجبت ؛

أقام الهلال الأحمر التركي مخيمات تجميع وإعاشة الآلاف من السوريين.

سأل الرفيق احمد ؛

وما هو دور الحكومة التركيه ؟

قلت ؛

تقديم الإعانات الغذائيه وكذلك النقديه اضافه الى الدعم اللوجستي.

واردفت ؛

سمحت الحكومة للاجئين التنقل والسكن في المدن القريبة ومنها أنطاكيا.

قال مستفسّرا ؛

وماذا عن العمل ؟

أجبت ؛

تغض الحكومة البصر عن مساعيهم للحصول على عمل.

واصل سؤاله ؛

ولكن أي عمل ؟

قلت ؛

طبعا ما تيسر، صادفت على سبيل المثال مدرّس يعمل بقطف وتجميع الزيتون.

وأردفت ؛

ولا شك ان ما يتقاضاه السوري من اجر لهو اقل من التركي.

سأل الرفيق عادل ؛

كيف هي أحوال الخدمات ؟

أجبت ؛

الصحيه متوفرة في المخيمات.

أضاف الى سؤاله ؛

وما هي أحوال خدمات الماء والكهرباء ؛

أجبت ؛

متوفرة في بعض المخيمات وشحيحه في البعض الاخر.

انبرى الرفيق محمد بالسؤال ؛

114

وماذا عن التعليم ؟

قلت ؛

هناك مدارس بالمخيمات تشمل مراحل التعليم حتى البكلوريا ، لكن التعليم باللغه التركيه الى جانب العربية . واردفت ؛

ما يهمّنا التركيز على جودة العربيه، ولا ضير في تعلم لغات أخرى وان كانت التركيه.

ختمّت حديثي بالقول ؛

في كل الأحوال، هناك عواقب لمخيمات اللجؤ او النزوح قد نتحدث عنها لاحقا. والكلمة الان للرفيق أبو العز ليستعرض ساحة الأرْدن.

قال أبو العز ؛

زرت مؤخرا مخيم الزعتري شمال الأرْدن بمحافظة المفرق، بجوار قرية الزعتري وهي منطقه شبه صحراويه، المخيم مقسم الى مربعات إداريه، المربع السعودي والمربع الكويتي وآخر العمانيّ ثم البحريني. أما مخيم الأزرق فملحق بإدارة الإمارات العربيه المتحدة.

وأضاف ؛

تُعطى بطاقة لاجئ لدى التحاق احدهم بالمخيم.

سأل احمد ؛

ما دور مفوضية الامم المتحدة بالتحديد ؟

اجابه ؛

دور المفوضيه تنسيقي وهام لتأمين تحقيق أنواع الخدمات الأساسيه لسكان المخيم .

سألته ؛

ما هي هذه الخدمات ؟

أجابني قائلا ؛

خدمات السكن واللباس والغذاء، الصرف الصحي، الرعاية الصحيه التعليم والتثقيف .

عقّبت بالقول ؛

وهو ما يحتاج الى تظافر جهود عديده، هل لك ان تسميها.

أجاب ؛

إضافه الى المفوضيه، هناك برنامج الغذاء العالمي، برنامج حماية الطفولة أطباء بلا حدود، تنسيقيات الثوره، جمعيات خيريه مختلفه الى جانب جهود دول الخليج العربي.

وأضاف ؛

على سبيل المثال توجد المدرسة الكويتية، السعودية، العمانيه والبحرينية.

سأل محمد ؛

من يقدم الخدمات الصحيه ؟

اجابه ؛

هناك المشفى المغربي، السعودي، الفرنسي، الايطالي الأردني وأطباء بلا حدود.

عقّبت ؛

يبدو تواجد فرص عمل بالمخيم، أهي منوطه بالسوريين ؟

أجاب ؛

للأسف الاوليه للأردنيين ثم السوريين.

وأضاف ؛

هناك الدرك الأردني لضبط حدود المخيم، الأمن العام والأمن الوقائي الأردنيين لضبط الداخل اضافه الى الدفاع المدني.

قلت ؛

يعطيك العافيه يابو العز.

توجهت بحديثي الى رفيق آخر قائلا ؛

والآن دورك يابو محمد ، حدثنا عن الساحه اللبنانيه.

بدى مكفّهر الوجه وكأنه يعاني من الم ، قال ؛

أوضاع إخواننا في لبنان للأسف مزرية للغاية ، لقد تفاقمت معاناة اللاجئين السوريين، بات من يدفع الثمن الأطفال وسط تواطؤ فاضح للأمم المتحدة مع سياسة الحكومة اللبنانيه المرتهنة لسياسات ميليشيا حزب الله تجاه السوريين.

قلت له ؛

أوضح بومحمد.

قال؛

إجراءات الاقامه وظروف التشغيل تبدو ممنهجة لاذلال اللاجئين جراء تغليب الموقف السياسي للحكومه اللبنانيه، على أي اعتبار انساني في التعامل مع أزمة اللاجئين المضطرين للبقاء في لبنان.

وأردف ؛

اغلبهم من الأطفال والشباب، ما يربو على ثمانين بالمائة من مجمل 1.8 مليون لاجئ سوري.

عقّبت بالقول ؛

وفقا لتقارير منظمة العمل الدولية، لبنان البلد الأعلى عالميا في نسبة عمالة الأطفال وبخاصة اللاجئين.

أوضح قائلا ؛

أطفال سوريون لا تتجاوز أعمارهم ثمانية أعوام، يعملون في مزارع البقاع اللبناني مقابل أربعة دولارات يوميا.

أضاف ؛

اعمال استخدام مشاعل اللهب لاصلاح السيارات، تعبئة جِرار الغاز تجميع القطع البلاستيكية من حاويات القمامه، وصولا الى وقوعهم في براثن سوق الدعاره والاستغلال الجنسي الى جانب الاستغلال العضلي.

صمت ثم أوضح ؛

لاضطرارهم إعالة اسرهم .

ثار عادل متسائلا ؛

أين ذويهم ؟

اجابه ؛

امهاتهم تتعرضن للاستغلال الجنسي من قبل ارباب العمل لاستيفاء شروط الاقامه الباهظة، وأضاف ؛

تقارير كثيره من عدة جهات تحمّل كل من الحكومة اللبنانيه والأمم المتحدة مسوؤلية تحويل اللاجئين السوريين الى فئه اجتماعيه مشوهة وموصومة بالعار.

اضطررت لإنهاء الجلسة بسبب سخونة التفاعل العاطفي الواضح على الوجوه،

فقلت مستوضحا ؛

للأسف، صحف امريكيه تكشف بان عبارة ' الجنس من اجل البقاء 'باتت متداولة في أروقة الامم المتحدة حينما يرتبط الامر بالدعاره القسريه والاختطاف.

لكن الرفيق بومحمد واصل الحديث قائلا ؛

هناك خطر انعدام الجنسيه يُهَدِّد الأطفال حديثي الولاده في لبنان، بسبب عدم تمكن ذويهم من استخراج شهادة ميلاد رسميه، لغياب صفة الاقامه القانونية.

عقَّب عادل ؛

جميع الجهات المعنيه، لبنانيا ودوليا ، تدرك بأن لبنان محكوم من قبل ما يسمى بحزب الله. وأضاف ؛

لذا حان الوقت لرفع دعاوي ضد ممثله وهو امينه العام، لارتكابه جرائم ترقى ضد الانسانية. هناك شواهد عديده في كل من سوريا ولبنان.

انبرى أبو محمد قائلا ؛

لايقتصر الامر على ما يجري للاجئين السوريين، من قبل الحزب في لبنان فقط، بل امتد حيث نفوذه الملشيوي في أوربا وبشكل ملحوظ في ألمانيا .

عقّبت قائلا ؛

للحزب علاقة مُتجذّرة ومشبوهة مع مجموعات ألمانية متنفذه، لها ذات العلاقه مع الكيان الصهيوني. هي من يسهّل عمليات تبادل الأسرى وغيرها من تفاهمات بين الطرفين.

119

أضاف بومحمد قائلا ؛

بل للحزب خلايا تعمل في مجالات عده، كالإرهاب وغسيل الأموال، وهي تتقن الألمانية، استفادت من حيّز الحريه ومعظمهم يتمتعون بالجنسية الألمانية.

وأردف ؛

في أعقاب الثوره السوريه وتداعياتها، اصبح للوبي الحزب مهمة أعمق واخطر. إفشال مساعي تجربة اللاجئين السوريين في ألمانيا، وذلك بتدخّلهم في شؤون الجاليه الغضه، تشجيعهم على ارتياد السوق السوداء، دون الرسمية لقضاء احتياجاتهم، كإصدار شهادات سياقة او غيرها من أوراق رسميه، أجور السمسرة مما أدى الى ارتفاع معدلاتها . فأثارت الألمان ضدهم. يقوم لوبي الحزب بكل ما من شأنه تشويه سمعة اللاجئين السوريين في نظر الألمان. حتى امتد للمحاكم الألمانية حيث يعملون مترجمين الى العربيه، النتيجه التأثير في أحقية السوريين للجؤ.

قلت ؛

في كل الأحوال، سيتبلّغ الجناح العسكري للمجلس ما دار في هذا الاجتماع وفي اجتماع اخر انعقد بباريس. وأضفت ؛

كذلك فيما يتعلق بندرة فرص العمل للاجئين في مخيمات كل من تركيا والأردن وطبعا مصر، فإنها تترك آثرا سيئا على نفسية اللاجئ ومستقبله اذ يصبح متلقيا للإعانات وغير منتجا، مستهلكا يفتقر الاعتماد على نفسه لأجل تنميته كإنسان أسوة بباقي البشر.

سألني احمد ؛

أأنت متوجه الى حلب ؟

أجبته ؛

بكل تأكيد، ابني يقاتل هناك، لم اسمع منه منذ شهور، كذلك أخوالي من حلب اريد الاطمئنان على الجميع وما تبقى من آثار المدينه .

أضاف ؛

رافقتك السلامه.

17

أنهيت مهمتي النضالية والخاصة في حلب وقفلت راجعا. تعمّدت ان أعرج على حارات البلدة القديمة، تناهى الى سمعي إيقاعات قدود حلبيّة. لابد انها مباهج عرس تحدّي العدم. من بين براثن الحرب والركام تتولد نزعة البقاء بوازع الحب. ان سلطانه باتر، أشدّ وطأة على العشاق من أهوال الحرب،

ومن زوابع الشّر ونزعات البشر .

عبرتني أعاصير ذكرى مماثلة من سنين مضت، حين افتعلت نرجس زيارة عمل لدمشق. كانت لا تزال في منفاها الباريسي وقد مضى ما يزيد على الستة شهور، بعد زيارتي الأخيرة لها، حين افتعلت حمل الرسالة الشفهية.

لمّا ألمّ بها الوجد وعصى عليها كبح وطأة رغبتها في الوصال، فاجأتني بزيارتها لدمشق.

دعوتها ليلة لتناول العشاء في احد مطاعم أبو رمانة. كان ألق لهفتها يضئ ما حولها، تتقاطر صبابتها كرذاذ المطر، وانا ذئب دبلوماسي يستمرء مناطحة فريسته الغزاله منتشيا، يترقّب لحظة التهامها ولكن أين وكيف . !؟

حينها لم تكن تسكن بمفردها، انتظرت حتى انهينا تناول عشائنا وخرجنا.

دعوتها ، فركبنا السياره واتجهت الى حيث مرساتي .

سألتني ؛

أنحن ذاهبون الى دُمّر ؟

قلت ؛

بل الى ابعد من ذلك.

كان الفصل خريفا ونسيمات بارده تداعب وجوهنا.

قالت منتشيه ؛

الى بلودان إذن.

قلت منتصرا لخطتي ؛

أجَلّ، العدو من خلفنا والسقعه من أمامنا

واردفت متسائلا ؛

ماذا تختارين ؟

قالت وقد زادت نشوتها ؛

طبعا ، السقعه ، في احضانك تضحى نارا .

وصلنا الى فندق بلودان الكبير، طلبنا جناح بغرفتين وتوجهنا اليه في الطابق الثاني، يبدو انه خال من النزلاء بعد رحيل الصيف.

ولجنا الجناح وكأننا بلغنا كوكبا آخر بعد مغامره مثيره لاكتشافه أسوة

برجال الفضاء، لا يهم مدة مكوثهم عليه، الأهم بلوغ تماس سطحه بجسديهما.

تضاعفت نشوتنا ، تعانقنا وكأننا نتبارى مع القدر في عبثيته.

عزف الصمت سمفونية ' تنكو' لتراقص ابديتنا في لحظة حب. كقول مادلين دي سكوديري بان الحب مخلوق مزاجي يُطالب بكل شيء ويرضى باتفه شيء.

كنّا ننطفىء لِنلتهب كالنار، حبنا لا يحيا الا متاججا. الغزالة أضحت لبوءة في شراهتها الأنيقة، مقابل ذئب احترف بروتوكول ادآب الضيافة.

تركتها تسود في مملكتها، كما حفّز سليمان بلقيس لاتّباع دعوته.

في حضورها، أسلّم جميع اسلحتي وأتخلى عن كل نزعاتي التي أُظهرها مجبرا في غيابها، كالمقاطعة الهاتفية في بعض الأحيان لأتحاشى إثارتي بصوتها اذ يغدو حالي مُنتهكا بلا حول ولا قوة.

إظهار الانانيه تلهب الحب وتطيل عمره.

بالانانيه، دفاع المحب عن نفسه مقابل الحب الذي ينّهب منا أنفسنا.

انا ينهبني الحب من وراء قضباني الذاتية والاجتماعيه، أمّاهي فمجرّده من أي قضبان وعرضة لديمومة النهب .

عزاؤنا لحظة ابديه كهذه الليله ننهبها من الحب.

في اليوم التالي، سُمعت أصداء شبكة زوجتي التجسسية من جميع الاتجاهات وراء ستار يخفيها لتتجنب سهام غضبي الذي تخشاه. فتكون بمثابة توصيل رساله شفهية لنرجس بأنها محاطة بكل ما يحدث بيننا من لقاءات غرامية.

ردود فعل نرجس دوما تسير في اتجاه واحد، تجاهل كل مايصلها من تلك الرسائل الشفهية. نادرا ما كانت تعلمني بها وان حدث، فعلى سبيل الطرافه حين يخبو دخانها.

يعقب ذلك هدؤالحاحنا للتهاتف، إذ تكون جذوة ذاك اللقاء لا تزال تبعث النشوة في خافقينا.

نفذت ايام إجازتها المفتعلة وعادت منفاها الباريسي بعد ان كان جنتها اثناء عملي الدبلوماسي هناك، وكتبت لي تقول؛

" ما كنت لأكتب إليك، اذ اعتزمت منذ وصولي هنا ان أُقفل هاتفي الجوال، كي أتمكن من السيطره على كياني المُنتهك بفراقك، لانشغل بتتمة عملي . كذلك نويت ان لا أشرك من أحب في همومي يوما بيوم، لدرء الهمّ والأذى عنهم جميعا وسيدهم انت، نعم سيّدهم انت !.

ولأجل ان لا أقع فريسة للانتظار والقلق لترقب رنين هاتفي وسماع صوتك، خاصة وان بعض أوردتي تقتات عليه. عشت أياما كما يعيش الجمل في الصحراء، يجتر ما خزّن جوفه حتى حين .

هكذا فأنا كما تعلم، لن اتمكّن من البقاء أكثر مما يجب وأطول من المتوقع في باريس الموت .

ان حالة النفي الجسدي التي تُفرّض علي تسحقني اذ انها تجاوزت احتمالي.

لذا هاتفتك بالأمس، بعذر تطمينك على سلامة وصولي.

لكن الحقيقة، حدثت أمور جعلت النفس ملتاعة والعواطف مهتاجة وأضحى ما يكرره الوريد لايغطي الحاجة.

أنا اعلم بأنك في دمي وفي عينيّ أينما ارتحلت بعيدة عنك، واعلم يا حياتي بأنك الحياة ما بقيت الحياة... ولكن لا أعلم بأن الناس هنا تبصرك في عينيّ فتزيدني شجنا على شجني. لذا كان لا مفر من مهاتفتك لاستجير بك من حرّ نفسي.

125

ان منفاي يعذبني دون حسّك ودفئك، فأنا منذ وطأت قدماي هذه المدينة، لم أر سوى عينيك ولم اسمع غير صوتك. كأني ما قال به نزار، حبك خارطتي ما عادت خارطة العالم تعنيني.

بتّ اكتب إليك وانا انظر في عينيك، وهل اجمل من السكنى في عينيك.

انني اسكن في عينيك، كما يرانا الناس في عيوننا."

بقدر هشاشتي في مقاومة نداء التياعها، يكون مقدار وهني في تلبية هذا النداء. عذري الباذخ هو مصلحة سمعتها نظرا لما اسمعه من فقاعات أسلحه هجوميه في اتجاهها. قد يكون هذا عذري المستهجن والهزيل لدى شخصية أخرى، تتزاوج مع شخصيتي الحقيقية الشخصية عند الضروره.

مرّت عدة شهور، أثنائها ذهبت الى الأندلس لأداء مهمة أُنيطت بها.

هاتفتني من هناك وبعثت لي برسائل لكني غالبا ما كنت أُظهر لها عكس ما أُبطن، كمن يدلي باعتراف اوتصريح تحت التعذيب، املا في كبح جماح شلال عاطفتها الجارف في الوقت الذي استعصى عليّ اللحاق به.

غالبت، لتجنب سماع معزوفات زوجتي المقيته والبذيئة و التي تنفّث السموم فيما حولي، فتُصيبني بالاشمئزاز وبالتالي اللامبالاة. لكم تمنيت ان يقفز بي الزمن خارج ذاك المستنقع، فأغتسل من وحلّه ومن وصمة الخسّة والأنانية تجاه أسطورتي الخاصة.

ما يزيدني شعورا باني أدنى من سموّ وجدانها هو ما كتبت تقول ؛ "اعلم بأنك تتقمص الهجر والقطيعة تجنبا لسهامها الجارحة والمهينة، لكن ثق بأني أشاطرك إحساسك واخشى عليك من نزيف جرحك ."

كنت أجبن من استشعار جرحها بسبب تضاد ما تفرزه الانا المنفصمه.

الآَن، وبعد إحساسي بالانكسار جراء صدّها الأنيق، ادركت قبح وفجاجة ما اقترفته آنذاك. لربّما اختار القدر بعد كل تلك السنين ان يداوي جرحها بجرحي .

18

اثناء اقامتها في باريس والتي أعقبت عودتها من اسبانيا ، حدث ان زرت باريس بصحبة الوزير بمهمة عمل خاطفة. هاتفتها املا في لقائها بما يسمح لي برنامج عملي، اثناء انتظاري لها فاجأني صديق بزيارته اذ علم بوجودي في باريس، ممّا اضطرّني لاستقباله في غرفتي. تريثت قليلا قبل ان أخطو الى مقصلة الاعتذار عن استقبالها ، وأخيرا هاتفتها قائلا ؛

انتظريني سأعاود الاتصال بك.

كنت كالطائر المذبوح، لا افقه شيئا من حديث ضيفي، حتى استأذن منصرفا بعد فوات الاوان، اذ تلاه ارتباطي ببرنامج عمل مع الوزير.

هاتفتها لانعي اغتيال لقائنا ، سألتني بغصة ؛

من هو ضيفك ؟

اجبتها ؛

انه شاكر دياب. ولانه صديق لكلينا ، ولكنها قاطعتني بسؤالها ؛

كيف علم بوجودك هنا ؟

قلت ؛

لاادري.

سألت مستنكره ؛

لما لم تعتذر عن استقباله.

اجبتها ؛

فاجأني بقرع باب غرفتي.

مكثنا على الهاتف نزعق بالم جراحنا تارة ونئن تارات لدمنا المسفوح .

كنّا نعزف سمفونية عزاء لجريمة قتل خافقينا مع سبق الإصرار والترصد .

اذ انه وبعد يومين، التقى شاكر نرجّس وقال لها ؛

لم أر قط دَاوُدَ بمثل تلك الأمسية من حالة تأجج العاطفه. وأردف؛

كان يبكي صامتا مثل ذكور الأطفال.

ثم سأل مشفقا ؛

لما لا تتزوجوا ، بإمكان دَاوُدَ ان يتزوج ثانيه.

فما كان من نرجس إلا الابتسام والتجاهل، اذ ان آذانها ألفت ذاك النشاز من اللحن.

انها عينه من صدى معزوفة حبنا لدى محيطنا الباريسي.

كان غرامنا سمفونية بلا اسم او عنوان، وكان همّهم إيجاد ذاك الاسم.

مما جعلنا نشعر بان حبنا بحجم الكوكب، دوما بلا أسوار او حدود .

يختزن غموضا كغموض الآله.

بعد عودتها النهائية من باريس الى الشام. انتقلت ذات المعزوفة الى محيطنا الدمشقي وتلك الهالة من الغموض التي تستثير فك الرموز ونعتها.

استقلت عن اَهلها بشقتها في شارع بغداد بعد ان أتممنا إجراءات زواج غير معلن سوى في نطاق اَهلها.

بعودتها ، أضحت هي مدينتي الحقيقية التي اسكنها ، وما عدّت أعبأ بما يتناثر من اجيج مغبر حول اسوارها.

كان مكتبي الذي يستغرق أيام عملي طيلة الأسبوع وكان حضنها شاطيء عشقي نهاية الأسبوع.

كانت تستقبلني بضيائها واغادرها حاملا في شرايّني رحيقها .

قلت لها يوما بابتسامتي المتواريه ؛

كل من حولي يعتقد جازما بان لي بيتا آخر .

ردّت مبتسمة ؛

دعهم يخوضوا في تخرصاتهم.

واردفت ؛

طالما في غياب مواجهتك.

قلت ؛

في كل الأحوال، ليس هناك ما هو اهم منكِ.

هي تعلم مقدار شغفي بها لمجرد النظر في عينيّ التي تهوى معاقرتها.

وتحاور لهفتي قبل ان ينطق بها شرياني.

معا كنّا ننتمي لكوكب آخر لم يُكتشف بعد ولم تطأه اقدام. لكنّا اكتشفناه

بروح العشق المقدسة التي تحمل غموض الالهة.

قالت لي صبيحة ليلة قضيناها معا وقد هاتفتني بعد ان غادرتها الى مكتبي ؛

حياتي، تبدو وقد أشرقت على الدنيا اليوم شمس من كوكبنا الاخر، الق يحيط باشعتها وكأنها تبثّ رساله.

اذكر وقتها وقد غشتني نشوة مبهجة، اخرست لساني.

قاربت الألفية على الختام وكثُر الحديث عن مبدأ التوريث لرئاسة الجمهورية من الأب الى الابن. تغلّغل الخبر في الأوساط الحزبية والرسمية، وشرى الغمز والهمس. تبين بانه لم يكن جس نبض، بل هو قرار أُتخذ على حياة الأب.

تُوفي الأب بعد ان ضمن للاسرة عرش الحكم.

انتهت مراسيم التوديع الرسمية، وبدأ زلزال القلق المطمور في التململ .

اجتمعت وثلة من الرفاق القدامى الموثوقين وأصدرنا بيانا نستنكر ونفند الإدعاءات المزعومة لفكرة التوريث والتي لا تليق بالجمهورية العربيه السورية والشعب السوري. حرصنّا على تسريب البيان وهو في صورة مذكّرة، ضمن القنوات الحزبيه والرسمية النافذتين، كي نقرع جرسا صدأ من صمته.

هنا استدرجني حاضري المقيت، في طريقي من حلب عائدا الى حيث لا انتمي، عبر مظاهر الحرب وقوافل النازحين تحمل أشباه أجساد أودعت أرواحها حيث أتت الا من قذائف ذكرى تمزقها .

نازعتني الحميّه وفجأة اقتحمتني مهمة السفر الى بيروت التي كُلِّفت بها بناء على اقتراحي لتقصي أحوال النازحين في لبنان والعمل على تخفيف معاناتهم، فأعدت توازني بعض الشيء.

قلت في نفسي، ما أشبه اليوم بالبارحة عندما أُبتلينا بواقع التوريث، واليوم بالنزوح القسري وما صاحبه من مرارة القهر.

19

وصلت مطار رفيق الحريري ببيروت.

أمامي برنامج عمل كثيف، استغرق مني وقتا وجهدا كبيرين، سواء على صعيد الاتصالات او ما تعلق بدراسة عدة تقارير بحثيه شملت أوضاع اللاجئين السوريين وبخاصة الأطفال في لبنان.

استضافني وزير لبناني سابق، كان رفيقا وصديقا حميما عبر مراحل حياتنا المختلفة.

بعد مراسيم الاستقبال وعبارات المجاملات مع عائلته، وبعد تناول وجبة غداء شهية وشيء من الراحة بعد عناء السفر، جلست ورفيقي نتحدث.

بادر بسؤاله ؛

كيف هي، أحوال المعارضه.

أجبته ببرود ؛

لا جديد يُذكر، واردفت ؛

ما جئت من اجله هي أحوال اللاجئين السوريين في لبنان.

بعد لحظات صمت، قال؛

لاشك وأنك تعلم بان لبنان ليس طرفا في اتفاقية اللاجئين الصادره في عام 1951 وكذلك بروتوكول 1967 المتعلق بها.

وأضاف بعد ان لاحظ صمتي، بل رغبتي في استماع ما يدور في ذهنه ؛

ولذا فان لبنان لا يعترف بمنح اللجؤ للأشخاص وان توفرت فيهم شروط القانون الدولي .

هنا أضفت نيابة عنه ؛

ويطلق عليهم نازحون .

أجاب ؛

هو ذَا .

قلت ؛

كما تعلم، بان لبنان موقع على اتفاقيات دوليه عديده، منها اتفاقيات العمل الدولية، وحقوق الطفل وحماية الأطفال من الاستغلال الاقتصادي والاجتماعي وقد تبنى قرارات بهذا الشأن منها عمل الأطفال.

وأضفت ؛

لبنان ملزم باحترام القانون الدولي الخاص بمعاملة اللاجئين .

بعد لحظات، أضاف ؛

وكذلك القانون الدولي لحقوق الانسان بما يشمل عدم الإعادة القسريه للاجئين.

ولكن، تداعيات المشكلة خلق عبئا كبيرا على الاقتصاد اللبناني بمجمل قطاعاته خدمات التعليم، الصحه، الطاقه، الماء، جمع النفايات والبنيه التحتية.

أجبته ؛

نحن ندرك ذلك جيدا ، وقد تفهمّنا ورقة مجلس الوزراء الصادره في العام 2014 بشأن تخفيض اعداد اللاجئين في البلاد.

أوضح قائلا ؛

والتي دخلت في حيّز التنفيذ بداية العام 2015.

وأضفت ؛

بصدور مرسوم الداخليه القاضي بفرض تصاريح دخول، بعد سياسة الأبواب المفتوحه.

بعد لحظات صمت قال ؛

والتي على اثره توقفت مفوضية الأمم المتحدة لشوؤن اللاجئين عن تسجيلهم بطلب من الحكومة اللبنانيه.

واستدرك بالقول ؛

على أي حال، جدول لقآتك يشمل رئيس الحكومة الى جانب وزراء كل من الداخليه والتعليم والعمل.

انهينا حديثنا بدعوته للخروج لتناول بعض النبيذ في احد مطاعم الروشه.

قضيت الأيام التاليه في أجهزة الدوله اللبنانيه تقصيا وبحثا عن سياسات الممكن التي من شانها تخفيف معاناة إخواننا اللاجئين السوريين في لبنان.

في امسيه مع رفيقي، وددت قبل ان أضع مدوناتي الأخيرة ان استنبط فكره بادرته بسؤالي ؛

أهي حاله لبنانيه قديمه وجود المدارس الخاصة ذات الخلفية الدينية ؟

ابتسم وقال؛

الا تعلم بان الطائفيه في لبنان هي منظومة دينيه اجتماعيه تربوية وأخيرا سياسية متكاملة لها بيئتها وحصانتها وتقوم شبكة علاقتها على أسس هذه المنظومة، واستطرد ؛

ولماذا هذا السؤال بالتحديد ؟

أجبته ؛

لعلمي بان 30 من كل 100 طالب لبناني فقط يرتادون المدارس الحكومية، والاغلبية في مدارس خاصه تدعمها جهات دينيه.

قال؛

هذا صحيح، لكل طائفة كتاب وكيان ومدرسه وجامعه ومركز أبحاث ودار نشر الى جانب الجمعيات الخيرية والاجتماعيه والطبيه وكذلك النوادي الرياضية والدينية.

قلت مستوضحا ؛

من بين الحواجز امام تسجيل الطلاب السوريين وكذلك استمرارهم في المدارس الحكومية، مصاريف النقل، العنف والتحرش وغيرها من المضايقات، تدني جودة التعليم، غياب البيئة الصحيه وندرة الدعم النفسي والاجتماعي.

فهل تنطبق هذه الحواجز المانعة امام طلاب المدارس الخاصة اللبنانية ؟

ساد صمت قبل ان يجيب ؛

بطبيعة الحال المدارس الخاصة تتمتع بميزات تفقدها المدارس الحكومية التي تستوعب طلاب الطبقات الدنيا. لبنان مجتمع طوائف ولكل طائفه مدارسها المدعومه طائفيا بشتى الأشكال ولا مجال فيها لما ذكرته من حواجزاو معوقات.

عقّبت قائلا :

وسوريا دولة مركزيه متجانسة يتساوى أفرادها في حقوقهم التعليمية وهنا يكمن خلل المشكلة التعليمية للاجئين السوريين في لبنان.

وأضاف ؛

وقد يسري هذا الخلل على مشاكل اللاجئين في مجال العمل ومعوقاته.

في سوريا ذابت أقليات في النسيج الاجتماعي وفي مناحي الحياة المختلفة بينما الطائفيه في لبنان، هي اكثر من حاله اجتماعيه سياسية، انها جوهر النظام السياسي، بحضورها الدستوري والقانوني وتأثيرها في كل مناحي الحياة الخاصة والعامة. وأضاف ؛

اللبناني يولد في موقع طائفي ويعيش حتى يموت في مناخ طائفي وهو غير موجود قانونيا واجتماعيا الا من خلال الطائفه.

قلت ؛

توجد حالات متعددة لظاهرة تزويج بنات اللاجئين أطفالا دون سن التاسعة درءا لحاجة إعالتهن او بغرض صيانتهن وغالبا لأزواج لبنانيين، الا يوجد قانون لبناني في هذا الصدد ؟

ابتسم وقال ؛

بل يوجد خمسة عشر قانونا تبعا للفئات الدينية.

بادرته سائلا ؛

الا يوجد قانون مدني للأحوال الشخصيه ؟

أجاب ؛

لا يوجد مثل هذا القانون في لبنان.

وأضاف ؛

حسب اتفاقية سيداو، تلزم لبنان بوجود قانون مدني موحد وان كان اختياريا للأحوال الشخصيه.

ساد صمت للحظات قطعه وقد بدى عليه التأثر بقوله ؛

تعذر على اللبنانيين وضع كتاب تاريخ موحد تلتزم به المدارس الحكومية بسبب عدم الاجماع، فانهم وبرغم انتمائهم للبنان كوطن الا انهم لأسباب تاريخيه متعددة ينتمون الى ثقافات وعوالم مختلفه.

وأضاف ببالغ التأثر ؛

الطائفيه ظاهره تاريخيه اجتماعيه دينيه حاضره بقوة في مجتمعنا وتاخذ

حيزا كبيرا في علاقاتنا وثقافاتنا بل وفي وعينا وأنها بطبعها حصريه وتقسيميه وتمييزيه أيضا.

بعد دقائق صمت تعمّدتها، قلت ؛

برغم صدور مذكره من وزارة التعليم في العام 2012 توصي صراحة بتسجيل طلاب اللاجئين بغض النظر عن وضعهم القانوني ودون رسوم تسجيل، الا ان السلطات المحلية في المدارس لا تلتزم، وتطالب أولياء امر الطلاب برسوم تسجيل وثبوت تسديد الاقامه بل وبشهادات التلقيح.

وأضفت ؛

بل ان الجيش ورجال الأمن تداهم المدارس لهذا الغرض.

أجابني وقد خف انفعاله ؛

هي من جملة ظواهر يعاني منها لبنان وهي استمراء الجماعات الطائفيه الوضع الراهن التي تتمتع فيه بالنفوذ مما يؤدي الى تجويف الدوله من مؤسساتها وتدمير أهدافها المشتركة، بل والى تحويل المجتمع الى فدرالية طوائف حيث كل طائفه تنظر الى اختها بعين الشك والحسد.

قاطعته بالقول ؛

هذه مخاطر جسيمه تهدد منظومة العلاقات الداخليه ووحدة البلد وأمنها.

قال؛

من خواص الطائفيه التركيز على الأهداف الخاصة وتخطي المشتركات وان كانت على مستوى وطني بالغ الأهمية.

وأضاف ؛

من اخطر تداعيات الطائفيه انها تملك القوة لتغييب أدوات المراقبه والمحاسبة حيث يعتبر أهل النظام ان الأمور المتعلقة باموال الدوله تعود لهم ومن حقهم التصرف بها على أساس المحاصصة.

استنتجت بالقول ؛

مثل هذا النظام السياسي المبني على أسس طائفية يستحيل عليه تأمين العداله لانه يسقط الكفاءه لصالح المحسوبيه وبالتالي يقع بنهج المحاصصة.

ويسقط في شبكة الفساد ، فتقوى النزعة لدى المتسلطين لتأييد هذا النظام بل ومقاومة أي نزعة للتطوير وتحويل أي صراع اجتماعي او ديموقراطي الى صراع طائفي يقف سدا قويا بوجه التغيير.

ساد صمت قطعه رفيقي وكأنه ودّ اختتام جولة حديثنا ؛

الأخطر، لما تكون قيادات الطوائف مرتبطة بالخارج، يفضي الى مضاعفات بالغة اذا أستجيب لضغوط هذه القيادات، اما في حال التصدي لها قد يؤدي الى تعميق التناقضات الداخليه وتحويلها الى كتله قابله للاشتعال في أي لحظة

وأردف ؛

لذا من الأهمية بمكان ادراك حساسية الطرح الطائفي، في مقابل العمل على تنمية أوضاع ذاتية ايجابيه داخل الطوائف نفسها، قادره وراغبه في آن على تبني الطروحات الوطنية.

بعدها دعاني لتناول العشاء في احد مطاعم الحمراء، اذ يعلم بمغادرتي غدا صباحا بيروت الى باريس.

20

وصلت مطار شارل ديكول مساء، وجدت حقيبة ذاكرتي سبقتني على اجنحة الريح، تنده لي كي أحملها. خرجت من المطار متجها الى جادة جورج في أفنيو. طلت هاتفي الجوال ودققت رقمها كي اعلمها باني في طريقي اليها.

لكن أوصد قلبي بقفل هاتفها، بعد مسافة الطريق وجدتني في شقتي.

كنت جسدا مذخنا بطلقات الأوهام ومحاصرا بمتاريس الواقع. رميته يغرق في ظلمة جب عميق، بعد فشل استغاثة نجدته .

استهاجني سقم ذكرى أليمة، كنت بالشام صحوت يوما على رنات جرس الباب ونهضت كي استشف من الطارق، فتحته لأرى رجل أمن يسلمني مذكرة استدعاء للتحقيق في مكاتبهم بالقابون.

بعد ان جهزت وتجرعت قهوتي هاتفت سكرتيرة مكتبي بالوزارة لاخبرها باني سأكون خارج المكتب لامر ما.

اتجهت الى مكان الاستدعاء، استقبلني نقيب في مكتبه وبعد عبارات التحيه والمجاملة واعتذاري عن دعوته لفنجان قهوه، طرح بتلعثم سؤاله حول بيان استنكار مبدأ توريث رئاسة الجمهورية للابن .

أجبته بما لا يجرأ غيري على مثله او حتى أدنى منه.

دُهش لشفافيتي عندما أوضحت الدوافع من وراء صدور البيان. استدرجته صراحتي للتحدث بأريحية.

في ختام حديثه الح لي بسريّة هذا اللقاء. انصرفت وتوجهت الى منزلي.

لم يتبادر لذهني مطلقا ان أعرج على مكتبي، كنت بحاجة للخلوة مع نفسي كي استقرأ الخطوه المقبله.

استخلصت الى حد بعيد رغبتهم في التكتم على البيان، وعلى ان لا يتسرب أي رذاذ او أثير غبار حوله وبشكل خاص بين قواعد و خلايا الحزب المدنيه والعسكرية .

لم يطل انتظاري للخطوة التاليه، في المساء تبلّغت بمذكرة، امر ابقائي في بيتي تحت الاقامه الجبرية مع حظر الاتصالات وذلك حتى إشعار آخر.

لم أتمكن من مهاتفتها لاعلمها غيابي القسري عنها اوتبديد قلقها خاصة وأنها على علم بموضوع البيان.

تسرّب الى جوفي القلق بنهاية الأسبوع الذي قضيته اتلو من القرآن ما حصّنني.

لم ادعه يتمّكن مني ليفترسني، حافظت على رباطة جأشي بصيامي عن التحدث حتى لأهل بيتي.

منتصف الأسبوع الثاني اشفقت عليها، لاشك انها عليله بشوقها وبخوفها من المجهول. راقت روحي بذكرها ورهافتها، واستّمرات ألق عينيها، لكن مجددا شكّني خوفها وألمها وترنّحت بلهفتي عليها سقيّما.

لجأت الى فراشي أحتمي به من انكساري وترهل شجوني علّ النعاس يرحمني.

صباح اليوم التالي دقّ هاتف منزلي بعد خرسه، كان مكتب وزيري يعلمني بان الوزير في انتظاري.

هممت في تحضير نفسي للخروج من اسري المكتوم، تداعت الأفكار في راسي، شيء ما يبعث السكينة في قلبي طالما حُوّل الامر لجهة الوزاره.

قد تصدق رؤاي ومآلاتي التي افشيتها لعينيها المتوسلتين عندما أخبرتها بالحدث.

مرّ الوقت رتيبا وانا اهرول في طريقي من البيت الى الوزارة.

كنت اعانق دمشق بعد فراق عشرة أعوام وليس عشرة أيام، اعانق ناسها شوارعها، شمسها ونفح عبيرها الياسميني .

فجأة، داهمني خيال فراق وضياع يلوح لي من قريب، يشرّع لي ابوابه الموصدة، يلفّني في غيمه.

واصلت طريقي في خضمّ سبوهٍ، بتأثير دوامة الأفكار المتناقضة تهتكني.

لدى وصولي تجمّلت برباط الجأش وانفراج الاسارير مستمدّها من ينبوع إيماني بما أقدمت عليه.

دخلت المصعد وضغطت رقم طابق الوزير مباشره دون ان أعرج على مكتبي، لم يكن لديّ ما اعلمه للسكرتيره او أهمية لما قد تعلمني به.

بلغت مكتب الوزير، بعد التحيه والمصافحة استأذنني ليعلم الوزير بوصولي

دخلت مصافحا ؛

مرحبا يا سعادة الوزير

ردّ مبتسما بقوله ؛

أهلين دَاوُدَ، تفضل.

بابتسامه خجولة، قلت ؛

شكرًا يا سعادة الوزير.

بدأحديثه ؛

ادرك بأنك شديد القلق، ولذا فسأدخل في صلب الموضوع، وهو رغبة الدوله في ابتعاثك سفيرا لها لدى جمهورية الصين الشعبيه.

ساد صمت لثوان، قطعه بالقول ؛

بطبيعة الحال لن يصبح الامر نافذا قبل صدور المرسوم الجمهوري .

هنا، بادرت بسؤاله ؛

بعد إذن سعادتكم، هل لي بمعرفة ماهية وضعي حتى صدور المرسوم ؟

ابتسم ممازحا بقوله ؛

كعادتك براجماتي الى جانب الدبلوماسية،

بل تلميذكم يا سعادة الوزير ؛ أجبت مجاملا.

أضاف ؛

لحسن الطالع بأن تاريخك الحزبي والسياسي ومرتبتك الثقافية، كلها عوامل ساهمت في بلورة هذا المخرج .

ثواني أخرى من الصمت. ثم تابع ؛

نظرا لما نحن بصدده من مرحلة انتقالية غاية في الحساسيه، حتى تتمة إجراءات الاستفتاء، كذلك استمرار الحكومة الحالية في تصريف أعمالها مع توقف صدور المراسيم. فإنك ستستمر في دوامك مع وقف تنفيذ عملك كوكيل للوزاره .

سألته ؛

ومن سيقوم بعمل الوكيل ياسعادة الوزير.

أجاب ؛

انا يا دَاوُدَ.

انبريت بالقول ؛

معذرة يا سعادة الوزير، ما كنت لاحمّلك وزر عملي.

أجاب ؛

ما عليك يا دَاوُدَ، لابد وان أستجيب لتحفظات الدوله.

قلت وقد استكبّرت عمله واستصغرت فعلتي :

يا سعادة الوزير، أني في منتهى الحرج والخجل لفضل صنيعكم

واردفت ؛

معذرة لما سببته لسعادتك من إرباك وتداعيات، وممتن لكرمكم وثقتكم أجاب ؛

أني متفهم لموقفك يا دَاوُدَ، نحن اخوة .

وانهى قوله ؛

والان يمكنك ان تلتحق بمكتبك.

نهضت وصافحته قائلا ؛

لك جُلّ تقديري وامتناني يا سعادة الوزير.

انصرفت من مكتبه واتجهت الى مكتبي عبر المصعد. بعد تحيتي الودودة للسكرتيره وسؤالها عن احوالها طلبت منها قائمة بأسماء المتصلين اثناء غيابي عن المكتب.

دخلت مكتبي بشعور المشتاق الوجل، قلت لنفسي ؛" حمدا لله على كل حال " جلست الى طاولة مكتبي وبدات يدايّ وعيناي تمسح بريدي المصفوف بعنايه، وفق أيام الأسبوع الأول من غيابي. غاب بريد ثلاثة أيام للأسبوع الحالي.

استأذنت السكرتيرة للدخول، وضعت امامي قوائم المتصلين وانصرفت، .

قبل ان استرق النظر لما حوته، استدرت الى الهاتف وأدرت رقمها؛

أتاني صوتها مشتاقا وجلاً ؛

حياتي، شكرًا للرب مُتنا وبُعثنا.

حبيبتي، يا ريحانة عمري وَيَا دمشق الريحانة.

روحي مُترعة باللهفة لمعاقرة عينيك.

سأراكِ اليوم مساء.

سمعت نقرا على الباب فأنهيت المكالمة على الفور.

كان عامل المقهى يأتي بقهوتي المعتادة. شكرته وانصرف.

استدرت ثانية للهاتف واخبرت السكرتيرة رغبتي بالانفراد مع بريدي.

داهمني امر ترتيب ورسم افكاري بما يلزم لتغطية سبب غيابي المفاجئ عن مكتبي وانا لا ينافسني احد في موضوع الالتزام بالواجب، فهو مقدس وفق نهجي. لاحت لي فكرة اضطراري

للذهاب الى حلب لأعزي في وفاة خالي، رأيتها تقف دون إصابتي بالحرج كما تغلق شتى منافذ اللغو والتكهن.

قضيت ساعات طويله بين اوراقي وقلمي بنية إنهاء ما توجّب الفصل فيه ليتم توزيعه للدوائر المعنيه. خلالها هاتفتني بمعدل مرتين في الساعه، استسقيت وجدا شرياني النكهة في دفقات صوتها . اشفقت عليها وعلى عذاباتي القادمة حين أصرعها بخبر نفيّ الى الصين.

حاولت جاهدا ان أصون نشوتي الحاليّه عمّا يعكّر بريقها ويبدد اريج اللقاء.

21

لملم النهار ذيله سامحا لليل ان يسدل أغشيته عندما لملمت نفسي مغادرا مكتبي في طريقي اليها.

بدت الشوارع باسمة تفتح لي أذرعها من 17 نيسان وحتى السبع بحرات، تلوّح بإعلامها لمثلي اليوم او لمهرجان الاستفتاء ؟ !

صعدت شقتها تسبقني رفرفات قلبي لبابها الموارب، خلفه كمن بهاء الكون في طلّتها حتى غشاني بعناقها. رفعت رأسها تُحدّق في عينيّ وانا ممسك بوسطها، فاستروعني تلاحم نهديها من خلال فستانها الكاشف لصدرها وذراعيها، لثمت عنقها حتى طلت شفتيها فلعقت نغمات همساتها وقد صببّت كياني المحموم فلما خدرت بين ذراعيّ حملتها الى حيث السرير.

نظرت في وجهها، فاستهوتني حمرة وجنتيها مع الق اللهفة في بسمة عينيها، والى بياض جسدها وامتشاق قوامها، لكأني عشقتها اليوم وليس قبل عقود، ياالهي ! ذات الخجل العشقي وذات البهاء الشرنقي !

قالت وقد هالها اندهاشي ؛

حياتي، مابك هل لمست قبحا ؟

أجبت وقد اكتسى ثغري وعيني بشروق الوجد ؛

بل لمست جمالا آخّاذا.

قالت عيناها ؛

أأنت تراني لأول مره ؟

اجبتها ؛

هو كذلك ! ومضات ربّانيه تشع منكِ وتجذبني اليكِ.

قالت ؛

أنا كما انا وكما كنت.

قلت ؛

هو ذَا ، أنتِ كما أنتِ وكما كنتِ

قالت ؛

بل هو الوجد في قلبك الآن وكما كان.

قلت بعد صمت ؛

صدقتِ، واردفت ؛

دوما تستشفين غوري بمَلكة تتقصني.

أجابت ؛

حسناً ، ادم وحواء التي خُلقت من ضلعه، وأضافت ؛

فهي اقرب الى جوفه.

رمقتها، وقد فار تنوري فغمرتها.

صحوت من غفوتي النرجسيه التي لا أودّ ان اصحو منها إلاّ على عينيها ، فلم اجدها بجانبي او في محيط عينيّ. ادركت بأنها تسللت كعادتها كي تَعُد لي الطعام اثناء غفوتي التي تفضلها أطول وأعمق. سمعت دبيب قدميها تقترب برفق لتفتح الباب، افتعلت النوم، تقدمت من خلفي وانحنت تدس يدها في غابة صدري وتهمس في أذني ؛

حياتي، اما جعت ؟

استدرت قليلا كي اتمكّن من تطويقها بيدي ثم أكملت استدارتي وبقوة خاطفه قلبتها فغدت بجانبي وأجبتها ؛ بل جعت اليكِ.

حضنتها والتهمتها في قبلة شلّت كيانها، استسلمت كالحمامة العاشقة لذكرها الكاسر الولهان.

جلسنا الى المائدة بعد ان نفضنا ما تراكم من توتر الأيام السابقة .

بادرت بسؤالها ؛

هلا أعلمتني كيف قضيت تلك الأيام المفزعة ؟

اجبتها متصنعا الاستهانة ؛

أبدا، استعنت بتلاوة القرآن وبالصوم عن الكلام.

قالت ؛

الأولى تشع بنور الاستكانة واليقين، لكن ما العبرة من الثانية !

أجبت ؛

صمت عن التحدث الى الغير طالما لم اتمكّن من التحدث اليكِ.

ابتسمت مزهوة قانعة، ساد صمت لبضع دقائق ثم قطعته بقولها ؛

اتعلّم باني اثناء تلك الأيام العصيبه ذهبت الى الكنيسة وحضرت قداسا.

اجبتها ؛

حسنا ما عملت، وأضفت مبتسما ؛

لم أسمعكِ يوما ذهبتِ الى الكنيسة دون مناسبة فرح او عزاء.

أجابت ؛

ذهبت للابتهال الى الرب كي يعينني عندما لم اسمع منك اتصالا.

علّقت بقولي :

في مثل هذه المحن، يدرك العبد قيمة الرسل والكتب المقدّسة لان الله محتجب خلف سرادق حكمته الخفيه.

لا يعلمها إلاّ هُوَ ؛ اضافت بقولها.

ساد ما يشبه السكون، مما اعتقني من خشيتي وتحسّبي إزّاء كيف اخبرها بما هو آت واعني ذهابي الى الصين وتأثير هذا النبأ عليها.

عاودت الحديث بسؤالها ؛

وبعدين حياتي، كيف انتهت الأزمة ؟

اجبتها بالقول ؛

اتذكرين حديثي معكِ يوم أطلعتكِ على نسخة من المذكّره، كنتِ فزعة وقلقة.

وقاطعتني ؛

سألتك عن العواقب ؛

تابعت حديثي ؛

قلت لك السجن ام النفي الدبلوماسي لاعتبارات تتعلق بشخصي، وهذا ما حدث.

لجمّها وادهشها افتعالي الاستهانة بما حدث وسيحدث. تجنبت النظر الى وجهها اثناء وبعد الحديث متذرعا الانشغال بالطعام. ادركت بأنها صُعقت بنبأ سفري.

151

للمره الثانيه، بعد الوزير، يجرحني خجل مواجهة التداعيات واستحمق فعلتي بالنظر لتأثيرها على من أحب واحترم واثمّن.

لمّا امتدّت بنَا دقائق صمت فادح، رفعت راسي فلمحت قسمات وجهها محتقنه بالمرارة، استهولّت حزنها فأشفقت عليها وعلى نفسي الضعيفه بلا حول إلاّ بالحب قلت لها ؛

اما انتصر حبنا في جميع المواقع، لما الخشية الآن من مشيئة الله بفراقنا حينا.

واردفت ؛

قدر ألطف من قدر السجن واهواله على كلانا، سفير سورية لدى الصين الشعبية ما الضير في ذلك وقد كانت سكتي وطريقي ثم ستجديني مرارا في دمشق وفي حضنكِ فهما ضالتي لا اهفوا ولا أنشد لهما بديلا، يعينني الله.

ما لبثت مطرقة وانا أحدق في وجهها آملا ان ينتشلها الوجد في كلماتي من مخالب القلق والرهبة لما هو آت، حتى نطقت تطيّب خاطر ؛

متى ستغادر دمشق ؟

اجبتها بانكسار ؛

قد يستغرق الأمر شهرا، واردفت ؛

سأكون ظلك طيلة هذا الشهر.

سألت ؛

لم افهم، وأوضحت ؛

اعني في ضوء التزاماتك.

اجبتها ؛

لن أمارس عملا قبل صدور مرسوم تعيّني.

ظل الاستفسار في قسمات وجهها، فأضفت ؛

أوعزت لسونيا بالسفر الى موسكو وقد غادرت اليوم.

أكملت عباراتي التي أتحاشى النطق بها وذلك بقولها ؛

على ان تلحق بك في 'بكّين'

قلت متجهما ؛

لدواعي بروتوكول تقديم اوراقي رسميا. وأوضحت ؛

لاغير يسترعي الاهتمام.

قالت بشطط ؛

لكنها من غنمت، يكفي إبعادك عني والانفراد بك.

قلت ملتاعا ؛

حتى واناعنها منفيّ فيكِ، أينما جمعني بها سقف مكرها لامختارا.

قالت بمرارة ؛

انت كالطير لا تحط على شرفتي الا لتطير.

قلت تخنقني اللوعة ؛

لا يكفني عمري لاقول لكِ كم احبكِ، عمري يقصر في رحلتي معكِ.

وأضفت ؛

وعمري يطول في فراقي عنكِ

قالت بمذاق الحسره ؛

حبي لك كالازدحام المكتظ، لست وحدي تحت جلدي فأنت تقيم معي تحته.

قلت ؛

هذا قدر الحب الكبير، يكبر بطول الفراق وبقصر الوصال.

قالت ؛

هوذا، وإلا كيف أطيق أيامي بدونك واخطو في نفق غدي، وتسألت ؛

تُرى، هل يليق زماننا باسطورتنا ؟!

كنّا قد انهينا عشائنا او بالأحرى شبعنا بفيض أمواج الحب المتدفقة في شرايينا ونعمنا ليلتها بسكون ليل بعد عاصفه.

مرّت خيول زهوتنا تعدو بِنَا كلمح البصر في مقابل دهرُ محنتنا اثناء الإقامه الجبرية.

كنت بوجهها الصبوح احتضن يومي متناسيا أمسي وغدي. اعانق قمر ليلي مخطوفا الى عالم آدمي الطفوله شفاف الهوى، يحتويني حرير جسدها وتغمّر روحي دفقات نهرها الشغوف .

لطالما تسألت مع نفسي ؛ ترى هل يُذيّل الحزن بالفرح او العكس وأنهما صنوان يتبادلان الأدوار، انرتاب من احدهما او كلاهما ؟!

تُرى، هل لولا لم يلتّذ آدم بالثمره المحظورة لمكث في جنات السماوات، اما كانت ذريعه لنزوله الى الأرض ؟

أهو الحزن والفرح للروح كالضوء والعتمة للقلب وكالياس والامل للذات البشرية !

هل ثمة توافق بين تعاقب هذه المتضادات وتعاقب الليل والنهار والشمس والقمر والصحو والمطر ؟!

هل نحن في دوران دائم يحتّم علينا مواجهة هذه المتضادات كحال الأرض وحتمية دورانها ؟

وهل يعني ذلك ديمومة وثبات هذه المتضادات كديمومة وثبات هذه الكوكب والظواهر الطبيعية ؟!

خرجت من دوامة افكاري ومن بحر تأملاتي، على أجراس الواقع ينبأني التأهب للرحيل واستقبال عملي الدبلوماسي من جديد ، ممثلا لسوريا خارج سوريا وليس داخلها. أضاء عتمة قلبي توأم حبي لعملي، اذ أرسل خيوط إشعاع نفذت داخلي.

22

وصلت بكين متهالكا من حمولة وهم اسفاري. في اليوم التالي هرعت الى السفاره لاغطس في جدول أعمالي الممتد بلا نهاية.

هاتفتها لاستنشق وجدانها عبر شفافية صوتها، بدت راضيه يلبسها الحلم حياتي كيف كانت رحلتك ؟

ماشي الحال، عمّ حاكيكِ من السفاره.

اجبتها ؛

لإمّتى راحظلّك ساكن بالفندق ؟ سألتني.

يستغرق الامر أياما، وربما أسابيع حتى اجد السكن المناسب ؛ اجبتها.

همست باستعطاف ؛

حياتي، قلبي معك.

انهيت المكالمه قبل ان ينفتق رداء الحلم، قائلا :

اهتمّي بحالكِ والست الوالدة، فقد شغلتكِ عنها طيلة الأيام الأخيرة.

امرك حياتي ؛ أجابت بإستسلام.

الى اللقاء عبر الأثير، طبعا ؛ أردفت

احبك وافتقدك ؛ همست.

قفلت خط الهاتف مُبيحا لنفسي تنهيدة تقول؛ لو تعلمين مرارة غربتي !

أعلم يقينا دوائي وهو ان اغرق في بحر عملي حتى يقذفني هوج موجه منهكا على شطانه. اذهب الى الفندق لاخلد في رحمة الله بنعمة النوم الذي أسبغها على كل مخلوقاته.

كان ذاك جدول عملي وسهدي، نهاري وليلي.

انهمكت في سلسلة لقاءات بروتوكوليه بعد وصول سونيا الى بكين، وذلك بحكم الضروره لاستكمال التابلويد.

لمّا عثرت على السكن المبتغى، شغلتها لتوضيبه قبل ارتحالنا من الفندق. كان ابني سليمان في مرحلة البكالوريا بالمدرسة الامريكيه ويحتاج الى دعم تعليمي تولّت هي تنظيمه ومتابعته، اذ يستحيل عليّ عمل ذلك وانا مشغول بعملي في السفاره حتى ساعه متأخره من الليل.

اخترت التفاني في واجبي نظير الاستعفاف عن الحياة الاجتماعية الغائبة في بهجتها ومذاقها، بحكم الوجود المختزل للسلك الدبلوماسي العربي.

جانب آخر وهو رغبتي الملحة لرصد خواص البشر والمجتمع الصينيين عن كثب للوقوف على أنجع سبل التعامل معهم بقصد كسب ثقتهم، الذي يشكّل مفتاح نجاح أي عمل دبلوماسي.

استبدلت بعض العرب بالصينيين في جهاز موظفي السفاره وبشكل خاص مكتب السفير ممّن يجيدون اللغات المناسبه، اذ عبرهم مدخل تشيّد شبكة علاقات مهنية رائده.

تغافلت عن التخابر مع الشام وحاجة نرجس للتواصل، استأثرت حاجاتي المهنية جلّ فكّري وعنايتي حتى كان صباح يوم رنّ هاتفي الخاص في مكتبي، رفعت السماعه ؛

آلو ، جأني صوتها ؛

ما هذا التمنّع حبيبي، واردفت ؛

هل انت بخير ؟

أجبت بذات متهالكة ؛

ماشي الحال.

"يقبرني هالصوت " ؛ قالت وكأنها وجدت ضالتها.

ولّما لم تسمع مني شيئا ، اضافت ؛

أيوه، ضربني وبكى، سبقني واشتكى.

انفرج تجهمي بعض الشيء لدى سماعي عبارتها ، فقلت ؛

كيفكِ وكيف الشام ؟

الاثنتان تشتاقك وتستفقدك. واردفت كي تقصر فترة الصمت ؛

اما اشتقت وغلبك الشجن، فتهاتفني ؟

استمرّ سكوتي، تفاعلات مشاعري طغت والجمتني.

آلو أأنت معي ؛ سألت .

نعم اني اسمعكِ ؛ اجبتها.

لماذا لا تقول شيئا ؛ سألتني

قلت وانا اغالب ما استشعره ؛

ماذا تريدينني ان أدلي به، واردفت ؛

وانت تعلمينه عزّ المعرفة.

وكأني قذفت بحجر النرد وجاء دورها. ساد تأوّهات قلبينا.

أعقبتها بقولها ؛

ماذا تعمل طوال النهار ؟

158

اقضيه بالمكتب ؛ اجبتها بهدؤ كمن لا يفشي سرا .

استفسرت مستنكرة ؛

لا تجد متسعا طوال النهار لتهاتفني بضع دقائق ؟

لزمت الصمت، لان ما استشعره هو ليس ما استنطقه.

هي تجيد الإمعان في استقراء قاعي، قالت ؛

حياتي، اعلم انك تتجنب ما يثيرك وهو ليس في متناولك، لكني بهذا القدر احتاج الى سماع صوتك !

واستنجدت مضيفة ؛

ما يثيرك هو ما يبهج قلبي، لا تجعله رداء يحول بيني وبين ان احسّك.

قلت وقد خُيّل لي نزع الرداء ؛

لو، لا تفصلني عنكِ البحار والمحيطات...

أجابت وقد استهوت ما نطقت وما لم انطق به ؛

حبيبي ليكن تخيّل، ما الضير في ذلك طالما يسعدنا ؟

طيب، عليّ ان انهي المكالمه لقدوم شخص انتظره، وداعا.

الى هذا الحد واضطررت لقفل خط الهاتف بدخول السكرتيرة تستأذنني لدخول الضيف.

23

في أُمسية ذاك اليوم اختليت بقلبي، شكى لي تجاهله في غمرة سهوتي.

ادركت عمق المها وكم هي منهوكة القلب وكم غالبت جرحها كي لا تجرحني بل لتداريني وتواسي نزعتي.

ادركت يومها بؤس قلبي برهبنة رغبات جسدي في غيابها، ولكم عمري مختزل بأيام قربي منها وتمكّني من رؤيتها اذ لا اذكر فرصه فائته قط .

يحضرني يوم، غدى بعيدا من ايامات الشام الجميلة الحانيه، وقد كنت قريبا من شارع بغداد، في طريقي لحضور اجتماع بمجلس الوزراء بالسبع بحرات، شاجني ديارها او بالأحرى ساكن الديار، هاتفتها قائلا ؛

انا بالسبع بحرات وسأمرّ بكِ ، ؛

حبيبي، لكنّي بالوزارة وبعيده عن البيت !

قالت مستحبّة ومستنكرة في آن.

اجبتها آمرا ؛

سأراكِ في غضون عشرين دقيقه.

انتهى الاجتماع وتوجهت جذلانا الى البيت، لم تكن قد وصلت، هاتفتها؛

أين أنتِ ؟ صرت بالشقة انتظركِ.

أجابت مستبشرة ؛

سأصل حالا.

لمّا ولجت الشقه وجدتني مستلقيا على الأريكة، تهلّل وجهها وهرولت تعانقني قائله ؛

يا سعدي بالمنّتظِر وما كان الا مُنّتَظَرا.

ابتسمت ولعقت شفتيها البلوريتين استمرأتهما خمرا يرتقي بهدير شهوتي الجنونية، تلتقي بانسياب عواطفها الجارفة، لا تذر في رشدا او هوادة، تناولتها بشراهة شبقي الجائع لها باستمرار، فكيف بالإثارة.!

رشاقة ألفاظها اثارة، دلال صوتها باوتاره اثارة، سرية امتلاكي لها دون العلن اثارة، تفردي بحبها الوثني اثارة، كائن عينيها أعظم وابذخ إثارة، اني رجل من زجاج تحت إثارتها.

سألتني ممازحة يومها بعد ان اعتقتها وقد ضاع طيب غنجها ؛

أأنت مهوس بكل امرأة !

أجابها الوجد في عينيّ قبل ان أشير بحركة رأسي نافيا. أضفت مبديا البراءة ؛

وانتِ على يقين من ذلك يا ماكره.

رمقتني بنظرة عاشقة عاتبه وهي تعانقني لدى الباب مستأذنا بالعوده للمكتب.

24

يومها غادرت السفاره باكرا في المساء كي البّي دعوة حفل استقبال اقامته الخارجيه الصينيه على شرف السفراء الجدد من بينهم انا.

كان الاوان خريفيا ونصوع بالغا في السماء. مشجونا ذكرت شام تشرين.

مررّت بالبيت فاصلحت هندامي واصطحبت معي سونيا لموجبات البروتوكول. استغرق الحفل حوالي الساعة، عدت الى البيت لرؤية ابني سليمان ومحادثته اذ قلّما يتسنى ليّ ذلك مساء.

غادرت غرفة المعيشة الى غرفة نومي باكرا عكس المألوف، بعد لحظات تبعتني سونيا، كنت لم استغرق في نومي بعد، احسست بلمساتها تراودني عن نفسها وكأنها تدعوني لمضاجعتها وقد مرّ ما يربو عن عام دون ذلك.

بدى لها وكأن خيال نرجس لم يسافر معنا الى الصين ولكني استحضرته يعانقني كي أقوم بواجبي تجاهها ولكي أُزيح شيئا من توتر جسدي.

بعد تلك الواقعه، ودّت لو ان ممر قلبي آمّنا، لطّفت من مداهماتها التجسسية وكذلك عيون مخبريها على السفاره حتى كان يوما فاجأتني بزياره في وقت غير محسوب، كنت اتناجى

ونرجس عبر اثير الهاتف وانا في قمة الاسترخاء، بحركة غير اراديه قفلت الخط بعد ان استأذنت منها وقد تبلّغت عذري.

لمّا دخلت سونيا مكتبي عنّوة ولمحتني انهيت محادثتي الهاتفية على الفور سألتني بفضول فج عن المتحدث في الطرف الاخر من الخط، اجبتها بمنتهى البرود انه السفير المصري يستطلع رايّ في خطة مستقبليه يتبنّاها السلك الدبلوماسي العربي بصفته عميد السلك حاليا.

لكي تماهي خبثها تابعت تساؤلها ان كان هو اقدم السفراء العرب في بكين سايرتها بإجابتي هو ذاك.

بدى لي الحدث بمثابة صدفه عابره، لكن بعد أيام بدأت الّحظ تشويشا و اسمع ما يشبه الصدى للصوت عبر خط هاتفي.

توجّست أمرا وراء ذلك، أوعزت للسكرتيره ان تبلغ شركة خط هواتف السفاره لاصلاح الخط.

أتى موظف الشركة اثناء تواجدي في المكتب تماشيا مع تعليماتي، اجرى الفحص اللازم وبعد اجتهاد ملحوظ وجد مسجلا في شكل جسم صغير.

طلبت منه ان يجري ذات الفحص على جهاز هاتفين آخريين خارج مكتبي فلم يجد شيئا غريبا. بعد إجابته على اهم استفساراتي وقبل انصرافه طلبت منه إزالة المسجّل لمّا يشكله من نتائج خطأ سابق اُقتّرف قبل اشغارنا المبنى.

شكرته لدى مغادرته وتكتّمت على جلّ الحدث لما تيقّنته من انه تصرف شخصي من زوجتي سونيا.

في قرارة نفسي، لم تساورني دهشة اقدامها و إتقانها لمثل تلك التحركات المريبة ما اثار قلقي جسارتها ونحن في الصين، وليس في

موسكو حيث عملت بدافع من المخابرات الروسية، من يحميها ؟ ولصالحه تتجسس عليّ هنا !

بحكم خبرتي بها ، استبعد ان تكون فعلتها بمثابة حماقة زوجة غيور.

في أعقاب ذاك الحدث امتطيت جوادا حذرا ، يمكّنني من مجابهة كل الظروف.

ما اسّاني، ان لقاءاتنا الهاتفية كانت أولى ضحية تلك الحقبه المظلمة ، اذ اضحى

تهاتفي معها نادر الحدوث.

في ذاك الخضم المتلاطم من حولي، كان صوتها يتسلّل الى جوفي لمّا يفيض بها الوجد ، فتستشعر كدري الآسن.

حدّثتني فيما بعد كيف عشّش الحزن والالم جوفها حتى الفته مضطرة، وكيف بدت كالطائر المذبوح لا يصرخ من الألم، وكيف لجأت لمناجاتي عبر نجوم السماء تبلّغها الشكوى تارة والوجد تارات. وكيف تهدأ نفسها وهي تعانق السماء وكأنها في مأوى الرب.

25

زحفت بِنَا قاطرة الزمن تسعة شهور رمضاء. بعدها كان سليمان يؤدي امتحاناته النهائية. افتعلت مهمة عمل طارئة الى سوريا ، خطة اختمرت في ذهني مطولا شبيهة بانقلابات البعث في حقبة الستينات من القرن الماضي.

خلال ساعات كنت بالطائرة في طريق الأجواء الى الشام. كالاسير الذي فكّ اغلاله ولمح ضوءا ينير له طريق النجاة من بطء موت الى قفزة أمل.

جاهدت لألزم كياني سكونا استعدادا لما هو ات من اهتياج.

اثناء ساعات التحليق الممتدة، سُحبّت بدوامة اللاوعي تدوّر الفصول الأزلية لحكاية قلبينا ، ما بين فراق ووصال، خريف وربيع، مطر مطر يغرقنا ، قيظ صيف يحرقنا ، حتى دورات الخسوف والكسوف تشملنا.

وصلت مطار دمشق الفيحاء، بذات السكون المصطنع انهيت ترتيبات خروجي من المطار مستفيدا من عنصر المباغتة مع كل من واجهتهم بما فيهم موظفي التشريفات حين عرضوا علي خدماتهم المميّزة.

استقليت سيارة اجرة ، طلت هاتفي النقال ودققت رقمها ؛

ألو ، أتاني صوتها.

قلت بردائي الساكن المصطنع ؛

أين أنتِ، انا في طريقي من المطار اليكِ.

قفلت الخط دون ان انتظر جوابا ، ليقيني بعدم حاجتي اليه ، هي تحفظ درسها جيدا عندما يتعلق بشخصي.

انخرطت طوال الطريق في حديث مع سائق التاكسي يحدثني عن همومه وهموم البلد وعن الآمال المستقبليه. لكن ظل قلبي يرفرف بعدّة اجنحة كي يعمّد خفقانه وعينايّ ترصدان بشغف جانبي الطريق حتى بلغنا شارع بغداد.

انزلني التاكسي امام عمارة شقتها ، تسلقت السلالم حتى ألدور الثالث واتجهت نحو بابها وجدته مواربا ، انسللت عبره وأغلقته خلفي محدثا صوتا ، توغلت في الداخل لم اجدها تنتظرني كعادتها ، واصلت توغلي حتى غرفة نومها

جأني صوتها ؛

أننى هنا.

داهمني مزيج من شعور الخوف والقلق عليها ، هرعت الى داخل الغرفة فوجدتها مستلقية ، مُلتحفة بقطع الفراولة يغطي كامل وجهها وجسدها ، لا يبين الا عيناها ، استفزّ منظرها غضبي فصرخت بها ؛

ما هذا !؟

أجابت تحت لحافها الشائك ؛

انتظرتك تسعة شهور ، الا تنتظر بضع دقائق !؟

أهو عقاب لي ؟

قلتها وقد تصاعد حنقي.

أجابت مصطنعة هدؤا ؛

166

بل هو بلسم ودواء لي.

سألتها باقل حدة ؛

كيف يكون الفراولة دواء!؟

أجابت بذات النبره ؛

انه يزيل الأكسدة والتوتر.

سألتها ؛

الم تجدي متسعا من الوقت قبل الآن ؟

ردّت قائلة ؛

لم تترك لي فرصة الاختيار ادركت مغزى إشاراتها ، فقلت وقد تحول حنقي عليها الى شفقة على نفسي :

هل كُتب علي ان يطول صبري.

ولمّا لاذت بالصمت في حين بانت اسارير ابتسامتها ، أوضحت ؛

كيف أُطالكِ الآن ؟

أجابت بذات البرود ؛

بأن تنزع عني قطع الفراولة.

لجمت عن الكلام وباشرت نزع ملابسي استعدادا لتنفيذ مهمة إزالة الحواجز.

وعندما صرت بمحاذاتها ، همست بغنج ؛

اعلم حبك للفراوله.

أجبت منزوع القوى ؛

لاشئ أحبٌ اكثر منكِ.

بدأت بحذر إزالة قطع الفراولة الواحدة تلو الأخرى وجمعها في وعاء تناولته من المطبخ، ابتدأت بوجهها وعنقها ثم حدّقت في عينيها المغمظتين وهي تقول؛

أخشى ان يكون حلما او رؤية.

مررت شفتيّ حيث بقايا الفراولة امسح بهما وجنتيها وعنقها، استفاقت من هواجسها حين ذاقت الفراولة في قبلة فاهي الظمآى لفاها، فتحت عينيها وذراعيها تعانقني، استفاق هياج شغفي وشهوتي فضممتها إليّ، علقتُ وإياها في شرنقة الفراولة وكأننا توأمين في رحم يلفُّهما غشاء واحد.

مضت ساعات ونحن مسكونان في بَعضُنَا، تمازجت دراما العشق وفكاهة الفراولة الفاقعتان .

بعد حين، أفصحت عن جوهر مرماها من اختيار الفراولة كعزول لدى لقائنا المباغت وذلك لامتصاص شحنة اهتياجي درأ لعواقب ردات فعل قلبيه مباغتة.

وقد هيات لفكرتها تلك منذ طال امد فراقنا لاسيما وأنها تخبر جنون لهفتي في حالات مشابهة توازنا لكمد صبري .

سألتها ؛

اماخشيتِ من رعونة حنقي او حتى كدري ؟

أجابت ؛

بل خشيت عليك وعلى قلبك. ثم اضافت مستفسرة ؛

لما أخفيت عني موعد قدومك ؟

أجبتها ؛

168

خشيت عَلَيْكِ من صدمة الإحباط ان تعذّر سفري في اللحظات الأخيرة.

وكيف يمكن ان يحدث ذلك في ضؤ موافقة الوزير ؟

قلت؛

هي لاتعلم شيئا عن قرار سفري، أخبرتها قبل ساعات فقط من مغادرتي المكتب الى المطار، وأوضحت قائلا ؛

سفري الى الشام يعني سفري اليكِ، هذا ما تعلمه يقينا.

ولمّا لاذت بالصمت، استطردت بقولي ؛

لم أرد ان تُسمّم بهجتي ولهفتي للقائكِ.

لحظتها انفرجت اساريرها عن ابتسامتها الطفولية التي اعشقها والتي غالبا ما تكون مصحوبة بعفوية العناق والهمس ؛

حياتي.... فتُقيد جذوة شغفي وشهوتي الى مالا نهاية.

26

بعد مرور أسبوع من نعيم القلب وامان الروح بجوارها ، شرعت ـ في استجلاء امرلطالما غض مضجعي وهو التنصت على مكالماتي الهاتفية ـ في بكين وربما ما هو ابلغ من ذلك.

بعد تفكّر واستعراض شخصيات موضع ثقتي ـ في جهاز الدوله والحزب مجتمعين.

عقدت العزم للقاء العقيد زياد ، ـ في إدارة المخابرات، والذي تولّى التحقيق معي ـ في إثرمذكرة التوريث، انه من خيرة من جمعني بهم طريق نضال مشترك.

قصدته ـ في مكتبه بالقابون، سُرّ كثيرا بزيارتي، وكانت فرصة طيبة جدا تجاذبنا أطراف هموم وذكرى مشتركة، بعد تناولنا القهوة سألني ؛

اخي دَاوُدَ، تبدو وقد شغلك امر.

استحسنت ما استّهل به، فأجبته ؛

وهو كذلك.

قاطعني بقوله الودود ؛

حدّثني كلي آذان صاغية.

أجبته بذات النبرة ؛

اخي، شممت شبهة من حولي في السفاره مبكرا، ومنذ وصولي بكين.

قال وقد احتفظ بهدؤه

أسهب في حديثك.

واصلت بالقول؛

اعني مثل هذا لا يصدر من وزارة الخارجيه، كعهدي بها.

ابتسم وقال ؛

مثلك يا اخي لا يخطأ انفه، واستطرد ؛

لا علاقة للوزاره بالأمر، حدسك في محله.

ولمّا صمت لثوان، بادرت بقولي ؛

بالله عليك يا اخي، أوضح.

قال وكأنه يداري خجلا ؛

لا يزال ملفّك مفتوحا لدى دوائر الاستخبارات، وأضاف ؛

وعندي بالتحديد لسؤ حظي.

انبريت بالقول ؛

بل لحسن حظي.

ضحكنا سويا وكأننا نسخر من القدر. ثم استدرجته قائلا ؛

أكمل يا زياد ولا تتحرج.

قال وكأنه ينقّط حروفا ؛

كُلّف شخص بمراقبة خطوط هواتفك.

وأضفت ؛

وتسجيل مكالماتي.

تبسّم قائلا ؛

الدبلوماسية لم تغلب على من تمرّس في دهاليز الحزبيه.

أعنته في تنّقيط الحروف لإكمال الجمله موضع الشك والحرج ؛

أهي زوجتي سونيا من أنيط بها للمهمة ؟

هزّ راْسه باشارة الموافقة وأردف ؛

كي لا تتوه الشبهة لما وراء حدود الدولة.

وأضفت ؛

ولأنها خير من امّتهن للأسف.

لاحظ كأني وُخزّت بالة حاده، فأراد تخفيف وطأتها ؛

لكنك علمّت بنزعتها التجسسية حين كشفنا سترها وقت كنت سفيرنا في موسكو.

وأوضحت ؛

وقتها، طُلب مني احتوائها والتحفظ عليها في بيت الزوجية لضمان مراقبتها بعدما حازت على معلومات غاية في الأهمية بنظر الدولة. واردفت ؛

واليوم - ولسؤ طالعي بها منذ تزوجتها - تُستخدّم ضدي من قبل الدوله.

ساد صمت لدقائق، ترقبت منه ما يزيل ظلال الحزن والقلق الذي تملّكني وأخيرا نطق ؛

انني ادرك تأثير ما ينتابك جراء زفارة ما ينبعث من بيتك وأقرب الخلق اليك ولكني لا أشك في صبرك وحنكتك إزاء ما انت فيه من امتحان. وأردف ؛

مثل هؤلاء الذين يمتهنون الازدواجية في تجسسهم يقعون تدريجيا في وحل مستنقع لا يخرجون منه احياء .

صمت للحظات أخرى ثم قال؛

يا دَاوُدَ لا تستهون مبلغ عزاؤك وهو انك على علم بما يدور حولك وغاياته.

صمت لوهلة وتابع مبتسما ؛

أعمل كما عمل الرسل في امتحاناتهم، يثوبك شرفا.

فجأة تبدّل إحساسي وتبدّد ذاك الغيم من الشك والقلق فبادلته ابتسامة فاقت ابتسامته الطيبة واندفعت قائلا ؛

يا اخي زياد ، اني مُمتنّ لك نُبل أخلاقك وجواهر ألفاظك.

عرضت ابتسامته الملائكيه وتساءل ؛

أنسيت اننا رفاق عقيدة ثابتة يا دَاوُدَ، ولو...

نهضت واستأذنته الانصراف مصافحا بحرارة مشاعري الفياضة تجاه مرؤة صنيعه، ولدى توديعه لي خارج مكتبه قال ؛

خلّينا نشوفك قبل عودتك الى بكين.

وهو كذلك ؛

قلتها وهممت انزل السلالم يملاني حماس وشعور بطمأنينة وسكينة لطالما عانيت فقدهما منذ غادرت الشام قبل ما يقارب العام.

اتجهت مسرعا نحو شارع بغداد عائدا اليها ، فوجئت ببكرة عودتي، سألتني ؛

حياتي أأنت بخير ؟

أجبتها ؛

نعم اني بخير.

وجّهت السؤال بشكل آخر ؛

ولكني اراك مبكرا على غير عادتك.

قلت منهوكا ؛

قد اشتقت اليكِ هلمّي الى جواري.

قصدت غرفة النوم، فتخلّيت عن بعض ملابسي واستلقيت على السرير، كان الوقت ظهرا، أغمضت عينيّ لأريح نفسي من آثار مغالبتي توتر اليوم.

مضت دقائق عديده قبل ان اشعر بها بجانبي، رفعت رأسي ووضعته على صدرها فحضنتني وحملتني الى الفلك الأعلى.

لا ادري كم مضى من الوقت مغشيا بالنوم، فقت نهاية العصر بداية الغروب فألفيت نفسي ما أزال في حضنها . كنت كالرضيع في حاجته الى أمه، نادرا ما اتواجه وهذه الحالات.

دوما في خضم مجاهداتي أتراهن مع الصبر كي لا أقع، كسقوطي اليوم في لقائي مع زياد الذي عزّ عليه ذلك فتدارك باحترامه ومداراتي.

حمدا لربي حدث سقوطي وانا حيث هي، تدرك جيدا ان وهني وصمتي في حضنها اني بكّاء اسيّفا قلّما أبوح به كي لا أوجعها مرتين، قط تسألني عن سبب وجعي.

وانا لا أودّ تعكير نقاء سريرتها بوخم عيشي مع سونيا.

27

أفقت من ظلال أمسي حيث حاوية الحنوّ وينبوع النور والالق لأجد نفسي في الشقه المتواضعة التي تجمعني وبعض رفاق ثورة اليوم وذلك بعد عودتي من بيروت. شعرت بمرارة سحيقة تمخر جوفي وتعصرني.

فجأة داهمني هلع، ادركت علة استمراء نفسي لهوى تلك الظلال، طلت هاتفي النقال ودققت رقمها، بدى من خلال رنين الهاتف انها خارج باريس، تُرى على أي بقعة في الأرض يشع نوركِ والقكِ اللذان حُجبا عن عينيّ.

كان آخر لقاء بيننا منذ شهور حين أقبلت عليّ بتلك البهجة وذاك الألق، قبّلتني بتحفظ انيق ودعتّني للجلوس في مواجهة بَعضُنَا قائلة ؛

اشتقت كثيرا لعينيك، دعني انظر فيهما.

أخذنا موكب الحديث شرقا وغربا الا محطة همّي قصدت تجاوزها بل واستعذبت الغمز بها في بريق عينيها يرسل إشعاع وجد آسر، ودعوة لموعد لم يحن بعد. لما العجله ونحن في شرنقة الوجد يملانا حلم الابديه.

هذا ما تقوله عينيها الذي أرى فيهما كل ظلال عمري.

احتسينا العشق في قهوتنا، انحنت نحوي تقدم لي قطعة من الحلوى، لاح بض نهديها من فستانها الأبيض الديكولتيه الذي يكشف صدرها وذراعيها وجدتها فرصة سانحة لتجاوز حوار العين تلبية لنداء شجون شهوتي المكابرة

قلت مبتسما ومشيرا الى حيث يتمغط نهداها ؛

بل هذا ما أريده وليس الحلوى .

أجابت ابتسامتها الماكرة ما سبق ان قالته عينيها.

بعد حين استأذنت منها بالانصراف، ودعتّني بذات قبلة الودّ الأنيق ولكن بأكثر حراره لكانها احتوتني بوهجها.

انصرفت متبول القلب مبتور النشوة.

في أعقاب ذلك اليوم ولعمق ما احسستّه من جرح لعاطفتي آثرت ان لا أأخذ على عاتقي مبادرة التهاتف وان لحّ شوقي وتعاظمت حاجتي لحنو حضنها الآسر. غرقت في لجة افكاري وتكهناتي للوقوف على سبب تحفظها المفاجئ حيال عاطفتي المتدفقة والتي هي من يقيد جذوتها ويطفئها بتاثير تلقائية هول عشقها المتجذّر في أعماقها النقيّة، ما بيننا أبلغ مما هو توافق كيميائي العنصر هو انسياب روحاني الحسّ والملمس يتطبع بالاراديه .

هو كامن في احشائنا بعفويته الطفولية، هو أجمل ما في حياتنا ، هو جل حياتنا بألقه وعلقه.

ما خدش حسي وآلمني، هي انها تحفظ جيدا خارطة رجولتي، عندما تتبعثر بين خارطة أنوثتها وهو مكمن غرامها، فما لها تتجاهل ذلك الآن.!

وكم يصعب عليّ ان اعدو او أجرّ قدمايّ منصرفا بوهجها حاملا خارطة رجولتي مبعثره.

هي قد حفظت ذلك وهالها ما تسميه تميّزا منذ باكورة لقاءاتنا، ذلك اليوم الذي اضحى لاحقا موضع تندّرنا، كنّا في باريس يوم دعتني لتناول الغذاء في شقتها لأول مره وهو ثاني لقاء يجمعنا، استقبلتني بطلّتها الكونيه التي تحوي بهاء السماء فكأني ولجت جنتها، عانقتني بلهفة العاشقه الشغوف وقبلّتها بجوع الذئب العاشق، اتخذت طريقي الى غرفة نومها التي ألفتها منذ لقائنا الأول، تبعتني كي تُوفّر لي أسباب الراحة وانصرفت لتجهيز سفرة الاكل، الذي لم أشك بأنها قضت طوال النهار في اعداده كي تطعمني ما ابدعت في تحضيره، نزعت عني ملابسي واستلقيت على فراشها الوثير الحبيب الى قلبي وجسدي، انتظرت عودتها، مرّت دقائق عديده وكأنها دهرا، لمّا طال صبري تسللت الى المطبخ عاريا وجرّدت يديها من احمالهما لاحملها الى حيث السرير، هممت في نزعها كل ما يحول بيني وبين جسدها. قالت مفعمة بسعادة وبضحكة متواريه ؛

حياتي الا تريد ان تأكل أولا ؟

اجبتها وانا أتمم مهمتي ؛

بل أريدك انت أولا.

مثل تلك الساعات في عمرنا نادرة البهجة والالق هي كل رصيد العمر، لا نزال نقتات منه وحتى الموت. كنّا كزوج حمام لقيا عشا.

لمّا جلسنا الى المائدة بعد ساعتين قالت وهي تنظر في ساعتها ؛

تأخرنا كثيرا، أرجو ان يروقك طعامي.

قلت ؛

الا يكفي ما قضيته من عمري دونكِ، واردفت بصيغة الامر ؛
دعيني احبك كما أشاء.

سألتني بلهجة ممازحة وقدغمرتها سعادة لم تستطع إخفائها ؛
حياتي، ما ابلغ كلماتك، وما تعني بها ؟

اجبتها ؛

اعني احبكِ كما يحب الرجال وليس الصبية في جادة المهاجرين.

قالت ؛

حبك يروي لي عروقي بعد ان كادت تجف .

قلت وكأني ابعث الاطمئنان في قلبينا ؛

سوف لن تجف أبدا.

حاولت جاهدا لملمة كياني عدا رجولتي ذلك اليوم وكم كانت
تعزّ عليها بل وتفنى دونها، ولا تزال، وهو عزائي.

مضى أسبوعان، وفي صبيحة يوم رنّ هاتفي النقال واتى صوتها
رقراقا ؛

آلو، أين انت وكيف حالك ؟

اجبتها ببرود مصطنع ؛

انا بباريس .

تساءلت بلهفة ممزوجة بعتب ؛

بباريس ولا اراك ؟

التزمت الصمت، ولمّا شعرت به، حسبته انقطاع الخط فرددّت ؛

آلو آلو أأنت معي ؟

أجبت ؛

178

انا معكِ .

تساءلت بشيء من الحدّه ؛

لما سكوتك، أيزعجك امر ؟

وجمت . ولمّا توالى صمتي، همست ؛

اشتقت اليك.

أُستثّرت فقلت ؛

بماذا اجيبكِ .

قالت ؛

بإحساسك .

سألتها ؛

وهل يهمكِ إحساسي ؟

اجابتني ؛

وهل لديّ ما هو أهمّ، وأضافت ؛

منك ومن إحساسك.

قلت ؛

كيف فاتكِ هذا آخر لقائي بكِ.

قالت ؛

زاد غنجي، فلم تدركه .

قلت بعنوة إحباطها ؛

على أي حال اني مغادر باريس غدا لامر ما .

قالت وقد تضاعف همّها ؛

احتاج اليك.

يا لشدة ذكائها وتلقائيته في آن، وَيَا لشدة تيقّني من انها تحفظ خارطة رجولتي

أكثر مني . وجمت للحظات ثم نطقت ؛

لندع هذا الامر بعد عودتي.

قالت وكأنها تنتحب ؛

ومتى عودتك ؟

اجبتها بنية إنهاء المكالمة، خشية ان تثير عاطفتي وشغفي.

سأخبرك حال عودتي .

28

بعد يومين وصلت أنطاكيا، المدينة الضاربة جذورها في عمق التاريخ والتي كانت من اهم مدن العالم القديم عندما لازالت ملتحمة بأصلها سورية.

هي المدينة التي عصّموها البيزنطيون لدولتهم عدة قرون.

هي المدينة التي اسسس فيها القديس بطرس، اول أسقفية وعلى ارضها ومنها سُمِّي اتباع المسيح بالمسيحيين، ولذا فان لها شأنا عظيما لدى عموم المؤمنين هي المدينة اتي تميّزت بحصانة طبيعية اذ تعصمها الجبال جنوبا وشرقا ومن الغرب نهر العاصي وتحميها الأحراش والمستنقعات شمالا. لا تضاهيها حصانة في العالم القديم الا القسطنطينية عاصمة الدولة الإمبراطورية وذلك لشهاقة اسوارها وقلعتها البالغة الحصانة. عبرها، الطريق الى الشام، للقادمين من آسيا الصغرى وسقوطها يعني سقوط الشام. كانت محط اهتمام الصليبيين لقربها من البحر الأبيض المتوسط كما كانت عرضة لهجمات البيزنطيين بعد الفتح العربي للإسلام . في العام 1939م وأثناء الانتداب الفرنسي على سوريه تم سلخها ولواء إسكندرون من اصلها لتخضع لحكم تركيا .

ان شفافية التاريخ دوما تتجلى في احداث مهما طُمست معالمها، اذ ان الواقع الجيوسياسي لسوريا الكبرى في قلب الشرق المتوسط

جعلها هدفا استراتيجيا لحكام الإمبراطوريات والدول الكبرى عبر العصور.

ان المعارك الدائره في حلب وما حولها وإستحالة تأمين اجتماعاتنا، هدتنا الى هذا الجزء الأصيل من وطننا والأقرب الى حلب والذي لا يزال عربي اللسان في معظم سكانه وعربي الطابع.

في اليوم التالي تم اجتماعنا بعد ان اكتمل وصول الرفاق. برغم ما يحيط بنَا من قساوة الظروف وتراجع في إنجازات ما تحقق على الصعيد العسكري، مع تعاظم التضحيات البشرية وتراكم الفصول المأساوية، الا ان وجودنا في أنطاكيا وعلى التراب السوري، لملم تبعثر واضطراب نفوسنا وفتح منافذ لتنقيتها عبر شرايين عاودت الضخ بعد انسدادها.

في ختام جدول اعمالنا الذي استمّر يومين، ارتأى من بقي من الجمع ان ننبش في ذاكرة أنطاكيا علّها تستزيدنا ضوءا نستنير به.

انبرى عدنان بحديثه قائلا ؛

منذ عصور الرومان كان التعايش بين السكان من العرب واليونانيين والأرمن سائدا في هذه المدينه قبل الفتح الإسلامي، وكانت مركزا تجاريا ومعبرا من أقاصي اسيا الى حلب من خلال ما عُرف بطريق الحرير الشهير في الأزمنة السحيقة.

أضاء وجه الياس حماسا وقال ؛

من هذه المدينة انطلقت الدعوة النسطوريه في القرن الرابع الميلادي وهو ما سُمِّي بالايمان القويم، على يد اسقف المدينه نسطور واتباعه.

وأضاف موضحا ؛

182

في مقابل كنيسة القديس مرقس في الإسكندرية.

قدح فضول الرفيق ممدوح فوجّه سؤاله ؛

وما هي فحوى الدعوة النسطوريه ؟

قال الياس ؛

ملخّصها ان التجلّي المؤقت للإله المتعالي في المسيح يسوع، هو رحمة اهداها الله لنا، ولا يجب علينا اهدار الهدية الإلهية بهذا التوسع والاسترسال مع خرافاتنا الخاصة بألوهية المسيح منذ كان في بطن أمة او منذ زمن طفولته، ولا يصح الاعتقاد بان مريم العذراء ولدت الله! فالله باق على كماله الأزلي الابدي، فهو الواحد الفرد، لا يولد ولا يموت، وهو يتجلّى حينا ويحتجب أحيانا بحسب مشيئته.

حضرتني كلمه يرددها عوام المسيحيّن، قلت ؛

ما تعني كلمة ثيوتوكوس ؟

أجاب الياس ؛

كلمة يونانية تسمية لمريم العذراء وتعني ام الاله، ويعتقد نسطور بانه لا يجوز الاعتقاد بان الله كان طفلا يخرج من بطن أمه بالمخاض، ويبول في فرشه فيحتاج للقماط، ويجوع فيصرخ طالبا ثدي والدته.

وأضاف ؛

يقول، هل يُعقل الاعتقاد بان الله كان يرضع من ثدي العذراء ويكبر يوما بعد يوم فيكون عمره شهرين ثم ثلاثة أشهر ثم أربعة ! الرّب كامل، كما هو مكتوب، فكيف له ان يتخّذ ولدا، سبحانه.

يضيف ؛

مريم العذراء إنسانه أنجبت من رحمها الطاهر بمعجزه الهية وصار ابنها من بعد ذلك مجلى للاله ومخلصا للإنسان، صاركمثل كوة ظهرت لنا انوار اللّه من خلالها. يقول نسطور ؛ يسوع إنسان وتجسده هو مصاحبة بين الكلمة الأبدية والمسيح الانسان، ومريم هي ام يسوع الانسان ولا يصح ان تسمى والدة الاله كما انه جنون ان يجعلوا اللّه واحدا من ثلاثة.

تدفقت الدماء في ملامح الرفيق نشأت فقال؛

يحضرني حدث هام في تاريخ هذه المدينه وهو مجمع التدشين في العام 342 ميلادية، أيام اجتمع أساقفة الإمبراطورية بعد وفاة القس آريوس المصري وصاغوا بيانا تبرّاوا فيه من آراء ه وانكروا كونهم اتباعه، اذ قالوا بما معناه، كيف يُعقل ونحن أساقفة ان نسير وراء كلام قِس! وبذلك انتصرت كنيسة الإسكندرية بقسها الأسقف إسكندر وارتاح الإمبراطور قسطنطين لتخلي اتباع آريوس عنه وكانوا يملاون البلاد أيامها.

زاد اهتمامي، فبادرت بسؤاله ؛

ممكن نستوضح آراء آريوس.

اجاب ؛

لقد شدّد آريوس على حكمة ان تكون الديانة للّه وحده ولا يجوز ان يقال عن اللّه انه ثالث ثلاثة، وان اللّه واحد لا شريك له في ألوهيته، واستطرد؛

لكنه ترنّم في زمانه بلحن غيرمعهود، كان ذلك قبل نسطور بنحو مائة عام.

وأضاف ؛

كان آريوس معترفا بسرّ الظهور الإلهي في المسيح، وغير معترف بألوهية يسوع، معترفا بان يسوع ابن مريم الموهوب للإنسان، وغير معترف بشريك

لله الواحد.

استطردّت في السؤال ؛

وما كان مصيره آنذاك ؟

بدى نشأت وكأنه يشحذ ذاكرته ثم قال؛

المحرك الرئيسي هو إرادة السلطة الزمانيه المتمثله في الإمبراطور

قسطنطين، فقد كان متعجلا لإعلان ولايته على أهل الصليب، حتى انه لم يصبر على دعوته للمجمع الى حين اكتمال مدينته الجديدة القسطنطينية، فعقد المجمع في قينيه القريه المجاورة. قبلها بعام واحد كان هذا الإمبراطور يقضي حياته مشغولا بأمر وحيد، هو تثبيت سلطانه بالحرب ضد قدامى رفاقه العسكريين ولما ظفر بهم أراد الظفر بالولاية الدينية على رعاياه، فدعا كل روؤس الكنائس للمجمع وادار جلساته وتدخل في الحوار اللاهوتي وهو لا يفقه فيه شيئا، ثم املى على الحاضرين من الاساقفه والقسوس القرارات. وأضاف ؛

بعث برساله لكل من القس آريوس والأسقف إسكندر يصف خلافهما حول طبيعة يسوع المسيح بانه خلاف تافه وسوقي وأحمق ووضيع، ويؤكد عليهما ان يحتفظا بآرائهما في باطنهما، ولا يشغلا بها الناس. هذه الرسالة وُجدت في الأسقفيات لشهرتها. المحصله هو انتصار الإمبراطور للأسقف إسكندر ليضمن قمح مصر ومحصول العنب السنوي وحرم آريوس وَحَرّم تعاليمه وحكم بهرطقته كي يرضى الاغلبيه من الرعيه ويصير بذلك نصير المسيحيه. وأردف ؛

في العام 336م دعاه الإمبراطور من منفاه الطويل باسبانيا، ليوّفق قسرا بينه وبين أسقف الإسكندرية كي يضمن هدؤ الحال، فتم اغتياله بالسّم ومات ميته مخجلة لاانسانيه.

خرج ممدوح عن صمته قائلا ؛

تفاقمت الصراعات الكنسيه في الإمبراطورية الرومانية خلال قرون ما قبل الفتح الإسلامي واتسمت بطابع عنفي بليغ تزامنا مع ضعف من توالى من اباطرة بعد قسطنطين. كان بابا المدينه العظمى كيرُلّس وهو ما أُطلق على مدينة الإسكندرية آنذاك شديد القوة وعالي الهيبة وقد احتدم الخلاف بينه وبين حاكم المدينه اوريستوس حتى اعترض رجال الكنيسة طريقه وتم رجمه بالحجارة، مع انه مسيحي وقد عُمّد أيام شبابه هنا في أنطاكيا على يد يوحنا فم الذهب، كان ذلك في بدايات القرن الخامس الميلادي.

احّمرّ وجه الياس مُغاضِبا فقال ؛

مع ان المسيح في بدء بشارته، نهى اليهود عن رجم العاهرة في الواقعه المشهورة التي قال فيها: من كان منكم بلا خطيئة فليرجمها بحجر.

وأردف ؛

عُرفت الإسكندرية تلك القرون بعاصمة الملح والقسوة لهول ما مارسه جماعة سُمّو محبي الآلام ضد الوثنيين واليهود بدعم من الكنيسة، مستشهدين بقول المسيح: ما جئت لألقي في الأرض سلاما، بل سيفا.

على حد زعمهم. أضاف ؛

بل شملت رعونة قساوتهم حتى المسيحيّن المعارضين لهم، فقد قتلوا اسقف مدينتهم جورج الكبادوكي ومزّقوه في الشارع الكبير

على مرآى من العوام لاتهامه بالهرطقة وبمناصرة آراء اريوس، فخنع الإمبراطور جوليان وهو المرتد من المسيحيّه فاصدر مرسوم عفوهم . تستّمد الإسكندرية جبروتها أساسا من الرسول مرقس الذي استقر بها فقد كانت واجهات بيوتها وجدران كنائسها مزيّنة بصوره وبجواره الأسد الرابض.

ساد صمت لبعض دقائق وكأن الجميع يحاول استخلاص شيئا ما.

ثم قلت ؛

ذات المعضلة تنطبق على جميع الأديان، اذ غالبا ما يكون الجهلة والعوام وطبعا بايعاز من رجال الدين أنفسهم لغرض في نفوسهم، سببا في تشويه حقيقة الإيمان وبالتالي قدرة الدين على مخاطبة قلب الانسان وعقله في كل زمان ومكان. لقد استهزأ الوثنيون قديما بإسراف أهل الدين في الأوهام وعبر العصور ينبري المستهزؤن من خرافات الديانة ويحاولون طرحها فيطرحون الديانة بجملتها ، فتفقد معنى الإيمان القويم.

عاود الغضب ملامح الياس وقال ؛

بالفعل لقد حمّل العوام المسيحية مسؤولية سقوط الإمبراطورية الرومانية في قبضة المسلمين، فبعد موت كيرُلّس تدفقت انهار دم في الإسكندرية وأمعن أهل الصليب في تخريب المدينه وقتل غير المسيحيّن بل وثاروا على اسقف مدينتهم بروتيروس، ومزّقوه إربا واحرقوا جثته. فكان قتل كثير بتلك المدينه العظمى.

علا وجه ممدوح الحماس فقال ؛

كان ذلك في العام الخامس عشر الهجري الموافق للعام 636م عندما فتح أبو عبيده الجراح مدينة أنطاكيا. ولمّا توالت عليها الهجمات البيزنطية وفيها أغلبية من نصارى الأرمن والأرثوذكس،

حصّنها معاويه بن ابي سفيان بالعرب المسلمين استقدمهم من دمشق وحمص ومن لبنان والعراق.

وأردف ؛

بشكل خاص المدن الواقعه شمال أنطاكيا وهي مرعش وطرسوس وملطية.

عبرتني سحابة أسى قلت ؛

استمر حكم العرب لأنطاكية ثلاثة قرون قبل ان تسقط في براثن الدوله البيزنطية في عهد الإمبراطور نفورفوقاس عام 969م، وقد احدث سقوطها دويّا هائلا في العالمين المسيحي والإسلامي.

وأوضحت ؛

عمّت فوضى شديدة الوطأة على سكانها، وقتل منهم الكثير وهُجّر من بقوا احياء واستقدموا الأرمن والسلاجقة. ثم جرى الاقتتال بينهم وبين البيزنطيين حتى استولى القائد الأرمني فيلا ريتوس على المدينه وقتل حاكمها البيزنطي بعد ان سيطر على مدينة الرّها.

استكمل ممدوح قائلا ؛

اثناء حكم السلطان السلجوقي الشهير، ملكشاه بن ألب إرسلان، الذي قاد دولة السلاجقة والتي سيطرت على فارس والعراق وأجزاء من الشام بداية القرن الحادي عشر الميلادي. كان عسكري تركي، باغي سيان حاكما على أنطاكيا، وكان اخ السلطان تتش بن ألب إرسلان يحكم الشام .

تابعت حديثي وقد شحذّت الذاكره ؛

حدث قتال بين تتش وزعيم سلاجقة الروم سليمان بن قتلمش وهو من حرّر أنطاكية بعد تسعة عشرومائه عاما من حكم الدوله

188

البيزنطية، كان ذلك في مستهل القرن الحدي عِشر الميلادي العام، اثناء القتال، قُتِل سليمان وحكم تتش أنطاكيا حتى.

واضفت ؛

لكن السلطان إرسلان نزع حكم أنطاكيا من أخيه وأعاده الى باغي سيان، بعد وفاة تتش حكم أولاده كل من حلب ودمشق.

اثناء حصار الجيوش الصليبية لمدينة أنطاكيا وذلك في مستهل القرن الحادي عشر الميلادي، طلب باغي سيان النجدة من حكام حلب ودمشق أولاد تتش، ولكن تأخروا عن نجدته. اضافه الى جيوش الصليبيين، كان الجيش النورماندي بقيادة بوهيمند يحاصر المدينه من جهة الشمال، وهو بذلك يحي حلمه القديم ويحقق أمنية ابيه روبرت جويسكار زعيم النورمان الإيطاليين في السيطره على أنطاكيا، كذلك فرقة بقائد من الدوله البيزنطية، ليحفظ للأخيرة حقها في حكم أنطاكيا. إزاء كل هذه الصعوبات وما نجم من اهوال الحرب والحصار تمكّن بوهيمند من الفوز بحكم أنطاكيا بعد ان استعمل حنكته ودهائه في التخلص من منافسيه.

29

صحوت فجر اليوم التالي وبي حنين الى عاطفة كتلك التي تسكب من بين أناملها وتتوهج في عينيها فتبعث في روحي الصحو مع اول إشعاع للشمس الكسلى، حملني طائر الذكرى المزدحم عبر سحاب فائق السرعة الى ذاك اليوم في مكتبي بسفارتنا في بكين اثناء زيارتها القصيرة للصين لمّا تعذّر سفري الى الشام وتفاقم هياج التوق. غادرت البيت باكرا ذاك اليوم دون ان اصطبح بنوروجهها ودفء عناقها وخرجت هي بصحبة موظف التشريفات، لزيارة اهم معابد بكين الكثيره، بعد منتصف النهار هاتفتني قائله ؛

افتقدك،

ولمّا تأخر ردّي . أوضحت ؛

احتاج نسيم انفاسك بقبلة او عناق.

بعث صوتها في أوردتي بموجة رعشة سلبتني من حذري المعتاد اثناء تواجدي في مكتبي، وما كنت بنيّة اعلامها عن امر تجسس سونيا اذ ان هذه الأخيرة خارج الصين أيامها. كأنها شعرت بترددي فقالت ؛

لا تفصلنا البحار والمحيطات الآن يا مولاي .

توالت الرعشات، فأجبت ؛

وهو كذلك، سأنتظرك في مكتبي بالسفارة.

بعد قرابة الساعة أتاني طرقها على الباب، فتحته قبل ان تنتظر إذنا.

دخلت بهالة التوق الناطق في ابتسامتها المثيرة، نهضت من مقعدي مرتديا ابتسامتي المتواريه، هي شفرة شهوتي الصامته لها. عانقتني تحوّطتها ذراعي وقبلّتها بما يليق نداء شهوتي. حملتني قدماي الى مقعدي وجلست هي على المقعد في الطرف الآخر من مكتبي.

كانت متوهجة برداء صيفي كاشف صدرها والتحام نهديها ممّا يرسل تجاهي إشعاعا دون حاجة النظر اليه. كانت تتعانق نظراتنا مصطنعين تجاهل نداءاَتها، آثرنا الإشباع بذاك القدر المتاح وهو مالا يتفق وجموح رغبتي، بعد لحظات حدث وفار تنوري.

تركت مقعدي خلفي واستدرت لها، هبّت واقفه تعانقني بينما أنجزت أناملي مهمة فتح أزرار ثوبها فسقط على قدميها، استدرت بحركة سريعة فأدرت قفل الباب ونزعت ملابسي كانت ترمقني بفخر امتزج بزهوة النصر، أمسكت بها الى الأريكة فاتممت عريّها، بارك نهداها لهفتي لعلمه باني اموت دونه. كانت سكرة عشقية، فاقت ممحاة الذاكرة في وقعها .

غادرت أنطاكيا في اليوم الذي يليه متوجها الى باريس، يملاني الشجن ويحدوني أمل ان أحظى بعناقها كسالف الأيام، بعد ان خلّف صدّها وتمنعها مؤخرا شرخا في صلب توحدنا عبر السنين.

هاتفتها فور وصولي، صدمني هاتفها المغلق، عاودت الاتصال أتاني صوتها مضطربا ؛

انني خارج باريس.

التبس عليّ الامر فقلت ؛

ماذا تعملين ؟ واردفت ؛

برفقة من ؟

أجابت مقتضبة ؛

سأخبرك حال عودتي.

سألتها ؛

ومتى عودتكِ ؟

أجابت بذات الاقتضاب ؛

قريبا.

أسرعت فقفلت خط هاتفي قبلها.

حاصرتني الأفكار النزقة، لم يسبق ان أخبرتني بأنها تغادر باريس لامر ما حتى انها لم تستهوي سؤالي كعادتها، بدالة اقتضاب جوابها.

احسست بقشعريرة في باطني، بوجل عميق يرتادني من شيء مجهول، نزعتني منه ذاكرتي الملتبسة، ترى ما كنه ما يجري بيننا، أهو بسبب مواجع ألمّت بِنَا خارجه عن إرادة ذواتنا، استشهاد ابني في معارك حلب باكرا وكيف انزويت بجرحي النازف حتى عنها رغم استماتة إصرارها على المشاركة في الويل كي تسلبني من انكفائي على صحراء ذاتي الجرداء. أعقبها بسنتين تنيّحت والدتها، بعد ان تجلّت حاجتي لها وبعد ان لملمت أشواقي الغائرة في جوفي لتضيء عتمتي في أحضانها غير اني افتقدتها، من يومها وانا أعيش تيه الروح، اغالب قساوة كل ما حولي من بواعث اليتم العاطفي والعراء الوطني.

فضّلت تقليص زياراتي ومدّتها إبّان عزاء والدتها، احتكمت بتجربتي في تغليب الانكفاء حين تتغمر الروح بظلال الحزن فتتشوه كل الوجوه.

مضت عشرة أيام على عودتي من أنطاكيا، وفي صبيحة يوم رنّ هاتفي النقّال وجاءني صوتها؛

ألو، أنعمت صباحا.

وردّ صوتي باهتا ؛

صباح الخير.

قالت وقد لمست فتوري ؛

كيف حالك أأنت بخير، وأضافت ؛

أمس عدت الى باريس، وتساءلت ؛

متى سأراك ؟

سأهاتفكِ غدا صباحا.

اختتمت قائلة ؛

غُدت بخير.

30

في اليوم التالي هاتفتها ظهرا وأبلغتها باني سأراها بعد السادسة مساء.

ذهبت لموعدي يعانقني القلق وتتحاشاني اللهفة، كان استقبالها ودودا تبادلنا قبلات التحية بوجل ممزوجا بأمل ودعتّني للجلوس حيث أخذت مقعدا مقابلا قائلة ؛

دعني انظر في عينيك، وأوضحت ؛

وهج عشقك يكمن في عينيك ويرسل إشعاعا.

كانت تتوق لابتسامتي المتواريه، ولكني خذلتها بحبسها في باطني.

واصلت متسائلة ؛

كيف كانت مهمة أنطاكيا لكم انا مشتاقة لتلك المدينه.

اجبتها ؛

وأنطاكيا تحن لكل مواطنيها السوريين.

في المقابل ودّت لو سألتها عن رحلتها خارج باريس، ولكني ارتديت قناع اللامبالاة. حتى قالت ؛

هناك تجمع للاجئين السوريين أشبه بالمخيم في موقع قريب من الحدود البلجيكية وهم بحاجة الى المساعدة الإرشادية واللغوية فضلا عن الماديه اصطحبتني صديقتي غادة معها الى هناك.

ولمّا امتنعت عن ابداء رأي او سؤال لمرارة ما انوء به وقسوته حتى تلاشت فيه روحي وسقمت وجداني، استأذنت لتحضير قهوتي.

عادت تحمل صينية القهوة بعد دقائق وجلست في ذات المقعد المقابل.

قلت بصيغة الاعلام ؛

قد اسافر الى مكة لقضاء فريضة الحج.

لم تبدي دهشة ولكنها سألت ؛

هل ستذهب بمفردك ؟

اجبتها وانا لا أزال أحتسي القهوة ؛

بل برفقة بعض الاصحاب الذين اجتمعت بهم في أنطاكيا.

ومتى سيكون ذلك ؟ سألت،

ربما بعد عشرة أيام اذا صدق عزمي.

كنت أجيبها وذهني يتشرّد عبر رغبة بُييّتت في عروقي، ترتادني حتى أضحت تعصف بي، غير ان وجلا يشدّ خافقي يعصرني يكاد يخنقني شعرت بالإغماء واستندت الى ذراعي المقعد، فزّت من مقعدها قادمه نحوي هلعة قالت ؛

ماذا بك يا دَاوُدَ

بتحامل جهيد أجبت ؛

يبدو اني معلول بقلق وإجهاد.

ألقت بيد على كتفي والأخرى مسكت بذراعي قائلة ؛

انهض كي ترتاح على السرير.

مشيت مستندا اليها حتى بلغت حجرة النوم، فتهالكت على السرير في ما يشبه الاغماءة، فقط احسست بها تنزع عني حذائي وأخذني نوم عميق.

فقت ظهر اليوم التالي، فوجدتني في ملابسي الداخليه، يبدو قد نزعت عني البنطال والقميص اثناء اغماءتي، التفتّ حولي فلم اجدها بجانبي او في محيط الغرفة، استجمعت قوتي فجلست ثم نهضت فخطوت في اتجاه الحمام حتى بلغته وهممت بفتحه، سمعت خطواتها تتقدم نحوي، أدركتني قبل دخولي فقالت ؛

دعني أساعدك، حمدا لله على سلامتك.

اجبتها ماسكا بمقبض الباب ؛

شكرًا يمكنني فعل ذلك.

قالت بحذر ؛

حسنا، لا تدر قفل الباب.

حنو صوتها اخترق بدني بطاقه، فتدوشت بالماء الفاتر وبرغوة سائل صابون النرجس الذي اعشق رائحته فما بال اسمه ! عبقت الذكرى بعبقه فمسّني شجن، ولكني تحاملت فبلعت غصتي حتى انهيت استحمامي.

كانت تنتظرني خلف الباب، فتحته وامدتني بمنشفة هي الأخرى هيّجت دمع الحنين ! واحدة من عدة مناشف احتضنت جسدي في شقتها بشارع بغداد الشام منذ بضعة سنين! يبدو انها تعاقر كل شوؤني ما عداي !

اقتحم صوتها كياني فهجّت الذكرى مرتعشة اذ نادتني من خلف الباب؛

هل انت بخير ؟

اجبتها بصوت متهدج ؛

انني بخير.

وددت لو قلت لها كيف لي ان أكون بخير والاسى يفترسني بأنيابه !

تحملين شوؤني صغرت ام كبرت وترحلين بها أينما تذهبين وانا في عراء الكون خارج احضانكِ !

وددت لو سألتها كيف تحتملين رؤيتها لا تتحضّن جسدي ! أهو مزروع فيكِ فلا يؤسيكِ ظله !

وددت وياما وددت ولكنها اقتحمّت الحمام كي تطمئن عليّ وتخرجني من جنوني ! قائلة ؛

هل يحلو لك ان ترعبني خوفا عليك ؟

ولمّا وجمت، أردفت وهي تقترب مني ؛

أرجو ان يكون الإغماء قد رحل.

انشاء اللّه.

واردفت ممازحا ؛

خوفا منكِ.

قالت مخاطبة نفسها ؛

عللّني لا اخيف إلاّ الشر.

وددت لو سألتها ؛

وهل انا شر. فتجيب ؛

ما تعني ؟

اردّ بالقول ؛

خوفا منكٍ اُصبّت بالإغماء.

ولكن الحق يُقال، ان الإغماء أنقذني من نفسي ومن موقف لم اُطق احتماله.

خرجت من الحمام بعد ان سبقتني للخروج، فوجدت قد هيأت لي ملابس أخرى غير ما نزعتها حين اغمائي. عادت بعد دقائق لتدعوني الى تناول الغذاء، حضنتني من الخلف بتحنان جارف فاستدرت وقبّلتها قبلة ملائكية.

جلسنا الى الطاوله هي عن يميني كعادتها، مضت برهة من زمن عمرنا افتقدنا فيه وهج الشوق ونيران اللهفة، افتقدنا استكانة النفس الى زوجها بتنا مجروفين بإعصار الحنين ومسكونين بلفحات الحسرة وبانتهاك الروح.

قالت ؛

دع بدنك يستأمن لحيز من وقتك العدّاي كما الريح.

وأوضحت ؛

ابق معي ليومين كي اطمئن عليك.

اجبتها ؛

بل عليّ ان اهرع لحزمة من الالتزامات، واردفت ؛

معي رفاق بالشقة وننتظر وفودا قادمة اليوم إضافة الى كثافة جدول اجتماعات لاحقة.

قالت يائسة ؛

دوما ترجّح ما في رأسك.

قلت عاتبا ؛

الا تذكرين ما قاله ماياكوفسكي "العمل وانتظاركِ هما فرحتي الوحيدة في الحياة ".

أجابت بابتسامه ماكره ؛

كيف لي ان أتجاهل غريمي.

قلت ملتاعا ؛

خذيني عندما أكون بين يديك وفي حوزتكِ.

لقي الوجوم مكانه، حين امتنعت عن أي تعليق بل تغشّتها حيرة مفاجئة بدت في سحنات وجهها ممزوجة بحمرة غاوية.

تظاهرت بانشغالها في الاكل لتخفي توترها وحرجها، واصلت تناول ما تبقّى في طبقي كمن يشير لقرب انصرافه، هي تتبعني بجوارحها، أأنت في عجلة من امرك ؟

سألت وهي تنهض متجهة للمطبخ. ثم أردفت ؛

سأعد لك قهوتك.

غابت لدقائق بينما اتهيأ انا للانصراف وعادت بالقهوة، احتسيت فنجاني مسرعا ومتوترا وهي ترقبني بنظراتها المتحننة كطفلة ترمق والدها الذي عادة ما يطول غيابه.

عانقتني لدى الباب، قبّلتُها وفي روحي لظى وجسدي يشتعل كلهيب القش في البيدر.

انصرفت اجر جسدي المشتعل وخيبة روحي الظمأى. كما سبق وانصرفت من قبل ولكن ماذا بعد. هي المرأة التي لاتزال تشعلني ولكن تأبى ان تطفيني وتتملكني الحيرة، بين مخالبها، يتسلل الخوف من المجهول.

199

31

مضى ما يناهز الأسبوع، انغمست خلاله بارتباطات واجتماعات متواليه.

هاتفتني مرتين تسألني عن صحتي ولم تسألني عن باطني المحموم بالشوق .

بات من المؤكد قرار سفري الى مكة بصحبة عدد من الرفاق لأداء فريضة الحج، وحضور بعض اللقاءات على هامش هذه المهمة المقدّسة .

خابرتها لاعلمها بذلك وإني سأراها مساء اليوم. كنت متصحرا ، روحا وجسدا وقلبي شديد الخفقان كأنه يتوجس امرا ، نومي سلسلة وسنات متقطعه بكوابيس شتى، أرى ملائكة وشياطين ويلوح وجهها بعيدا فلا اتمكّن من تحديد قسماته.

وصلت شقتها متأخرا ، كانت صديقتها غادة في ضيافتها ، بررت ذلك بقولها؛

تعوقّت أطول بكثير من عادتك في التأخير.

اجبتها مجاملا ؛

لا أكون انا اذا تلاشى التأخير.

امضينا بعض الوقت نتحدث بمرارة وبأمل عن اخبار سوريا ، الوطن المفقود.

ثم انصرفت غادة، وبتنا بمفردنا كالمعتاد اذ نادرا ما يصدف وجود ثالث في حضوري، هذا ما حرصت عليه باستمرار.

سألتني فور خروج صديقتها ؛

هل عقدت العزم على الحج ؟

اجبتها متململا ؛

انشاء اللّه، بعد يومين.

سألتني ثانية ؛

أأنت جائع، وأضافت ؛

هل لي تحضير مائدة العشاء الآن ؟

اجبتها بذات النبره ؛

كما تُحبين.

ولكن صوت اخرس يصرخ في أعماقي بل تحضري لاخذك على مائدة العشق المصروع بسهامكِ.

اتجهت لفعل ما ارادت واتجهت انا لتخفيف وطأة ملابسي في غرفة النوم.

جلسنا الى المائدة نأكل ونتحدث في كل شيء حتى التوافه الا شأن قلوبنا حُجر علينا كما حُجر على جسدينا، نُطعمهما قوتا ممجوجا ونتجاهل عوائهما لتلبية حاجتهما القدسية.

هكذا، حتى انتهينا من مهمة الاكل الشاقة، قادتني قدماي لغرفة النوم تنفيذا لشفرة انطلقت من رأسي، تمدّدت لإراحة جسدي المهتوك وأخذني الوسن.

لم ادرِ بالزمن، ولكني صحوت على حركتها بجانبي، درتُ نحوها كانت برداء نوم اسود يعرّي نهديها القديسين، لم افكرمليا

بل اقتربت منها، جلّست ظهري الى السرير وطلتها فقبّلتها بنهم السارق المحروم، مددت أناملي فحضنت راحتي احدى نهديها وطمعت في الآخر وهو يقترب مني فعدلت بالقسط بينهما براحتيّ ثم بشفتيّ الملتاعة والملتهبة بشرار جسدي.

احسّت بحُمّى الوطيس فبدأت تنسحب وتتملص من ذراعي، شرعت بإحكام قبضتي، نهرتني بقولها "أهو اغتصاب"، هنا شعرت وكأن خنجر سُدد الى صدري فسال قلبي الى قدمي، بحركة دراماتيكية وعفويه نهضت فارتديت ملابسي وبسرعة محمومة خرجت من الشقه جريا على السلالم الى الشارع، أوقفت تاكسي عابرا امامي وقذفت فيه جسدي المرتجف كنخلة باسقة تهزّها ريح عاتية.

بلغت شقتي بشق نفسي وقذفتها فوق سريري وانا اهذي بقولي" كم هي بارعة باكتشاف مقتلي ".

"كم هي حاذقة في اكتشاف مقتلي ".

هكذا أخذتني دوامة الهذيان حتى تغشّاني النعاس والنوم، هذه الرحمة الآلهية التي شمل بها الله كافة الكائنات من مخلوقاته .

32

صحوت فجر اليوم التالي مصلوبا في ملاعب الشك والظنون.

ظللت اجلد روحي بالسؤال ذاته وهو ما سبب ما حدث، لماذا تلتّذ بعذاباتي وتستهونها وكأنها غريبة عني، لماذا تقتل فيّ الرجل لتعبد وهما غير انا، وهي المرأة الحقيقيه من رأسها حتى كعب قدميها كما خبرتها، ماالذي يرغمها على بناء حائط الجليد بيننا، أهو رجل آخر ام رغبة في اذلالي، اواموراخرى اكثر تعقيدا لا تريد الإفصاح عنها كي لا تجرح كلانا وحبنا، الم تعتقد او تتخيل باني قد آخذ من هذه التكهنات والاتهامات متراسا أصد به الرماح التي تنال من رجولتي.

برغم كل شيء، الم تتأسّى على ما ضاع من عمرنا طيلة الثلاث سنوات الأخيرة امضيناه نمشي على زجاج مطحون، لماذا كل هذا الجلد لروحينا، أقول لها ؛

انك تهينين فيّ أعز ما يملكه رجل دون ان تدركي ذلك، قد رجوتكِ ان تعيدي النظر في صدكِ لي طيلة هذه السنوات الثلاث، كان الصمت بيننا اكثر من الكلام، كان البعد اكثر من القرب، كان الوهم اكثر من الحقيقة، كان الرفض اكثر من القبول، كان التحايل اكثر من المواجهة.

أضحيت أريدها بمقدار رفضها لي لأخذها، أريدها بمقدارما لا أستطِع اخذها، ولكني أستطيع ان اخذها بمقدار ما ترفض هي ذلك، واعلم بأن رفضها هو بمقدار ارادتها الاحتفاظ بِنَا معا في حياة كلانا. ما اصعب هذه المعادلة وما ارهبها، اذ ان شجاعتي تكمن في هزيمتي كما حدث يوم أمس. يوم وددت اسقاطه من روزنامة عمري كي أنساه.

هي المرأة الوطن الذي يحتويك دون غيره، جذور حبها تستعصي على القلع، هي الخصب الذي يروي الروح اليباس، هي المرأة الشمس التي تشرق في حياتك دون غيرها، هي السحابة التي تهوى ظلالها ومطرها في آن.

عذابك في قربها اهون من عذابك دونها حين ينبض قلبك في فراغ وان كان دائما عذاب جارح، صهوة تستعصي على الترويض.

آه كم انضح مرارة، وكم يغالبني النسيان، لا استطِع ان ابعد عن وريدي شفرة الخيبة التي ثابرت بقصد او دون قصد لتجعلني اجترعها دون هوادة طيلة الفترة الأخيرة،

أتساءل كيف أضحت معي هكذا، أفكر بها ليلا ونهارا، أحيانا أقول لنفسي سأتجلّد كما يوحي لي سلوكها وأحيانا اريد ان أدافع واهاجم وأغير أسلوبي، أصبحت ادخل شقتها فوق حطام جسدي، في الوقت الذي أريدها بين ذراعي ولكن اعلم ان ذلك لن يحدث، فقط تريدني اتكوم أمامها مثل قط أليف يرتجف من الخوف. واسائلها ؛ لماذا أصبحت معي هكذا، انت تعرفين باني أتعذب وتعرفين ماذا اريد، تعرفين انني أغار واحترق وأشتهي، تعرفين انني حائر وإني غارق في الف شوكة برية. ولكنكِ تعرفين أيضا باني لن أكون ملحاحا كالعلق.

انت كما يبدو أحيانا لا تريدين آخذي، تخافين مني او من نفسك او من غير لا يعنيني. ما يعنيني بان أصابعكِ قريبة مني، تحوطني من كل جوانبي كأصابع طفل صغير حول نحلة ملوّنة، تريدها وتخشاها ولا تمسكها ولا تطلقها ولكنها تنبض معها .

وأقول لكِ اني احس نحوك هذه الأيام بالذات، بشهوة لا مثيل لها ، انني اتّقد مثل كهف مغلق من الكبريت، بعد ان شعرت باني أذوب بالانتظار كقنديل الملح.

كيف انخلعتِ عني وعفتني ايتها المرأة الطليقة كالحمامة، كيف سُلّت مرساتكِ من عشبي وتركتِ بحري، كيف لم تطبق كفاي عَلَيْكِ مثلما يطبق شراع في بحر التيه على حفنة ريح.

دونكِ لست الا قطرة مطر ضائعة في سيل كنت اعلم بان حبنا اكبر من ان يُخفي او يضمر وانه أعمق من ان يُطمر.

بعد ان كان انتظاركِ عمري، وحضوركِ ولادتي، وغيابكِ ضياعي وكان وقع يدكِ عليّ دائما ولادة لشيء رائع ومتوهج، مثل ومضة لهب، كان دائما شيئا خاصا وشخصيا ولا يُعوض اذ ليس له مثيل.

كنتِ دائما لغتي الخاصة التي لا يفهمها احد سواكِ.

في عينيكِ مرساتي وشغفي وجنوني، وعلى صدركِ وسادتي وحلمي وشجوني.

أقول لكِ ليس ثمة الا ان انتظركِ في حضورك كما انتظرتكِ في غيابك، انتظرك تحت تطاير الكلمات من شفاهنا وتعانقها، انتظركِ فوق حقول الطحلب غير المرئي الذي ينمو في راحتينا عندما تمطرها الملامسة، انتظركِ فوق جسر تشده اهدابنا الى بعضها حين نتبادل النظرات .

ان الانتظار، كان وما يزال حفرة بيننا، استطعنا ان نقفز فوقها عبر جسور صنعتها أوردتنا واهدابنا.

سأظل انتظركِ وأريدكِ، انني احبكِ كما لم افعل في حياتي، بل اجرؤ على القول كما لم يفعل رجل وسأظل، اشعر ان أيام عمري معكِ ستظل تمطر فوق حياتي الى الأبد.

انني اعلم ان بوسعكِ ان تقتحمي عالما من حولك على منقار صقر بفضل ذكائكِ وموهبتك وبفضل عظمة انوثتكِ والقكِ الآخاذ المفعمين بالكبرياء.

لكني اعلم أيضا بعظمة حبك وتضحيتكِ وبأننا تواثقنا على ان ليس في العمر متسعا لسعادة أخرى، ان المرأة توجد مرة واحدة في عمر الرجل ومثله الرجل في عمر المرأة، وعدا ذلك ليس الا محاولات تعويض.

ليس بوسعي ان اطمر الزهرة الوحيدة في عمري لأي سبب، وان رغبتي في ان القاكِ هي بقوة زهوتي وشغفي بلقاء طفولتي. انت تخفقين في راسي مثل جناحي حمامة طليقة، امام بصري، ينتثر ريشها على جسر الانتظار، يخفق في بدني توق لعناقكِ وكذلك ندم.

33

شعرت فجاة برياح إعصار تمخرني قادمة من سنين مضت فلجم قلبي رهبة مما هو آت، ما هي الا لحظات حتى جرفتني دوامة عبر ذلك اليوم، كان الآوان خريفا وانا لتوي قادما من الصين لقضاء إجازة خاصة في الشام بقربها، حينها كانت غاضبة لندرة اتصالاتي بها، إذ اني لم اعلمها قط بما أعانيه من مأزق، جُرّاء تجسس سونيا والتنصت على مكالماتي لصالح مخابرات دولتي.

هاتفتها عدة مرات فاستنكفت عن الرد، كررت اتصالاتي يوميا تجيب لتعتذر بانشغالها، بدت كأنها اتخذت قرارا جارحا، ولمّا زاد الحاحي قبلت على مضض زيارتي لها.

بلغت شقتها في شارع بغداد حسب الموعد، وجدت بابها مواربا، ادركت بأنها تتجنب لقاء نظراتنا، دفعت الباب وأغلقته برفق خلفي، دخلت فظلّت جالسة كي تتجنب مصافحتي، جلست بعيدا عنها ولكن قبالها، تحدثنا كما يتحدث البكمان والعميان، حاذرت النظر في أي اتجاه عدا الأرض تماما كالطفل المعاقب من مدرّسته في الفصل، هي تسترق النظر الى وجهي بتحنان موارب، حذار ان تتلاقى اعيننا.

طال وضعنا بتلك الصورة المقيته، ثم فككت قيدي وتقدمت نحوها، ثم زادت جرأتي وانحنيت لاقبّلها، نهرتني قائلة ؛

ابعد عني لو سمحت.

تراجعت للحظة وظللت واقفا قبالها انظر اليها وكأني استجديها ان تنظر إليّ ثم عاودت محاولة تقبيلها عادت الى نهرتها باشد حدة. رجعت الى مقعدي مكسورا متجلّدا ، مكثنا لبعض من الوقت على نفس الوتيرة ، ثم قلت متسائلا ؛

هل تودّين ان انصرف ؟

ترددت ـ في إجابتها ثم هزّت كتفها بالقول ؛

جلست او انصرفت، الامر سيان.

ظللت جالسا ولكن هذه المره احدّق ـ في كل شيء منها ، وجهها شعرها حركات أناملها وثوبها عاري الصدر والذراعين حتى درت بنظراتي يميناً ويسارا وكأني استزيد من حاجة لي هنا أوشك ان أفتقدها. هي لا زالت نظراتها مخطوفة إليّ بذات الشكل ولذات الغاية شرط ان لا تتلاقى احداقنا ، هذا ما يعززه جوابها لي.

اخيراً نهضت واستأذنتها الانصراف، ما علمت كيف حملتني قدمايّ خارج الشقة بسبب ما أصابني من خور لكامل قواي، هي لم تتحرك بدت وقد أصيبت بشلل ـ في أعضائها وسقوط قي قلبها.

خرجت من شقتها جسدا مسلول الروح، ما استفطّنت الا وانا ـ في بيتي بابي رمانه. ـ في اليوم التالي كانت تحلق بي الطائره عائدا الى بكين.

ظلّت تلفحني رياح ذاك اليوم الذي اسميته بيوم المقصلة ، فاتمزّق اشلاءا مبعثرة يتطلب مني مجهودا فائقا ، للمتها وإعادة تجميلها. حتى كان صباحا و بعد عشرة أيام من وصولي الى بكين، أثناء جلسة اجتماع كنت احضره خارج السفارة ، رنّ هاتفي الجوال ولما لمحت رقم هاتفها رددت بلهفة مجنونة لاقول لها ؛

انا في اجتماع سأهاتفك بعد لحظات. ما كانت سوى لحظة استأذنت من المجتمعين لامرطارئ وما كنت قد فعلتها لا قبل ولا بعد ذلك اليوم طوال حياتي العملية. هرعت فدققت رقم هاتفها، أتاني صوتها مخنوقا بأزمة يستنجد لانقاذها ؛

حياتي أين انت ؟

اجبتها مبلوعا بالحسرة ؛

للأسف انا في بكين.

أجابت كمن صُدمت بأسوأ الاقدار ؛

ولكنك في إجازة، كيف عدت هكذا وبسرعة.

قلت ملتاعا ؛

هذا ما حدث، واردفت ؛

رُدّت لي روحي للتو وقد سُلّت من جسدي .

ظللنا على طرفي الخط، كان الموقف شبيه بالمعجزة الربانية وكان توقنا لعناق بَعضُنَا ابلغ من الكلمات ومن الانّات التي بدت عبثا حيال ما ينؤ به وجداننا آنذاك.

بعد مضي ثلاثة أيام كنت على ذات الطائره عائدا الى دمشق. هاتفتها من المطار حال وصولي، ذُهلت لعدوي اليها وان لم تستكثر فعلتي، فقد كان عزاؤها دوما مصرع تجلّدي بقرار قاتل كهذا.

مكثت ثلاثة ايام اقتص من الكون بتجاهل مداراته، اشمس فترتع على شاطيء عشقي بجسدها الرملي، واقمر فيضيء شعاعها حدق كوكبي الدافئ.

خلالها لم نتحدث البته عن يوم مخاضها كما أسمته وهو يوم مقصلتي كما احسسّته.

حتى كان يوما بثثت شكواي لها بالقول ؛

ما كنت احسبكِ تقدمين على صدي ذلك اليوم.

أجابت معللة ؛

بعد اخر تهاتف بيننا لاح في ذهني قرار القطيعة والهجر ردًا على جفاك غير المعلن، ظللت اياما دهرا اروض عقلي على تبني القرار، تخاطفتني الاشباح والكوابيس طيلة ليال ليس لها فجرا، لم يكن عقلي الباطن يتقبل وجودا لا تكون فيه.

قاطعتها معاتبا ؛

ولما تتكبدين كل ذاك الهوان وانت تعلمين باني اضعف من ان اجفو.

أجابت بابتسامة باطنها الفكاهة ؛

طلّ وجه الهشاشة الحقيقي ذلك اليوم عندما نزعت قناع الشراسة الذي غالبا ما تبدو به.

قلت بمرارة ؛

الا معكِ.

قالت متسائلة ؛

ما سر تجاهلك إذن لمرارة فقداني حتى لصوتك ؟

بلعت غصتي وقلت ؛

اما علمتِ بان قاطرة حياتي ملغّمة بالمطبات عليّ ان احاذرها.

فما كان جوابها الا ان عانقتني بتحنان هامسة ؛ حياتي أيها الشقي.

بدت كما أحبتني والفتها منذ سنين، بثثت شكواي بصيغة اخرى لغاية تعتمل في جوفي فقلت ؛

اما صعبت عَلَيْكِ منصرفا استنزف ؟!

أجابت متألمة ؛

الم تلحظ يومها باني قهرت عيني اذ خصّمتها النظر لعينيك وأحرقت روحي لدى تمنّعي ملامستك.

تبيّن صدق اعتقادي فهدأت روحي. لعلّها لم تدرك بعد باني الرجل الذي يُقتل من الداخل.

أفقت على انين وجعي يوم أمس بباريس، يا الهي لكم رضوض الروح يطول شفائها. شكرًا للأقدار اذ ستاخذني خارج باريس غدا الى مكة، ربّ هنيهات قادمة لمداواة روحي.

34

في اليوم الذي أعقبه وصلنا مكة المكرمة حيث وُلد الرسول الكريم محمد ابن عبدالله خاتم الأنبياء والمرسلين وذلك قادمين من جدّه حيث هبطت بنَا الطائرة في مينائها الجوي الكبير، وحيث نوينا العمرة .

توجهنا الى الحرم المكّي حال دخولنا حدود ام القرى، غمرني خشوع عميق من هول عظمة قدسيته وهيبته الآخاذتين. تقدمنا نشق بصعوبة طريقا في مواجهة الكعبة المشرفة تتألق بثوبها الأسود وقصباته الذهبية، هي الكعبة الضاربة أركانها في تاريخ الخليقة يوم اقامها ابو الأنبياء سيدنا ابراهيم الخليل ودعى للحج اليها.

تمتعنا بالعمرة، فقمنا بالطواف حول الكعبة المشَرّفة سبع مرات وبالسعي بين الصفا والمروة سبعة أشواط ثمّ حلقنا شعورنا، غادرنا الحرم الى الفندق، نزعنا ما حرمنا به من اوزرة واغتسلنا ثم نزلنا ثانية نتجوّل في مكة المكرمة التي لا تنام ابدا.

افقنا فجرا على منظومة الآذان المنبعثة من مكبرات الحرم الشريف تدعوا الى التأهب للصلاة، فتزخ في الروح خشوعا وفي البدن طاقة لتلبية قدسية نداء الصلاة قبالة الكعبة في طهارة الحرم المكّي.

بلغنا صحن الكعبة بشق الانفس لتوافد الحجاج افواجا افواجا، الصلاة والابتهال الى الله في بيته وامام كعبته تبدو وكأنك ارتقيت السماوات العلا وبتّ في حضرته.

كان اليوم الثامن من شهر ذي الحجة وهو يوم التروية، وفيه يتوجه الحجيج الى منى حيث يقيموا صلواتهم ليغادروها صباح الغد الى جبل عرفات وهو يوم الحج.

لكم تستجدي الروح صاحبها ان يبقى عاكفا قبال الكعبة المشرِّفة، فوق صحنها المرمري الفريد في نصاعة بياضه وبرودته برغم سطاعة الشمس وحرارتها.

مكثت مليا ابتهل الى الله، ربي أعدني الى احضان بلدي واحضان حبيبتي حيث إليهما تنتمي روحي وتسكن نفسي، احسست بالدموع تبلّل وجهي، مسحتها واستدرت ابحث بعيني عن أصحابي فلم اجد لهم اثرا على مدّ نظري. اذ بدأ المصلّون يغادرون الحرم أمواجا.

فما كان مني الا ان سجدّت متواصلا مع الله في ابتهالي اليه حتى أخذتني غيبوبة.

لا ادري كم مكثت في غيبوبتي، لكني احسست وكأن احد يوقظني فاجلست نفسي، هاهم أصحابي قد بعثهم ربي لنجدتني بعد ان استبطأوا عودتي الى مقر إقامتنا، رفعت راسي الى السماء، كان الشروق قد بدأ للتو يصبغ الأفق باللون الأحمر الزهري، أسراب هائلة من الحمام تحلق عاليا بشكل دائري وكأنها تطوف حول الكعبة .

ذهبت برفقة أصحابي الى شقتنا حيث تناولنا فطورا غنيا بما يحتاجه البدن في مثل هذه الظروف ثم هجعت بقسط من النوم تخلله احلام وتهيئات شتى حتى افقت على أصوات زملائي يتهيأون لأداء

شعائر الحج ابتداء بمنى يرتدون اوزرة نظيفه وسمعت احدهم يقول ؛ كيف سنقضي اياما بمثل هذا الرداء، يتمازحون بفكاهة اجلستني ضاحكا ثم هرعت لأغتسل واستعد أسوة بهم.

وصلنا منى منتصف النهار كما هو مُقرر، بدى وكأنها فسحة للحاج كي يتأمل ويصقل إيمانه من خلال التلاوة في كتاب الله او قراءة في احاديث رسول الله او التسبيح والاستزادة من الذكر.

في خضم تلك الأجواء وجدتني مشدودا للتأمل في باطني، محزون الفؤاد منقوص السكينة ومظطرب الروح، فجأة هاجت نفسي وانفلتت من عقالها تناولت هاتفي النقال ودققت رقم هاتفها، انتظرت لحظات دهر حتى سمعت الرنين وانتظرت عمري كله حتى أتاني صوتها ؛

آلو.. آلو

وأجبتها معصورا ؛

آلو، كيفك وأين أنتِ ؟

هتفت مبتهجة ؛

انا هون بباريس واردفت ؛

انت كيفك مشغولة عليك كتير.

اجبتها وقد ادركت سبب قلقها ؛

الحمد لله انا بخير وكل شيء على مايرام.

قالت ؛

يخيّل إليّ انك تبذل مجهودا مضاعفا.

أجبت ؛

لا غبار على المجهود العضلي، المِحنة في المجهود النفسي ؛

تسألت باستغراب ؛

وكيف يكون ذلك وانت في رحاب اللّه ؟

اجبتها آملا تبديد ضباب روحي ؛

هنا اكثر ما يكون المرء صادقا ونقيا.

قالت ؛

وما الضير في ذلك.

أجبت ؛

قد يضير الآخرين.

قالت مستنكرة ؛

لم افهم ما ترمي اليه ؛

اجبتها؛

ما علمت معنى الاغتصاب قبل ان ينطق به لسانكِ.

ساد وجوم للحظات ثم قالت ؛

باللّه عليك، لم أكن اعني ما قلته.

قلت ؛

اما علمتِ بانه صرعني .

ردّت بألم ؛

وهل بي مثل هذه الحماقة.

ثم أردفت ؛

كيف ترعبك هذه الكلمة، يبدو وكأن ما تظهره من شراسة ما هو الا قناع تخفي وراءه كل هذه الهشاشة.

قلت ؛

معكِ، أتجرد من كل الاقنعة.

قالت متداركه ؛

سقطت الكلمة سهوا.

قلت ؛

اما علمتِ باني من الرجال الذين يسّهل قتلهم من الداخل.

قالت ؛

ملأتني خوفا عليك.

لمّا ساد وجوم، قطعته برجائها ؛

ورب الكعبة، اعتن بنفسك واهجر هذه الهواجس.

قلت معاتبا ؛

حجرتني دون إرثي وفي قلبي نبض.

قالت همسا :

لعمري، ما ابلغ عبارتك.

قلت ؛

انسيتِ بانكِ لؤلؤتي الدانه الفريدة !

ردّت بتنهيده اخترقتني، فبرأت.

بعدها أقفلت خط هاتفي بعد ان ودّعتها بقولي ؛

الى لقاء.

أشرق يوم الحج وبدأ الحجيج يتدفق أمواجا هائلة نحو جبل عرفات.

بلغنا جبل الرحمة، كان المنظر مهيبا على مدّ البصر، مئات الألوف واقفة تلبّي وتكبّر لله عزّ وجلّ.

مكثنا حتى الغروب، وقد ادينا كل من صلاة الظهر والعصر جمعا وقصرا، توجهنا الى مزدلفة حيث هجعنّا ببعض الوسنات تيمّنا بالرسول الكريم، في سحر يوم العيد غادرنا مزدلفة لتتمة شعائر الحج. بلغنا مركز رمي جمرة العقبة، وسط حشود الحجاج الهائلة تمكنّا من رمي الحصوات السبع والتي كنّا قد جمعناها من مزدلفة، مكبّرين ومتضرعين الى الله ان يتمّ لنا حجّنا ويقبله منّا.

بعدها حلقنا شعورنا لبلوغ التحلل الاول، ثم هرعنا في اتجاه المسجد الحرام، بلغناه بمشقة كبيرة جراء تزاحم الطرقات بمركبات الحجاج.

ادّينا طواف الإفاضة بخشوع مبتهلين الى الله ان يقضي حاجاتنا وجميع المؤمنين، تسنّى لنا الصلاة في صحن البيت العتيق بعد السعي حمدنا الله واثنيّنا علية، ثم شرعنا في مغادرة المسجد الحرام وهي ما تصعب على كل مسلم بعد ان حظي ببركته ونوره وسكينته، جلسنا على واحدة من ادراج الحرم التي تشبه المصاطب والتي تحيطه من كل جهاته الأربع.

قلت لاصحابي ؛

اليوم والآن بالذات ادركت القيمة والمدلول العظيمين ليوم عيد الأضحى.

أردف احدهم بقوله ؛

هو عيد الحاج ليس الا بعد ان تحمّل مشاق اداء مناسك الحج.

أجبته ؛

هو ذَا ما نشعره اللحظه وقد ظفرنا بالمبتغى .

قال آخر ؛

اللَّهُم يتقبّل منّا ويجعله حجا مبرورا.

همسّنا جميعا ؛

آمين.

35

في المساء اقفلنا عائدين الى منى لتتمة الشعائر تيمّنا بالرسول الكريم وهي قضاء ثلاث ليال ايام التشريق. هي منحة للحاج كي يتفكّر في روح دينه بتؤدة وسكينة ويريح جسده بعد عناء اداء المناسك ثم الظفر بالتزود في تلاوة القرآن والتواصل مع حجاج بيت الله من كل فج عميق للتباحث في أمور دينهم ودنياهم.

بعد ان تناولنا وجبة العشاء، جلسنا مع حجاج عرب بجوار خيمتنا نتحدث في مناسك الحج ومدلولاته العميقة.

قال احدهم ؛

ما ابلغ العبرة في تكرار رمي الجمار، الوسطى والكبرى بعد رمي جمرة العقبة، وهي الاستزاده بفضل التكبير طيلة ايام التشريق.

أضفت قائلا ؛

والظفر بمثل هذه اللحظات والفرص للتباحث في أمور الاسلام العظيم كما ورد في الآية الكريمة من سورة الحج " ليشهدوا منافع لهم ويذكروا اسم الله في ايام معلومات على ما رزقهم من بهيمة الانعام، فكلوا منها وأطعموا البائس الفقير".

أوضح حاج آخر ؛

بل ان هذه الآية تتمّة لما قبلها وهَيّ " وإذ بوأنا لابراهيم مكان البيت ان لا تشرك بيّ شيئا وطهر بيتي للطائفين والقائمين والركع

السجود، واذن في الناس بالحج يأتوك رجالا وعلى كل ضامر يأتين من كل فج عميق ".

قلت متحمسا ؛

وهنا مكمن كمال وشمول الاسلام العظيم، أعلنه وبوأ مكانه ابو الأنبياء سيدنا ابراهيم الخليل ثمّ بلّغ امانته واتمّ رسالته رسولنا الكريم محمد ابن عبدالله، خاتم الأنبياء والمرسلين.

قال آخر ؛

وهذا ما تجلى في الآيات الاخيرة من سورة الحج والتي تخاطب الذين آمنوا " وجاهدوا في الله حق جهاده، هو اجتباكم وما جعل عليكم في الدين من حرج، ملّة أبيكم إبراهيم هو سَمّاكُم المسلمين من قبل وفي هذا ليكون الرسول شهيدا عليكم وتكونوا شهداء على الناس، فأقيموا الصلاة وآتوا الزكاة واعتصموا بالله هو مولاكم فنعم المولى ونعم النصير " .

لحظتها حضرني كتاب قرأته لكاتب أمريكي اسمه مايكل هارت، بعنوان المائة العظام وكان الرسول محمد عليه أفضل الصلاة والسلام الاول على راس قائمة المائة التي تم اختيارها على أساس عمق تأثيرها العالمي، فقال الكاتب بان محمد هو الانسان الوحيد في التاريخ الذي نجح نجاحا مطلقا على المستوى الديني والدنيوي .

سأل احد الحضور ؛

وما هو ترتيب كل من عيسى وموسى عليهما السلام ؟

أجبت ؛

كان ترتيب عيسى الثالث وموسى السادس عشر في القائمة .

ساد لغط ممزوجا باستغراب وانبرى احدهم بالسؤال ؛

ما فحوى هذا الاختيار ؟ اجبته ؛

لم يبلغ كل من عيسى وموسى ما بلغه محمد في تأدية رسالته، فهو قد دعا الى الاسلام ونشره كواحد من اعظم الديانات وقد اصبح قائدا سياسيا وعسكريا ودينيا وبعد أربعة عشر قرنا من وفاته، فان اثر محمد عليه السلام ما يزال قويا متجددا.

انبرى اخر مقاطعا ؛

ان ما نحن بصدده هذه الأيام و من كل عام لهو ابلغ دليل على عمق تأثير نبيّنا محمد عالميا.

واصلت حديثي موضحا ؛

على الصعيد الديني، كان دور محمد في نشر الاسلام وتدعيمه وارساء قواعد شريعته اعظم واخطر واكثر مما كان لعيسى في الديانة المسيحيّه .

واوضحت بالقول ؛

على الرغم من ان عيسى عليه السلام هو المسؤل عن مبادئ الأخلاق في المسيحيّة، غير ان القديس بولس هو من أرسى أصول الشريعة المسيحيّة .

وهو ايضا المسؤل عن كتابة الكثير مما جاء في كتب العهد الجديد .

واضفت ؛

اما الرسول محمد صلى الله عليه وسلم، فهو المسؤل الأول والاوحد عن ارساء قواعد الاسلام واصول الشريعة والسلوك الاجتماعي، كذلك السلوك الاخلاقي واصول المعاملات بين الناس في حياتهم الدينية وايضاً الدنيوية.

أضاف احدهم ؛

كما ان القرآن الكريم قد نزل عليه وحده، وما كان بقارئ وقد تجشّم عناء حفظه وتحفيظِه، وكان اكثر العرب في ذلك الوقت وثنيين، يعبدون الأصنام، الا قلة من اليهود والنصارى، حتى وجد المسلمون في القرآن الكريم كل ما يحتاجونه في أمور دنياهم واَخرتهم.

قلت ؛

القرآن الكريم نزل على سيدنا محمد كاملا، وسجلت اياته وهو ما يزال حيّا، وكان في منتهى الدقة، فلم يتغير منه حرف واحد، بينما ليس في المسيحيّة شئ مثل ذلك. فلا يوجد كتاب واحد محكم دقيق لتعاليم المسيحيّة يشبه القرآن الكريم، وكان اثر القرآن الكريم على الناس بالغ العمق ومستمرا.

واستخلصت بالقول ؛

لذلك كان اثر محمد عليه السلام على الاسلام والمسلمين، اكثر وأعمق من الأثر الذي تركه عيسى عليه السلام على المسيحيّة والمسيحيّن.

قال احدهم مستشهدا ؛

" طه، ما أنزلنا عليك القرآن لتشقى، إلاّ تذكرة لمن يخشى، تنزيلا ممّن خلق الارض والسموات العُلى ". وفسّر بقوله ؛

ان من انزل عليه القرآن لأعلم وأعظم شهادة بوطاة ما حمله سيدنا محمد في حفظه وتبليغه للقران الكريم.

في حين أوضح آخر ؛

برغم ان عدد المسيحيّن قد يبلغ ضعف عدد المسلمين. وأردف؛

العبرة في عمق التأثير واستمراره.

سألني واحد من أصحابي ؛

وكيف تجلّت عظمة النبيّ في القياده السياسية والعسكرية من وجهة نظر الكاتب ؟

أجبت مشحذا لذاكرتي ؛

يقول ان الرسول محمد استطاع لأول مرة في التاريخ، ان يوحد بين بدو شبه الجزيرة العربية المزقين والمشهوريّن بشراستهم، وان يملأ هم بالايمان ويهديهم جميعا بالدعوة الى الاله الواحد.

واردفت ؛

لذلك استطاعت جيوش المسلمين الصغيرة المؤمنة ان تقوم بأعظم غزوات عرفتها البشرية، فاتسعت الارض تحت اقدامهم من شمال شبه الجزيرة العربية وجنوبها وشرقها وغربها، حتى شملت الامبراطورية الفارسية في عهد الساسانيّن واكتسحت بيزنطة والإمبراطورية الرومانية الشرقية.

واضفت ؛

في اقل من قرن اكتسحت القوات الاسلامية شمال افريقيا وعبروا مضيّق جبل طارق الى أوربا، وحكموا اسبانيا عددا من القرون، حتى ساد أوربا كلها شعور في ذلك الوقت بان القوات الاسلامية، تستطيع ان تستولي على العالم المسيحي كله .

اسخلصتّ بالقول ؛

استطاع هؤلاء البدو المؤمنون باللّه وكتابه وبفضل رسوله وتأثيره عليهم ان يقيموا امبراطورية واسعة من حدود الهند حتى المحيط

الأطلسي، وهي اعظم امبراطورية أقيمت في التاريخ، بشهادة الكاتب الامريكي .

ساد صمت للحظات وكأن الجميع يتفكّر، قطعته بسؤالي ؛

أكان من الممكن ان ينشأ ذاك القوم تلك الامبراطورية الواسعة دون ان يكون هناك محمد صلى الله عليه وسلم ؟.

ثمّ أجبت ؛

لم يعرف العالم كله رجلا بهذه العظمة قبل ذلك، وما كان من الممكن ان تتحقق كل هذه الانتصارات الباهرة بغير زعامته وكرزمته وايمان الجميع به.

أضاف احد الاصحاب ؛

لم يقتصر تأثير الاسلام على العرب في ما حققوه من حضارة عظيمة، بل امتّد في اعماق لغتهم، اذ من المؤكد ان إيمان العرب بالقران، هذا الإيمان العميق وفيهم غير المسلمين، هو الذي حفظ لهم لغتهم العربية وأنقذها من عشرات اللهجات غير الفصيحة.

واختتمت ما اسعفتني به الذاكرة بقولي ؛

يقول الكاتب، "ان هذا الامتزاج بين الدين والدنيا هو الذي جعلني اؤمن بان محمدا عليه أفضل الصلوات، هو اعظم الشخصيات اثرا في تاريخ الانسانية كلها ".

بعد هنيهة صمت قال احد الحجاج ؛

وهل ابلغ وأجل شهادة من الله في رسوله حين قال في سورة القلم،

" وان لك لأجرا غير ممنون، وأنك لعلى خلق عظيم " .

انقضى اليومان التاليان لايام التشريق، خلالهما ادينا رمي الجمار الوسطى والكبرى مكبرين خاشعين لله.

اقفلنا عائدين الى ام القرى، لدى وصولنا هممنا بتجهيز حقائبنا استعدادا للمغادرة. ثمّ اتجهنا للمسجد الحرام فأديّنا طواف الوداع بالبيت العتيق وكذلك سعيّنا بين الصفا والمروة سبعة أشواط، ثمّ تباركنا بالصلاة في صحن الكعبة داعين من اللّٰه عزّ وجلّ ان يعيدنا الى زيارة هذا المسّجد الحرام للطواف حول البيت العتيق.

غادرنا مكة الواقعه على السفوح الدنيا لجبال السروات متجهين شرقا الى جدّه، وصلنا مطارها الدولي بعد ما ينيف على الساعتين بسبب زحمة سير مركبات الحجاج العائدين الى ديارهم.

36

أمامنا ساعات من الانتظار في قاعات المطار قبل ان يتسنى لكل منّا ركوب الطائره التي ستقلع به الى وجهته.

بينما كنّا جالسين في واحدة من الصالات المخصصة للانتظار، لمحت شخصا مقبلا في اتجاهي، لم اتبيّن من هو لحظتها، بعد ان شحذت ذاكرتي ادركت بانه ذلك الضابط النبيل الذي قابلته في مركز مخابرات القابون، بالشام، النقيب زياد.

بلغني حيث اجلس ولكنني سارعت متقدما لاستقباله، تعانقنا وبادر بسؤاله ؛

أهلين يا دَاوُدَ، كيف حالك ؟

أجبته مبتسما ؛

حمدا لله على كل حال، ثم أردفت ؛

فرصة سعيده ان ألقاك في هذه البقعة المشَرّفة من وطننا الكبير.

واضفت ؛

كيف امورك يا اخي زياد، خبّرني عن أحوالك.

اجاب دون انفعال ؛

ابدا، كألوف الضباط الذين انشقّوا حفاظا على كراماتهم .

سألته ؛

وأين تقيّم حاليا ؟

اجاب وقد بدأ عليه التأثر ؛

كالبدو الرحّل، وأردف ؛

وراء العشب والماء.

أضاف سائلا ؛

وماذا عن اخبارك يا دَاوُدَ ؟

قلت مصطنعا التجرّد ؛

كما تسمع وتتابع، محلّك سرّ.

واردفت ؛

كلّما تُومض نجمة، تعدو هاربة .

ابتسم وقال قاصدا ان ينحو صوب الأمور الشخصية ؛

ماذا حدث بعد آخر لقاء لنا في دمشق ؟

وحدّد موضحا ؛

متى رجعت من بكين ؟

أجبته مستشعرا مقصده ؛

في العام السابع بعد الألفية.

واوضحت بعد ان بدى الالحاح في عينيه ؛

عُدت وحدي من بكين بعد ان تُوفيّت سونيا.

بدت على وجهه الدهشة، فأضفت ؛

إثر تصادم، اعني حادث سياره.

نظرت الى وجهه بعد ان طال صمته، وجدته مغضّن الجبين،
شعر بان الذهول ارتحل إليّ، قال ؛

كيف حدث ذلك ؟

اصطدمت السيارة التي تقلّها بعمود كهرباء، أسفرعن اصابتها بنزيف في الدماغ.

سأل ؛

وهل كنت معها وقت الحادث ؟ ولكنه استطرد ؛

اعني وهل تحققت من سبب الوفاة ؟

أجبته دون تكلف عناء الاستذكار ؛

هذا ما ورد في تقرير الطب الشرعي وصادقت عليه شرطة الداخليه.

قال ؛

في كل الأحوال هي إصابة دماغية.

قلت وقد توارد في ذاكرتي شئ غفلته ؛

اثناء الحادث كنت في سفرة عمل بشنغهاي.

سألني ؛

كيف اُخبرت ؟

أجبته ؛

اتصل بي السكرتير الاول لسفارتنا في بكين.

وواصل استفساره ؛

ماذا حدث بعد ذلك ؟

أجبته ؛

طبعا قطعت ما هو مُقرّر وعدت الى بكين.

قال مستنتجا ؛

وقتها قد تم اقفال الملف.

قلت ؛

هذا ما حدث على وجه الدقه.

سألني ؛

الم تُعلم السفاره الروسية ببكين ؟

وأردف ؛

بصفة الضحية روسية الجنسية.

أجبته ؛

بل هي، اعني السفاره، من قام بإشعار اهلها .

واردفت ؛

ومن قام بنقل الجثمان الى موسكو.

سألني ؛

وهل تحققت منه ؟

أجبت ؛

بالطبع في المشرحة.

قال وكأنه استدرك واجب العزاء ؛

على كل حال، البقيه في حياتك يا اخي.

وأضاف ؛

الله يحفظ لك ابنك سليمان.

لاحظ تدمّع عينيّ، بادرته قائلا بأسى ؛

سليمان اُستشهد في معارك حلب.

فجأة اكتست ملامحه بالحزن، ربت على كتفي قائلا ؛

يرحمه الله ويسكنه جنة الخلد ، وأضاف ؛

هي أبقى من هذه الدنيا الفانية.

ساد وجوم للحظات، عدت خلالها لفضول لبسني، واستثار دهشتي لاهتمام

زياد بحادث وفاة زوجتي سونيا في بكين.

استجمعت ما بقي لدي من قوة اراديه وسألته ؛

عفوا اخي زياد ، لمست اهتمامك بما حدث لسونيا ،

قال ؛

وتريد معرفة سرّ ذلك.

قلت ؛

اذا سمحت.

اجاب ؛

بل ومن حقك، وأردف ؛

ما كنت لأعلم جهلك بتفاصيل حقيقة ما حدث.

قال ؛

هناك ركن، بودّي ان استوضحه منك، اولا.

سألته ؛

وماهو ؟

ردّ بالقول ؛

أكان برفقتها شخص في السياره غير السائق ؟

اجبته ؛

نعم ولكنه نزل وتركها بمفردها في المقعد الخلفي، واوضحت؛

وذلك قبل وقوع الحادث.

ابتسم وقال ؛

بهذا اكتمل سيناريو الجريمة .

لاحظ تلبّسي بملامح الدهشة والاستغراب، وقبل ان أهمّ بالإعراب عنها قال؛

يؤسفني اخي دَاوُدَ ان اخبرك بأن سونيا لم تمت كما وُهمّت، واستطرد ؛

بفعل حادث تصادم السياره.

قاطعته بسؤالي ؛

إذن كيف ؟

أجابني ؛

لقد تمّت تصفيتها.

سألته والقلق يساورني ؛

من قبل من؟

اجاب وكأنه يتحفظ على سرّ ؛

المخابرات الروسية.

سألته بعفوية ؛

ولماذا ؟

قال وكأنه يذكّرني ؛

أنسيت بأنها أضحت عميلا مزدوجا.

لمّا ساد صمت، أوضح قائلا ؛

أتذكّر ما سبق وأخبرتك به ساعة زرتني في مكتبي بالشام.

حينها حضرني ذلك الحديث، فقلت ؛

مصير كل عميل مزدوج تصفيته من قبل مخابرات بلده.

اجاب ؛

وهذا ما حدث لسونيا على وجه الدقه.

وجمت لبرهة، ثم استفقت بسؤالي ؛

هل لك ان تضعني حيث ما اشرته بسيناريو الجريمه .

تمهّل قليلا ثم قال ؛

تمّ قتلها بما يُعرف بالسامبو كما يسميّها الروس، وأوضح ؛

هو فن القتل السريع باليدين العاريتين بدون ان تدرك الضحية ما يحدث.

استشاط فضولي بسؤالي ؛

وكيف يتم هذا ؟

اجاب ؛

انها طريقه روسية مثاليه لا يعرف حركاتها الا قلة من الناس، وأضاف ؛

متدربة.

كررت سؤالي، فاجاب ؛

كانت تجلس بجوار شخص في المقعد الخلفي، لابد وان يتقمص دور الحميمية في العلاقة وذلك بضمها، واضعا يده على كتفها اليمنى ثمّ ضغط بابهامه الأيمن على وريدها وكفّ الدم عن الجريان الى الدماغ.

ضغطت اليد الاخرى في غضون ذلك على نقطة محدّدة قرب الإبط، ما سبب تصلّب العضلات. ليس من تقلصات، والمسألة مجرد انتظار دقيقتين.

صمت ولكني استعجلته، فقال ؛

بدت سونيا وكأنها غفت بين ذراعيه، فمدّد جسدها الساكن حيث جالسة وكأنها مسترخية، ونزل من السيارة.

قلت سائلا ؛

وبعد ذلك ؟

واصل بقوله ؛

حدث الارتطام المدبّر لتكون ضحيته الدماغ.

سألته ؛

وكيف علمتم بأنه السيناريو الذي اُتّبع ؟

اجاب بوثوقية تامّة ؛

لقد تمّ تطويره عبر القرون عندما اضطر القرويون او القبائل الى مواجهة الغزاة وهم عُزّل.

وأضاف ؛

استخدمته الأجهزة السّوفياتية على نطاق واسع للقضاء على الخصوم وغيرهم بدون ترك اي اثر. كما حاولوا ادخاله ضمن فنون السلاح الأبيض في دورة موسكو الأولمبية عام 1980.

بادرته مندهشا ؛

وهل تمّ لهم ذلك ؟

اجاب ؛

كلا، فقد تمّ رفضه على أساس شديد وبالغ الخطورة. برغم جميع جهود شيوعيّ تلك الأيام لادخال رياضة لا يمارسها احد غيرهم في الألعاب.

قلت مستنتجا ؛

يا لبشاعة أساليبهم همّ كذلك حسب خبرتي بهم.

جثم صمت، ثم قلت همسا ؛

كم انا سيّء الحظ وشديد الغفلة.

لمّا سمع كلماتي قال؛

تُرى ماذا حدث لسائق العربة.

اجبته ؛

علمنا بانه تطبب لفترة، ثم انقطعت اخباره.

ردّ بوثوقية ؛

الامر مدبر بعناية وبرعاية السفاره الروسية في بكين.

توارد في ذهني بعض الأحداث، قلت ؛

قبل الحادث ذهبت سونيا في زياره طويله لموسكو.

كان ذلك ايام زيارة حبيبتي نرجس لبكين، ولكني لم أُشربذلك لزياد.

كما أضفت ؛

وكان ابني سليمان في الشام يوم الحادث.

وبادر هو بقوله ؛

وانت خارج بكين بعيدا في شنغهاي. وأضاف ؛

تمّ كل شئ حسب خطة مدروسة.

قلت بسخرية ؛

لقد اختارت موتها في غيابنا.

تمّ الإعلان عن قرب الطائرة المتجهة الى باريس، التفت الى زياد قائلا ؛

انها لفرصة سعيدة ان اجتمعنا في هذه الارض المقدسة.

أجابني ؛

ليتنا التقينا ايام الحج.

قلت ؛

هذا ما كتب للقائنا.

قبل ان نفترق، تبادلنا أرقام هواتفنا على أمل لقاء شفهي اذا تعذّرت المواجهة ولو صدفة.

لدى تعانقنا مسح كل منا دموع الآخر بوجهه وانصرفت لالحق بالطائرة تقلّني الى منفاي.

37

مرّت عدة ايام على عودتي من مكة دون ان اهاتفها لاخبرها بعودتي.

كنت لا ازال مخطوفا بتفاصيل ما حدث لسونيا حسب رواية زياد.

هذه المرأة، لكم برعت في ارتداء ثياب الشبح طيلة سنوات حياتي معها حتى نجحت في ترعيّبي احيانا، ليقيني بخطورتها.

لطالما احسست بقصر مشواري معها، او هذا ما تمنّته روحي المعذّبة لم يجمعنا شئ البته، حتى ابننا سليمان فضّل الحياة بعيدا عن تناقضاتنا مع اهلي في حلب حتى استشهد فيها ومن اجلها.

هو الآخر بدى وكأنه اختزل مشواره بالشهادة، لكم يعصرني الم مقيم ساعة تستحضره ذاكرتي الثكلى. كان فقده منزلقا باهظ الثمن عانيّت تداعياته فترة من سنين عمري.

ما أخرجني من صومعة يأسي والمي حبيبتي التي جاهدت بيقين وباشفاق على كلينا، اذ اقتربنا من قعرمعتم مجهول العمق، ما كانت لتتركني برغم هول معاناتها، اذ ان العدوى مني كانت اثقل وطأة.

قضينا عدة شهور لا نتواصل الا من خلال أسلاك هواتفنا، اشفقت على روحي ان تبدو بذاك الانكسار في عينيها، ما عداه لم يعد له وجود في روزنامة حياتي.

لشدّما يحضرني ذلك اليوم عندما داهمتني بزيارتها في مكتبي دونما إنذار بعد ان اعيتها جميع المحاولات لاقناعي بجدوى لقائنا.

الجمتني المفاجأة حتى للمت ما تمكّن من قواي، ونهضت لمصافحتها من بعيد كالغريب، كان اول وآخر لقاء بيننا اقتصر على المصافحة دونما عناق.

يومها لم استطع اخفاء او تمويه انكساري أمامها، في حضورها قلّما أقوى على تغييب روحي او حجب وجداني لأي سبب من الأسباب حتى اثناء تخاصمنا الذي لا يتجاوز احيانا ساعات.

اما هي فقد صُعقت لمنظِري بتلك الحالة المرثية لدرجة ان ابدت اعتذارا لإزعاجي الذي بررّته للضرورة القصوى في الوقت الذي نثت غبطتها برؤيتي في حديث عينيها.

اذ قالت ؛

انت كما انت وكما أحببتك.

ولمّا لم تسمع سوى دقات قلبينا ، أردفت ؛

اشتقت اليك والى النرجس في عينيك.

ظلّ الصمت ثالثنا وكأنه عزول، نداري عنه توهج اشواقنا.

حتى استطابت الانصراف لما يوفّره من سبب للعناق. لكني خذلتها عندما اكتفيت بالمصافحة. بيد انها شعرت بالاطمئنان كما أخبرتني.

38

انه بقدر سخائها في العطاء كانت قناعتها في الأخذ وذلك لحكمة لا يبلغها غيرها من النساء.

كان عطاء هذه المرأة فريدا في حجمه وفي نوعه وتأثيره على كياني، حين تذكّري ما مرّت عبره من نفق لدى اظطراري لتقمّص القطيعة بسبب جور سونيا وحقدها ووحشيتها ايام وجودنا في بكين، ينتابني شعور بالدونية وأظل اجلد روحي حتى كدت امقتها، لما تجرأت عليه من تقمّص دور الهجر او القطيعة.

مارست سونيا ابتزازا شيطانيا تجاهي، عندما كانت تتنصت على مكالماتي وأحيانا تتقصد ان ترصدني بالجرم المشهود لدى تهاتفي مع حبيبتي التي لطالما تكتفي بسماع صوتي مخنوقا، فتدرك علّته وتقصر حديثها على العموميات وكأن شخصا ثالثا يشاركنا حديثنا بالصمت.

كنّا ننتحب بكبرياء وكنت اشعر بوجع روحها، تقاتل لتتمسك بالحد الأدنى من الصمود كي لا تثقل عليّ حمولتي المحبطة.

لطالما بدى حزني كظلي ولكني احرص على مداراته امام الغير، وحدها ماهرة في ان تعزله عني او ربما هو يخشاها، فيتلاشى.

اثناء زيارتها لي في بكين جاهدت لامنحها ونفسي ساعات مغبطة تعويضا لشهور مُيئسة تقضم سنين عمرنا، اذ ان ما اقضيه من

ساعات عمل طويلة منهمكا في عملي، لا يترك لها الا شطرا متواضعا وخجولا، ترتق به إصابات روحها عبر مشوار الفراق، ولطالما هي تنعت عملي بغريمها.

تحتشد الذكريات في راسي وتستفز حواسي، منها تلك الأمسية اذ كانت هي في طريقها الى البيت ولعلمها باني غالبا ما اعود اليه متأخرا وقد هاجت عواطفها، فاجأتني بقدومها الى السفارة، بعد ان استأذنت دخلت مرتدية ابتسامتها الطفولية المستلبة لبّي ومشاعري ولكني تحاشيت النظر في وجهها لدى جلوسها في مقعد مقابل مكتبي بعد ان لامست بشفتيها وجنتي في قبلة بريئة. قالت ؛

حياتي، لشدّما يراودني شوقي الى ذراعيك.

ولمّا لزمت الصمت، اضافت ؛

سوف لن تجدني الى جوارك بعد ايام.

قلت دون النظر اليها ؛

اعلم ذلك، ولكني في انتظار ضيف وصل بكين في زيارة عمل.

واوضحت ؛

هو دمشقي وصديق قديم، جمعتنا مقاعد الدراسة، اتصل بي ساعة وصوله ولم اتمكّن من رؤيته لانشغالي.

قالت مستنكرة ؛

استقبله غدا.

اجبتها؛

سيسافر الليله.

سألت بإلحاح ؛

وكم ستستغرق مقابلته ؛

اجبتها ؛

لا ادري، واوضحت ؛

يعتمد على الغايه من مقابلتي.

وجمت لبعض الوقت، ثم قالت ؛

اني اشتاقك واستفقدك في القرب كما البعد.

رفعت راسي وتلاقت نظراتنا ، قلت مبتسما ؛

اسبقيني الى البيت وسألحق بك حال مغادرته ؛

قالت مستعطفة ؛

هل لي ان اعلم كم من الوقت سأنتظر.

قلت بقصد تعديل مزاجها ؛

الوقت الذي يستغرقه تجهيز نفسك وما يلزم لسهرتنا.

انفرجت اساريرها ، فقلت مضيفا ؛

البسي وأعدّي ما يحبّه دَاوُدَ.

انصرفت، على وجهها سيمات الشوق والامل بعد ان قبّلتني.

كانت الساعة قد قاربت السادسة مساء، انتهى الدوام الرسمي في الخامسة.

لكن، وكما هو منوال عملي اذ أخصّص بعد انصراف الموظفين وقتا اضافيا لمراجعة مذكراتي التي احرص شخصيا على تدقيقها ، وقد تستغرق ساعات تمتد حتى منتصف الليل.

استقبلت ضيفي في السابعه بعد ان تعذر علي ذلك في السادسة.

بسبب ما يقتضيه واجب الضيافة، دعوته لتناول العشاء سويا ، اصطحبته لمطعم صيني فائق الجوده، وجلسنا نتحدث مسلسلا يبدأ ولا ينتهي.

طبعا هاتفي سكت عن رنين المكالمات.

كانت الساعة قد تجاوزت الثانية عشرة عندما عدت الى البيت، الجميع نائم بما فيهم الخدم، صعدت الى حيث المنام وجدت شموعا لازالت مشتعلة يتوسطها إناء كريستال مقعّر الشكل واسع الفوهة به ماء معطّر تسبح فيه زهورا بيضاء وحمراء اللون، الى جانب كأسين وزجاجة نبيذ وبعض المكسرات في اواني صغيرة أنيقة وملونة. معزوفة بتهوفن التاسعة تهمس من آلة التسجيل، تسللت حيث السرير لقيتها نائمة في قميص احمر أحببته.

ابتعدت قليلا نزعت ملابسي استعدادا للنوم اذ لم أشاء ان افسد نومها، كانت وخزات ضميري الى جانب الاحباط يلفّني ويدور برأسي، غفوت كالمصاب الذي لم يجد من يسعفه.

صحوت باكرا، استدرت نحوها لازالت غافية، يبدو ان الحزن قد تسلل الى عصب وجدها، فارداها بالرحمة نائمة.

احضرت القهوة، فوجدتها تتمقّط بقميصها الأحمر مما يجعلها اكثر إثارة وفتنة، كما الزهرة الحمراء تسبح في إناء الكريستال، تنادي من يدغدغ برعمها ويشمّها.

تسللت نحوها وقبل ان تفتح عينيها ضممتها الى صدري فعانقتني بغنج هامسة ؛

حياتي، وهل لي منها فكاكا.

توالت الرعشات تبتلعني، فاطبقت عليها ادغدغها بشفتيّ حتى أضحت كالحمامة تحت جناحيّ ذكرها.

رقة وجدها ورقة شهوتها تسعّر نار شهوتي كما الفريسة العاشقة بانفاسها تؤجج نهم مفترسها فيظل يمضغها كي لا يبلعها.

بعد ساعات قضيناها معا، آخرها وجبة الافطار خلالها حدثّتها عن برنامجي لذاك اليوم كما نصحتها بزيارة اهم معابد بكين مع علمي بقلة ما توليه من أهمية لمثل تلك المعالم اذ قالت ؛

الاثار والمعالم الدينية ليست في شكلها بل في روح وحقيقة ما دعا اليه كل من بوذا وكونفوشيوس ومدى ما تركوه من تأثير على الناس.

ودعتّني لدى ذهابي الى المكتب بقبلة حرّى مشحونة بعبارات محسوسة أبلغ من النطق بها، لكنني احسست بها ؛

اشتاقك واستفقدك .

اثناء طريقي الطويل من البيت الى السفاره تأملت معاني فعل ردودها حيال سلوكي وتأخري ليلة الامس وكيف لم تثر ولم تغضب كغيرها من النساء في مثل هذه الحالات. ان حبها وذكائها معا هما مكمن رقة ونبل سلوكها الآسر في جميع الأحوال، اذ تدرك جيدا قيمة واهمية ساعة نمضيها معا ازاء ما نعيشه من فراق وكأنه العدم.

تطبّعت إزاءها بذات السلوك ولذات ألغاية والسبب، ادركت بانه ما من قلب مفعم بمثل ذاك الحب، يتقن ما من شأنه ان يؤدي الى نقيضه.

مساء ذاك اليوم عدت باكرا بقصد تعويضها عن مساء الامس وما تمنته من قضاء اُمسية رومانسية. قالت في بداية سهرتنا وكأنها عنت ان تجعلها مفيدة الى جانب التميّز ؛

لقد عملت بنصيحتك، زرت معبد السماء ولكن لم أصل الى ضالتي.

سألتها ؛

وماهي ضالتكِ.

أجابت بشئ من الشك ؛

يقال عن كونفوشيوس بانه نبي الصينيين.

اجبتها ؛

ذاك في القرن الخامس قبل الميلاد وقد نُعت بالفيلسوف في كتب المؤرخين واردفت ؛

ولكن اكتسب هالة النبوة لشدة تاثيره على الصينيين اكثر من عشرين قرنا.

قالت ؛

كثيرا ما وصف كونفوشيوس بانه احد مؤسسي الديانات الكبرى.

اجبتها وقد زاد اهتمامي ؛

هذا تعبير غير دقيق، فمذهبه ليس دينا. واوضحت ؛

هو لا يتحدث عن الله او السماوات.

سألتني ؛

ماهي فلسفته إذن ؛

تتمحور فلسفته او مذهبه في أُسلوب حياة، واردفت ؛

في الحياة الخاصة والسلوك الاجتماعي والسياسي. يقوم مذهبه على الحب، حب الناس وحسن معاملتهم والرقة في الحديث والأدب في الخطاب، كذلك الدعوة الى نظافة كل من اليد واللسان.

قالت ؛

ولكنه لقي معارضة، اشتدت بعد وفاته ببضع مئات من السنين.

قلت متحمسا ؛

في مذهبه، ان الحكومة أنشئت لخدمة الشعب وليس العكس وان الحاكم يجب ان يتحلى بقيم اخلاقية ومثل علياء.

قالت متسائلة ؛

الهذا السبب أُحرِقت كتبه عندما تولى الصين ملوك متعاقبة ؟

اجبتها مصححا ؛

هو واحد من الأسباب وأما السبب الآخر الذي استغله الملوك لتحريض العامة على معارضته، هو انه كان محافظا في نظرته الى الحياة، كان يرى ان العصر الذهبي للانسانيه اصبح وراءها، اي كان في الماضي. واضفت ؛

لكن ما لبثت تعاليم كونفوشيوس ان عادت أقوى مما كانت، وانتشر تلاميذه وكهنته في كل مكان، واستمرت فلسفته تتحكم في الحياة الصينية حتى نهاية القرن التاسع عشر بعد الميلاد.

قالت؛ ما اُشتهر من أسباب إيمان الصينيين بفلسفته، اثنان، الاول انه كان صادقا ومخلصا، والثاني انه شخص معتدل ومعقول وعملي.

وافقتها معقّبا ؛

بل هذا هو السبب الأكبر لانتشار فلسفته، اذ انه يتفق تماما مع المزاج الصيني. أضفت ؛

هذا قرّبه من العامة، فلم يطلب منهم ان يغيّروا حياتهم او يثوروا عليها.

قالت ؛

بل هو أكد لهم جلّ ما كانوا يؤمنون به، فوجدوا أنفسهم في شرنقته.

قلت؛

حتى أقبلت الشيوعية وانتزعت الصينيين من هذا المذهب.

قالت مستخلصة ؛

لقد حققت فلسفة كونفوشيوس للصين سلاما وأمنا داخليا اكثر من عشرين قرنا جنّبها الحروب الأهلية، وهذا ما لم تنعم به شعوب أوربا والشرق الأوسط. واضافت ؛:

وهي من دواعي نجاح الإمبراطور الصيني سوي ونتي في توحيد الصين بعد ان تمزقت عدة قرون، اما الصين التي وحدها فقد ظلّت مئات السنين أقوى دولة في آسيا، كان ذلك في القرن السادس الميلادي.

قلت معرجا الى موضوع الأديان ؛

اضافة الى الكونفوشيوسية، فان البوذيه بقيت منتشرة في الصين ولها مئات المعابد، في الوقت الذي انحسرت في الهند ذاتها بسبب الديانة الهندوسية التي اشتملت على معظم مبادئ البوذيه.

قالت ؛

حقيقة ان البوذيه تحتوي على قدر من السلام والدعوة اليه، اكثر مما جاء في الاسلام والمسيحيه. واضافت ؛

من المؤكد ان اثر بوذا على اتباعه اكبر وأعمق مما تركت تعاليم المسيح على اتباعه.

قلت ؛

كان لكل من بوذا الهند وكونفوشيوس الصين اثر متقارب علَى اتباعهما فكلاهما عاش في وقت واحد ، لكن في الوقت الذي انتشرت البوذيه خارج حدود الهند ولا تزال فان الكونفوشيوسية لم تتعدّى حدود الصين واليابان وكوريا حتى قبل الشيوعيه.

في نهاية سهرتنا ، غلب علينا النعاس فاستسلمنا له خانعين.

39

صحوت منفصلا عن ذاكرتي، لأجدني في شقتي بباريس.

بعد ساعات تلقيت مكالمة من احد الرفاق يخبرني بضرورة الذهاب الى بيروت لحضور اجتماع طارئ. سألته ؛

لماذا في بيروت ؟ واضفت ؛

أليس في ذلك مخاطرة أمنيه ؟!.

اجاب ؛

هكذا بُلِّغنا ، وأردف ؛

لم يعترض احد، ما عاد أمامنا متسع من الوقت للاحتجاج او تغيير مكان الاجتماع.

قلت منهيا المكالمة ؛

ال اللقاء في بيروت.

تذكّرت باني حتى الآن لم اعلمها بعودتي من مكة بعد انقضاء مناسك الحج. اخر محادثاتنا كانت في مكة، حديث العتب الذي زخّني بطاقة من اليقين عزّزت جنوحي الإيماني. بعدها أقفلت هاتفي النقال كي يُبقي اثير صوتها حيّا منسابا في أذني.

فُوجئت برنين هاتفي في الوقت الذي كنت ادقّ ارقام هاتفها.

آلو..

أعتب عليك ام احمد الله على سلامتك ؛ قالت بتنهّد.

اجبتها متوترا ؛

بل الثانيه، واضفت لاقفز امام عتبها ؛

وللاسف سأغادر الى بيروت غدا لحضور اجتماعات طارئة

قالت متوجّسة ؛

ولماذا في بيروت هل انكمشت اليابسة !؟

ازداد توتري فقلت ؛

هذا ما أبديت تحفظي بل امتعاضي تجاهه ولكن الوقت يدركنا.

قالت بلهجة آمرة ؛

حاذر ان تدع هاتفك مقفلا.

قلت مستسلما ؛

سأكون عرضة لمطارق الشوق.

قالت مستكينة للأقدار ؛

علّه خير طارق، واضافت مستدركة ؛

وماهو طول غيبتك ؟

اجبتها مستعبرا ؛

ليس معلوما حتى اللحظة.

استشعرت حزني المشوب بالقلق والعاطفه معا، فقالت ؛

استفقدك واحنّ لصدرك يأويني .

ساد صمت فيض الشجن، فآثرت كتمانه بقولي ؛

الى لقاء قريب بإذن الله.

ردّت قائله ؛

رب يمنحك رحلة ميّسره وعوده مظفّره.

40

وصلت بيروت مساء اليوم التالي، اكتمل توافد بقية الرفاق صبيحة اليوم الذي يليه في فندق، جولدن تولب بالحمرة.

استبقّنا جدول اعمالنا المُقَرر، عقدنا باكورة اجتماعاتنا قبل الظهر والذي كان مفترضا بعد الظهر وذلك لدواعي أمنية.

تداولنا بالتمحيص في محورنا الأساسي وهو استصدار قرار من مجلس الأمن يدين النظام لاستخدام الأسلحة الكيميائية في سوريا ويلزم النظام بالكشف عن عمليات طيرانه الحربي كما يطالبه بتقديم اسماء قادة أسراب المروحيات التي شاركت في العمليات القتالية، وذلك بعد تكرار عمليات الهجوم الكيماوي في اكثر من مدينه وموقع، من أدلب الى دمشق في غوطتها الشرقية.

انفضّ الاجتماع المفتوح، بغاية السماح لأداء مهمات لبعض الرفاق في السلك الدبلوماسي، على ان يلتئم ثانيه بعد الظهر.

غادرتِ مع كل من ياسر وزياد الفندق، بنية الذهاب الى السفارة الفرنسية لارتباطنا بموعد مع السفير.

جلست في المقعد الأمامي بمحاذاة ياسر الذي تولّى قيادة السياره، زياد ركن في المقعد الخلفي، كنّا نراجع تبادل أدوارنا مع السفير الفرنسي قبل ان يدير ياسر مُحرّك السياره.

ولجت في ازقة مصّهرة، أنفذ من الاول ليتلقّفني الآخر وانا اغالب سَحَابا بذراعي لأجد طريقي، لكن دون جدوى يغمرني ضباب حالك السواد فأتلاشى لم اعد قادرًا على الحركه لأسبح في الضباب، قدماي وهنت.

أفقت على انامل تجس جبيني ووجنتي، بمجاهده فتحت عيني ثم عدّت فاغمضتها، بعد وهلة شعرت بلفح انفاس وحرارة شفة تجسّ جبيني، ولكني ظللت مغمض العينين كأني ألفت العتمة، اقتربت الانفاس من وجنتي كذلك الشفة الملساء، صدر همس متقطع ينقرصدقي :

ح ب ي ب ي.

سرت لفحة داخلي، فتحت عينيّ لمحت انفراجة مغتصبة لثغرها وعينيها الدامعتين، بتثاقل خجل انبعثت كلماتها ؛

الحمد لله على سلامتك !...

السلا... مة .. كلمة فتّقت غشاء ذاكرتي عندما وجدتني ملفوفا بأغشية بيضاء ... كل ما حولي بياضا السرير باغطيته البيضاء في غرفة بيضاء حتى هي ترتدي مريلة بيضاء.

بعد لحظات فُتح الباب وأقبلت اجساد تعتليعها وجوه، تبينت وجه كل من عبدالله وتامر رفاق الاجتماع وآخر بدى انه طبيب.

تقدموا مني بوجوه علاها غبار الزمن، تتوسطها عيون متهالكة بالأرق نطقوا جميعا بالكلمات الثقيلة التي تفوق قدرة أوزانهم ؛

حمدالله على السلامة ياداود.

أجبتهم برذاذ كلمات فهموها.

درت بعينيّ فلم اجدها ، يبدو انها انسحبت من الغرفة بعد دخول الرفيقين بصحبة الطبيب.

جلس عبدالله على مقعد مجاور مني في حين وقف الطبيب قبالي، نطق عبدالله عباراته المحتومة بتأني وبرفق مكتوم ؛

لاشك، تذكر ياداود لحظة دخولكم السياره،

شعر الطبيب باستحالة الموقف، فقال ؛

للأسف كنت واثنين من رفاقك ضحية انفجار متعمّد، أدّى الى اصابتكم بدرجات متفاوتة.

شعر عبدالله بامكانية الحديث المحتوم فقال ؛

للأسف لقد غادرنا الرفيق ياسر الى رحمة الله.

ساد صمت للحظات من فرط التأثر، طفرت دمعتان من عينيّ عبدالله، لملمت ما استطعته من ساكن قائلا :

كيف هو حال زياد ؟

اجابني عبدالله ؛

هو اقلّكم اصابه، حروق وكسر في ذراعه، يرقد في الغرفة المجاورة تقدم الطبيب مني متسائلا ؛

وانت ياداود الا تشعر بالم في ساقك الأيسر ؟

لحظتها اتجه إدراكي بحدة لتحريك قدميّ، فلم تجبني الا واحده، اليمنى وسقط قلبي محلّ الاخرى، شحت بوجهي وكأني هويت في عدم.

ساد صمت لوهلة قطعه الطبيب متسائلا ؛

هل تعلم كم مضى من الأيام على الحادث ؟

ولمّا تجاهلت سؤاله، قال ؛

تسعة ايام !

أخذتني دهشة مشوبة بالحيره، نطّقتني ؛

وكيف كان ذلك ؟

هذا ما حدث، وأوضح ؛

اجتمعت لجنة مستشاريّن جرّاحين وعمدنا ان ننتظر اسبوعا لمزيد من الحذر وتحري الدقه القصوى، صمت لوهلة ثم تابع ؛

قبل ان نحتكم لقرار اخير.

صمت ثانيه وكأنه يأخذ نفسا عميقا، ثم أضاف ؛

خلال الأسبوع جاهدنا باقصى ما يمكن لإنقاذ الموقف دون البتر، لكن حالتك استمرت في التدهور.

صمت للحظه ثم قال ؛

كان أمامنا خياران لا ثالث لهما.

تقدم من السرير تامر، فأصبحت متحلقا بالثلاثة مما شجع الطبيب على مواصلة الحديث بقوله ؛

امّا ان نخسرك او نضحّي بساقك.

اتجهت بنظراتي الى كل من تامر وعبدالله وهما يومئان براسيهما علامة الإيجاب واصل الطبيب مستنتجا ؛

كان الأطباء ورفاقك وكذلك قريبتك حريصين على إنقاذ حياتك .

نطق عبدالله مؤكدا ؛

لو لم يحصل القرار الحاسم لما افقت يا دَاوُدَ.

قال الطبيب مؤكدا ؛

الحمد لله على سلامتك.

غادر الطبيب بعد ان ربت على كتفي وبقي عبدالله ممسكا بيدي وكذلك تامر. أغمضت عينيّ أفكّر كيف أواجه مصيري.

41

فتّحت عينيّ، لم أدر كم مضى من الوقت، لكني وجدت نرجس توصل الحياة بكفّي من أناملها، اضافة الى وجود كل من عبدالله وتامر، كذلك عزيز.

تقدّم مني بوجهه الصبوح مقبّلا جبيني ؛

حمدا لله على سلامتك، وأضاف ؛

لاشك ان الواقعه أليمة وقاسية، لكنها تذكّرنا بان غالبية الشعب السوري على رأسهم نحن مشاريع شهادة.

صمت الجميع وكأنهم ينصتون الى ترتيلات قدسية.

فُتح الباب ودخل الرفيق محمد برفقة صالح الأخ الأكبر لياسر، تقدما مني قائلين وهما يربتان على كتفي ؛

لشدّما قلقنا عليك، نحمد الله على سلامتك.

نهض الجميع لتعزية صالح، كان لايزال يربت على كتفي، سحبت يدي من أناملها ومددّتها لصالح، ضغطت على كفه عبارات تعزيتي له، بأسى ؛

لا حول ولا قوة الا بالله.

ردّ بقوله ؛

إنّا لله وَإنّا اليه راجعون.

قبّله الجميع معزّين، منحته مقعدها قائلة ؛

تفضل عمّي بالجلوس.

تقدّم محمد نحوي بعينين دامعتين ؛

نحمد الله على سلامتك، وأضاف ؛

قدّر الله لك عمرا.

جلس على حافة السرير ممسكا بيدي وكأنه يتلو آياته بصمت.

غفت عينيّ اذ سرت اياته الى عَصّب روحي، تحدّثها، تطمّئنها تبشّرها بعمر مديد يرعاه الرحمن.

المح وجوه ضبابية وأُخرى مشوّهة وسواعد تتقاطع بسلاح ابيض، من خناجر وسيوف وسكاكين ويتناهى الى سمعي أصوات فرقعات تدوّي من قريب وهدير متفجرات تتوالى من بعيد، وصياح مستغيثين تبعث صدى من كل مكان وبشر تتراكض في عدة اتجاهات.

انها ساحة وغى لا تبقي ولا تذر، اجساد مقطّعه ودروع منتشرة برك من دماء تسبح فيها اعضاء بشريه.

أسوار وأبنية تتهاوى على الارض، بكاء أطفال وعويل نساء تصدر باتجاهي، تتعالى تصطدم بي تخترق روحي وانا عاجز لا أحرك ساكنا، فقط اصرخ في الجموع " لا تقتتلوا.. كفى.. لا تقتتلوا ".

أيقظتني أناملها مشفوعة بهمسها ؛

دَاوُدَ.. ح ب ي ب ي،

فتحت عيني لأجد الرفيق، رجاء، جالسا على حافة السرير في مواجهتي، درت بوجهي في التفاتة واهنة، وإذ بي ارى الرفيق زياد يُغطّي البياض بعضا من أعضائه جالسا على مقعد بمسند وذراعين.

الجميع ينتظر إفاقتي، بدى على وجوههم الحزن والقلق . بادرت

بسؤالها ؛

هل انت بخير ؟

بصعوبة جمعت شتاتي واومأت برأسي قائلا ؛

الحمد لله.

تقدم مني الرفيق رجاء يرسم على وجهه انفراجا مصطنعا، إشارة حنو لكنه يتستر على ما يفوح بداخله من حنق وقهر لما حدث لنا، قال؛

خطاك الشر يا رفيقي، وهو يقبلني في جبيني.

فزّ زياد بتثاقل من مقعده وخطى في اتجاهي، أفسحت نرجس له مقعدا وتقدم يمسك يدى بيد واحده ويقبّلها، اذ ان الاخرى معلّقة برقبته بشريط مطاطي خفيف.

قال مرتديا ابتسامة ؛

لا بأس علينا يا اخي، وأردف ؛

هذه حصتنا من التضحية المحتومة.

بادلته بذات الابتسامة، قائلا ؛

تقبّل الله اجرنا.

جلس على المقعد وظلّ ممسكا بيدي.

فُتح الباب ودخل كل من عبدالله ومحمود. تقدّما لتحيتي يسبق احدهما الآخر، بدى على محمود شحوب ممزوج بإرهاق، قال ؛

لكم صُدمت بالنبأ المفجع يا رفيقي، وأردف ؛

علّه في الحجر.

احسست بسخونة قبلته على جبيني، قلت ؛

لاشك انك متعب من جراء السفر، واردفت

رقّ بحالك يا اخي.

قال وكأنه يؤكد إحساسي ؛

لابأس، وأضاف ؛

تأثّرت بالصدمة لدرجة العياء مما استدعى بقائي في مشفى لمتابعة حالتي الصحيّة

هبّ الجميع بنبرة واحده ؛

حمدا للّه على سلامتك يا محمود.

جهّزت نرجس ما قدمته للحضور من مشارب وفطائرمختلفة تبعها القهوة.

بعدها بادر رجاء بسؤاله، موجها الى زياد ؛

ما لبّ اقوالك للشرطة عندما أتتك لتحقّق ؟

ساد صمت لوهلة وكأن الجميع يستعد للمرحلة التاليه، تردّد زياد قبل ان ينطق بقوله ؛

كل ما أمكنني الإدلاء به، هو ان السياره مستأجره.

تبعه رجاء بسؤاله التالي ؛

ألمّ يلحّوا للكشف عن ماهية المؤجر ؟

قال زياد ؛

بل فعلوا، وأضاف ؛

ولكني لا املك اي معلومة بهذا الخصوص.

تبعه عبدالله فقال ؛

بالطبع نحن اوكلنا إدارة الفندق لتجهيز ما يلزمنا .

وأوضح رجاء بقوله ؛

وذلك لدواعي الأمن والسلامة.

ردّ زياد بقوله ؛

ولكنّا افتقدنا الاثنيّن !.

بعد لحظة صمت.

قال عبدالله موجها سؤاله لزياد ؛

اما اشرت باتهام جهة محددة ؟ موضحا ؛

لدى سؤالهم عن ذلك.

اجابه بقوله ؛

بل قلت هم خصومنا ، وأردف ؛

المتمثّله في النظام.

انبرى رجاء ساخطا بقوله ؛

الم يفصحوا بسؤالهم عن اي جهة لبنانيه تتهم ؟

وأضاف ؛

طالما وقع الحادث في لبنان.

ردّ زياد ساخرا ؛

لا اعلم ما جدوى قولي، اعوان النظام !.

وأكّد ؛

هذا ما قلته.

سأله محمود ؛

اما وجهّت الاتهام تحديدا لحزب الله ؟

ردّ زياد ؛

هذا ما لم افعله ساعتها.

وأوضح ؛

اذ جرى التحقيق مع إدارة الفندق.

تبعه بسؤاله ؛

وما أسفر عنه التحقيق ؟

قال زياد ؛

لاشيء، وأضاف ؛

وُجِّه الاتهام للشركة المؤجِره.

تساءل عبدالله ؛

اما أسفر التقصي عن مفيد حت الآن ؟

ردّ زياد ؛

الشركة المؤجِره دفعت عنها التهمة.

وأردف بقوله ؛

بحجة ان عرباتهم يتم تداولها بين العديد من الأفراد والمؤسسات.

وعقّب رجاء ؛

مما يعني لا يمكن اتهام جهة محدده او شخص بعينه.

قال زياد مؤكدا ؛

هذا بالفعل ما حصل حتى الساعة.

وجم الجميع وكأنهم يتدبرون أمرا.

بعد لحظات، قال رجاء متسائلا ؛

من صميم مسؤوليات الداخليه ان تغوّر في تحقيقاتها مع الشركة المؤجِره،

وأضاف ؛

اذ من المعروف ان زرع العبوات الناسفة يستغرق وقتا.

أكّده محمود بقوله ؛

يقاس بالايام وربما اكثر من ذلك لإنجاز مهمة التفخيخ.

ساد صمت وكأن الجميع يتخيّل ما قد حصل.

قطعه عبدالله ملحا ؛

كيف فسّر رجال الأمن بعد معاينة المكان تفاصيل ما حدث ؟

قال زياد بحنق وحزن ؛

تم التفجير عبر الاتصال بهاتف موصول على العبوة الناسفة.

عقَّب رجاء متحفزا ؛

العملية تتطلب خبراء، كما تتطلب وسطاء لنقل السياره الى مكان الهدف.

بعد دقائق.

سأل محمود ؛

موجها الكلام لزياد ؛

الم يتم استجواب احد من الرفاق.

وأوضح ؛

اما تدخل غيرك من الرفاق في مجرى التحقيق ؟

ردّ عبدالله ؛

نحن لا نزال تحت تأثير الصدمة،

وأضاف ؛

همّنا الأساسي الآن في معالجة وانقاذ ضحايانا من الرفاق، وبعد ذلك ستفتح جميع الملفات.

42

مضت عدة أسابيع على مكوثي في المشّفى، تماثلت للشفاء، أُزيلت كل الضمادات الثقيلة البيضاء. خلالها زارني خلق كثير اعرفهم ولا اعرفهم، غالبيتهم من شعب سوريا الآبي الكريم المقيم في لبنان وخارجه، كذلك من كلّف نفسه عناء سفر ثقيل، ومنهم من تجشّم اعتى المجازفات والمخاطر الامنيه وكأنهم يقولون نحن لا نقل عنك حبا وفداء لسوريا.

انتابتني مشاعر جارفة، بل وانوجعت لفرط حنوّهم.

تبدّد فزعي الذي أعقب تلك الرؤيه لمّا رأيت اهلنا تتقاتل بالسلاح الأبيض في ساحات الأمويين والعباسيين وكأنهم في ساحات وغى.

تمنيت لو ان رياح الربيع العربي مرّت هبوبا على سوريا وليست إعصارا.

آه لكم يجرفني الحنين لأزقّتها ونسائم ياسمينها، والى باعتها الجوالة.

تمنيّت لو تطأ قدمي الواحدة سفوح قاسيون....... وفجأة فُتح الباب دخل الرفيق عبدالله بصحبة ثلة من الأطباء تتبعهم نرجس.

تقدم نحوي محييا ؛

كيف انت ياداود ؟

وأضاف بانفراجه في أساريره ؛

لاشك، وان مثلك سرعان ما يتكشّف طريقه.

قلت بلهجة يشوبها الامتنان واليقين ؛

ان كان ذلك فهو بفضلك وامثالك.

التفت خلفه حيث يقف الآخرون قائلا ؛

تفضل دكتور إيهاب.

تقدم نحوي مصافحا وفي غاية التواضع حتى لكأنه يسألني معروفا،

وقال ؛

بالطبع لقد درست حالتك جيدا وبالتشاور مع زملاء لي في الإختصاص وارتأينا تنهي علاجك بالانعطافة الاخيرة وربما المؤقتة، اذ ان علم الأطراف الصناعية في تقدم مطّرد.

تقدمت نرجس نحوي متدخلة في الحديث، قائلة ؛

الدكتور إيهاب ياداود معرفة قديمه من ايام سهيل، رحمه الله.

واضافت ؛

هو غادر سوريا مذّ سنوات ليعمل في لبنان.

أخذ منها زمام الحديث كما سبقته لفعل ذلك، بقوله ؛

في الحقيقة مذّ سمعت بالحادث الاليم وانا متتبع لتداعياته ان كان من جهته الطبيه او الجنائيه.

صمت لوهلة وكأنه في محاولة تجاوز انفعال.

ثم قال ؛

لشدّما نأسف لمثل هذه الجرائم اللاأخلاقية واللاانسانيه ان تحدث لمواطنينا السوريين هنا في لبنان، الضلع من سوريا.

وأضاف ؛

برغبه وبقرار شخصيين تقدمت للتدخل في حالتك.

واستطرد ؛

كنت انوي استئذانك والتحدث اليك مباشره برغم صعوبة الموقف، لكن لقائي المفاجئ بالأخت نرجس هنا في المشفى سهّل علي المهمة.

وجم الجميع وكأنهم ينتظرون كلمة صاحب الشأن.

بعد لحظات قلت محاولا اخفاء انفعالي ؛

انها لفرصه لابأس بها، برغم اني تمنيت ان التقي بك خارج هذه الظروف الدهماء واضفت ؛

اني لممتن لشعورك ولصدق محاولتك لتسهيل مراحل علاجي، توقفت عن الكلام هنيهة.

ثم واصلت ؛

لديّ شقيقه مقيمه في ألمانيا منذ زمن، وزوجها جراح، لكن في غير اختصاص العظام.

توقفت مره اخرى.

ثم أضفت ؛

كانت تود المجئ لبيروت، لكني منعتها بذريعة نيّتي الذهاب لالمانيا لإتمام العلاج وحيث يتم لقائنا.

كانت فرصة اخرى لنرجس، فقالت ؛

كأنه وعد صدر منك يا دَاوُدَ لام الخير شقيقتك.

اجبتها ؛

وهذا ما عنيته على وجه الدقه.

بعد تردد من إيهاب، قال ؛

ان قرارك هذا هو عين الصواب، ثم أوضح ؛

كنت سأقترح على الأخ عبدالله اختيار ألمانيا وذلك لسببين،

الاول مهارة صناعتها الطبيه، والثاني وثوقية أبحاثها

وأضاف ؛

لذا يمكن الارتهان لمخرجاتها.

تقدم مني الرفيق عبدالله قائلا ؛

جلى الطريق كما يبدو،

وأضاف ؛

سأوافيك بالتفاصيل غدا بمشيئة الله.

اقترب الدكتور إيهاب مصافحا ؛

ادعو لك من كل قلبي برحلة ميسّرة.

اجبته بعرفان ؛

جزاك الله خيرا وأثابك.

خرج الجميع ما عداها . أقبلت نحوي بروح ملتاعة حزينه ولكنها
مقنّعة بظلال بشرى انفراج . جلست على المقعد بمحاذات سريري
ممسكة بيدي، استشعرت وطأة غمّها، ظلّت مطرقة تتحاشى لقاء
نظراتنا احتضنت كفّها وقربته من شفتيّ اقبّله، رفعت رأسها
واصطدمت باحداقي تتفحصها مقرونة بابتسامة مواساة، تسرّبت
منها كلماتي ؛

في يوم ... في شهر.. في سنه..

تهدى الجراح ... وتنام

وعمر جرحي انا .... أطول من الأيام..،

انفجرت نائحة ببركان قلب يحترق، ألهب صدري عندما آوت برأسها تغسله وتشكوه غدر الزمان.

أحنيت راسي ليلامس شعرها، علّه يمسح عبرات تتداح على صدقي عبثا وددت إخفائها، رفعت رأسها بتؤدة اذ جسته دموعي المختنقه والتحمت احداقنا نائحة ممتحنة، قالت ؛

جرحك هو جرحي، واردفت ؛

لا يغير في الامر شيئا، سارافقك في رحلتك.

قلت لها ؛

ذلك لا يستقيم ابدا.

فغرت عينيها قائلة ؛

حبيبي.. بماذا تتفوه ؟

اجبتها ؛

بما وجب.

قالت نائحة ؛

لا حياة لي في بعدك.

تراءى امام ناظري، شبح ايام قادمه، وانسلّت في كلماتي ؛

حبيبي ... شايفك وانت بعيد ...

وانا.. في طريق السهد وحيد ...،

انفجرت صائحه ؛

بالله عليك لا تدفعنا الى القبر.

واضافت ؛

لن نفترق البته،

ولكن سيل كلماتي تنطق عن وجعي ؛

بل حبيبي.. شايفك وليل الفراق ....

على البعد ... فارد جناحه..

على جريح ... مشتاق ....

يعرف نهاية .... جراحه.

هي تُحدّق في عيني وتبلّ وجنتيها بدمعي، بل وتمسك بكفّها شفتيّ تمنعها عن انسياب كلمات جرحي.

وقف اندمال جرحي، أمسكت بوجهها بين كفيّ وقلت مصطنعا المزاح ؛

ايروقكِ حبيبا برجل وحيده ؟!

قالت منفعلة ؛

بل لا يروق لي حبيبا سواه.

قلت لها ؛

ألك طاقة على تقبل عجزي ؟!

قالت بذات الحدة ؛

بل هو جلال العزه والبطولة، واردفت ؛

لكل سوريّ وسوريّه .

قلت مرتديا ذات البسمة ؛

الا.. انت !

نظرت إليّ بولع وبقلب منفطر وقالت ؛

لا طاقة لي للرد على مزاح مؤلم.

قلت مستنتجا ؛

ومن أين ستأتين بطاقة تقبّل عجزي إذن ؟

قالت ؛

لانه واقع وليس مزاح.

اجبتها ؛

وطأة الواقع أشد ثقلا من المزاح.

وجمت وكأنها تبحث عن خرج لهذا المزاح العنيد.

ثم قالت متسائلة ؛

ولم تجزم بان الاول اثقل من الآخر ؟

اجبتها وانا انظر في عينيها ؛

لبداهة الاستمرارية في الاول.

قالت شاكية ؛

ولمَ تشقّ الامر عليّ وعليك ؟

اجبتها ؛

بل أُهوّنه على كلانا.

قالت مستنكرة ؛

كيف يكمن الهون مع الفراق.!؟

قلت مصطنعا الاحتمال ؛

سيبقيني في مواجهة جرحي .

عاودها الانفعال، فهاجت بقولها ؛

دعني اشاركك في المواجهه.

اجبتها ؛

حينها سأبقى في مواجهة جرحين.

فغرت عيناها تبحث عن تفسير في عينيّ.

فلما صعب عليها ذلك، قالت ؛

هل ليّ ان فهم ما تعنيه ؟.

اجبتها ؛

حنوّكِ المفرط.

ظلّت برفقة دهشتها ،

حتى قالت ؛

وما الضير في ذلك، واوضحت ؛

طالما هناك مدعاة له.

قلت معانيا ؛

في كل ما ذكرتِ، يكمن جرحي الآخر.

قالت بنفاذ صبر ؛

بالله عليك يا رجل ! واستطردت ؛

اهم كل الرجال.. هكذا ؟.

اجبتها ؛

انا لا اعلم غير ما بداود.

قالت متسائلة ؛

ماذا عن حُنوّ ام الخير، شقيقتك ؟

قلت ؛

هذا يأتي في سياق آخر.

268

هبّت منفعلة بقولها ؛

أنسيت باني حبيبة عمرك !

قلت ؛

بل هو من اجله.

ازدادت انفعالا ، فقالت ؛

اما أعنتني على فهم ذلك !

اجبتها ؛

بل يكفيك، ان افهمه انا !

قالت بما يقرب من الحنق ؛

ظننت باني اكثر مداراة على هذا الحب.

قرّبت وجهها من شفتيّ، فاسّكتها، ثم قلت ؛

وانا كذلك عنيت بان يبقى أشمّاً.

واردفت بقولي ؛

بعيدا عن التصدعات.

سالت ؛

وما يصدّعه ؟

اجبتها وكأني أفشي سرا ؛

الحنو المفرط كالشفقه تصدّع جوهر الحب.

قالت منتشية في باطنها ؛

ما ظننتك فيلسوفا في الحب. واستطردت ؛

اعني في خضم ما نحن فيه من محنة.

قلت وقد سرت السكينة في روحي ؛

مالحب الا جسر بين العقل والقلب.

ساد صمت للحظات، هي تُحدّق بوله في عينيّ، ووجهها بين كفيّ حتى اعتقته، وقلت مستّدرا جلّ هاجسها ؛
الا تودين ان تسدي إليّ صنيعا ينفعنا.

علت وجهها الدهشة واكتفت بلغة عينيها للإيضاح.

فاردفت ؛

اما اشتقتِ للشام ؟

أجابت ؛

أجَلّ، بقدر اشتياقك لها.

ثم استطردت بتساؤل ؛

اتعني ان ابلغ الشام ؟

قلت ؛

لا مانع يحول دون ذلك.

اطرقت وكأنها فُوجئت بالأمر .

حدّقت في عينيّ بريبة وقالت ؛

اتريد ان تسليني عن شانك ؟

اجبتها ؛

بل اشغلك بشأني، واوضحت ؛

ان تقومي بما أعجز عنه.

قالت بلهفة ورحابة صدر ؛

انها لغبطة ان تمّ ذلك.

قلت ؛

ان تقصدي بيتي في ابو رمانه.

عقّبت بقولها ؛

البيت الذي لم تطأه قدماي..!

اجبتها مبطنا البراءة ؛

لعلّة تعلمينها، واردفت ؛

وقد انزاحت.

صدر من أعماقي تأوه بزفرة تأسّي وحسرة، رفعت كفّها تمسح صدري قائلة ؛

سلامتك.. حبيبي. واضافت ؛

ما اقسى ذلك على روحي ان ادخله دونك.

احسست باندمال جرحي، فقلت ؛

بل اهون عَلَيْكِ ان تتجلّي نعليّ وليست واحده. واردفت ؛

ان دخلته معكِ الآن.

ترغرغت عينيها وسالت دموعها صامته على شدقيّها، أمسكت بيدها الاخرى كفي ضاغطة وكأنها تصهر عصبيهما للتمازج معا.

قالت بحرقة ؛

وكيف يكون حالي بشقة شارع بغداد ...!

هبطت على قلبي غيمه كثيفة السواد، فأطرقت للحظات ثم نطقت ؛

لا تمضي اليها، إلاّ لقضاء حاجة قصوى، فهناك ظلالنا نحن الاثنين، بينما في بيت ابورمانه لن يحيطك الاّ ظلالي وحيدا فآنسيه واستانسي به علّه يزيل غمّكِ ويكشف لكِ سرا.

43

صبيحة اليوم التالي كان الرفيق عبدالله في مقدمة من شاهدته، اقبل برفقة الطبيب المعالج في ملامحه كلام قد أعده سلفا.

لكن الطبيب سبقه الى القول ؛

أردت ان أحيطك علما بأنك تعافيت وأصبحت في حال يسمح لك بالسفر لاستكمال ما تقرره من علاج.

قلت ؛

لك وافر شكري لما بذلته من تفاني واخلاص في جهدك معي.

اجابني بكل تواضع ؛

بل ما قمت به يا أستاذ دَاوُدَ من صلب عملي.

واستطرد ؛

كان بودّي لو كان الامر اخف وطأة علينا.

ثم صافحني مودعا وهو يغالب تأثره.

تقدم مني الرفيق عبدالله بابتسامته الجليلة وجلس على المقعد بمحاذات سريري قائلا ؛

نحن شارفنا المرحلة الاخيرة من العلاج، وأوضح ؛

مساء اليوم سنغادر بيروت الى ألمانيا بعد ان أنجزنا جميع الترتيبات.

استشعرت اهتمامه الممزوج بعاطفته الساميه التي قلّما تجد امثاله.

غمرني حنوه كدفقات موج متواصلة بلا نهاية.

قلت له ؛

لو كان لي اخ يا رفيقي لما بلغ مبلغك !

اجابني ؛

ليس الأخ، فقط من تُولِده أمك يا رفيقي.

طفرت من عينينا دمعات بآن واحد فقلت ؛

صدقت أيها الصدوق.

فُتح الباب ودخلت نرجس ؛

صباح الخير، كيف أنتم ؟

فزّ عبدالله من مقعده يُصافحها وقال ؛

الحمد لله على كل حال.

خرج وتركنا على أمل لقاء المساء.

اقتربت مني فألفت عينيّ الدامعتين، جلست على السرير بالقرب مني وقالت ؛

لاشك قد اُنهكت بفرط سمو العاطفة لدى عبدالله.

قلت مستحسنا ملحوظها ؛

هو كذلك وربي.

ساد صمت لوهلة، ثم تناولت كفي ورفعتها تجس شفتيها ووجنتها ثم تعود فتلثمها وتبقيها حتى احسست حرارة انفاسها تسري إليّ.

قالت وكأنها تذكّرت أمرا ؛

أتممت تجهيز لوازمك للسفر. واردفت ؛

عدا نفسي فاني عجزت عن تجهيزها لفراقك.

اختنقت كلمات في حنجرتي.

نظرت اليها محدّقا في عينيها تلجّ بالأسى وبالهوى، تغالب مصهر عبرات كي لا تطفر دمعه.

قلت مواسيا؛

نحن نفترق لنلتقي، واردفت متسائلا ؛

ماالجدة في الامر !

قالت سالكة طريقي في التماهي ؛

لاشيء، لاشيء البته.

ساد صمت تخلله اطراقنا، أدركنا بأننا نبدي غير ما نخفي، وان الوقت يدركنا. غدا، في مثل هذا الوقت سنغدوا ورقتي خريف تلهو بها الريح.

رفعت رأسي وقلت ؛

اقتربي مني.

لم يدهشها طلبي ولكنها تريّثت، ظلّت تُحدّق فيّ ثم دنت وهي لاتزال ممسكة بكفي.

قلت لها ؛

اقتربي أكثر.

فعلت حتى اضحى ما يفصلنا أقلّ من ذراع.

أعتقت يدي من قبضتها ووضعت وجهها في قبضتيّ، جسست عنقها بشفتيّ، أغمضت عينيها وانتابتني رعشة ظلّت تتوالى متصلة بزيت عاطفتها المسحورة، فتُسّحرني حتى بلغت شفتيها، أغمضت عينيّ وارتشفت من رحيق زنبّقتها، فازدادت تفتُّحا، نهلت المزيد باقسى من رعونتي المعتادة حتى كادت تتفتق.

اعتقّتها واعتدلت قائلا ؛

حاذري ليدخل احد..،

استغرقنا وقتا قبل ان نجمع اجزائنا التي تبعثرت.

بعد دقائق معدوده، طُرق الباب سارعت لفتحه قائلة ؛

أهلين، تفضلوا.

كانت ثلة من الرفاق، أتت مودعة. جلس من جلس ووقف من وقف من بينهم زياد تقدم مني مصافحا ثم جلس على مقعد بمحاذاة السرير.

أمسك بيدي وقال ؛

ايستحسن الرفيق سماع مستجدات الشأن الجنائي ؟

قلت وقد أعددت جوابي قبل السؤال ؛

لا والله يا اخي زياد.

واضفت ؛

لكم أتمنى ان تضع هذه الحرب الطاحنة أوزارها والتي حصدت من شعبنا مئات الألوف وأقعدت آلاف وأعاقت كبارا وصغارا.

اطرق لوهلة ثم قال ؛

ولكن المجرم وجبت عليه العقوبه.

اجبته ؛

حسنا ان تمكنتم من تحقق ذلك. واردفت متأسيا ؛

مصيبتي في بتر ساقي طهّرت قلبي من شوائب وبراثن احقاد وقهور ومظالم كثيره.

بدى على ملامحه تأثر عميق حتى احمرّت عيناه.

واصلت حديثي قائلا ؛

لم يبلغ تأثري بموت ابني مبلغ فجيعتي في ابقائي سقيما بالعجز، واضفت ؛

الموت حق ورحمة من القدير، امّا جرحي فسيبقى نازفا في كل من جسدي وروحي ما عشت.

وأطرق، اذ سالت دمعة على شدقيه.

دنوت منه وقلت همسا ؛

ان نسيت اوتناسيت لكزني.

ساد وجوم في الغرفة، نهضت نرجس لِتُضيّف وتسقي الرفاق.

لمّا فزّوا لينصرفوا، ابتسمت لأتجمّل فتقرّ اعينهم، اقترب زياد يقبّلني فأمسكت بيده قائلا ؛

لا تأخذ على حدة كلامي وسيروا الى اخر الشوط لكشف الجناة.

قال بحب وحنو ؛

وهو كذلك، وأردف همسا ؛

هوّن عليك يا رفيقي.

انصرفوا وبقيت هي برفقتي، احسست بوهن في روحي تسرّب الى جسدي فاضطجعت واغمضت عينيّ.

بعد لحظات اخذتني غفوة رحيمه اسكنت نفسي وذهني، رأيت ملاكا يقبل فيعانقني ثم غاب وكأنه صعد الى السماء.

فقت، لا ادري مدى طول غفوتي لكنها استغرقت ساعات كما بدى على ملامحها القلقة.

اقتربت مني هامسة ؛

حبيبي.. كيف انت ؟

جست بيدها جبيني ووجنتي فما اكتفت، اعادت الجس بشفتيها حتى ارتوت.

سألتها ؛

كم بقي من الوقت قبل المغادرة ؟

اجابتني بحنو وحب ممزوجين بقلق ؛

ما يقارب الأربع ساعات.

قالت متسائلة ؛

اترغب بتناول غذائك الآن ؟

اجبتها ؛

لا اشعر بجوع، واوضحت ؛

ربما قبل المغادرة بساعه.

قالت مستسلمة ؛

كما تريد حبيبي.

نظرت الى وجهها محدّقا، الفيتها كالزهرة قبل ذبولها فأشفقت عليها قلت مادّا يدي حيث تقف ؛

اقتربي وحدّثيني.

طالت المقعد بمحاذاتي قائله ؛

بماذا تريدني ان أحدثك، واردفت ؛

وهل غيرك وبعدك من حديث !

أمسكت بيدها وأجبتها ؛

بل عنكِ الحديث، واوضحت ؛

ماذا عنكِ، متى ستغادرين الى الشام، دعي للرفاق تأمين سلامتك في الطريق واحيطيني بعلم وصولك.

ظلّت صامته تُحدّق بي، تنهّدت فشقّت صدري وصدرها.

أطلقت يدها في صدري تمشّط شعره الغزير وقد تخلّله بعض البياض انحنت تلثم ما يمكنها وهي تفلّ شعره بأصابعها كما تهوى.

سرت جوارحها تحت جلدي وفي عروقي، تذكّرت أمرا فقلت لها وقلبي مهدّهد في كفّها ؛

لا تدعي سانحة الا وقد صرت في المهاجرين، حيث تجديني قابعا انتظرك.

ظلّت لا تنطق الا عينيها وكفّها بفواض الوجد يغمرها، فتكاد تغرق لا تريد من يسعفها، وكأنها تنهل وتستزيد في حدقها وكفّيها فتقبض عليهما.

انا ممسك بكفها اقيس طول أناملها.

لا نعلم كم من الوقت مرّ بِنَا ونحن على ذات الوضع حتى احسست بكفّها يغادر صدري قابضا منه، نظرت اليها فالفيت شيئا

من شعره تخلله بعض البياض الى جانب الأكثر السواد، دارت حولها فوجدت علبة كبريت تكاد تفضى، أفرغتها وطهرتها ببعض من عطر حلاقتي ودسّت الشعرات فيها. بعدها نظرت إليّ بعين بارقه، لمحت ابتسامتي المواربة التي هجرتها بعد توجع الروح والفؤاد معا، قالت ؛

أيا ليت شعري لو علمت ما تزخّه بسمتك هذه من نفح حياة في جارحي.

أقبلت عليّ فقبلتني وقالت ؛

هو حصاد ما علق بكفي من غابة مملكتي بصدرك، أضحكك ! ؟

قلت وقد اكتملت بسمتي المواربة ؛

بل وجدك وشغفك اسرّ روحي.

قالت ؛

استحلفك بها، أبقها مسرورة.

44

بلغنا مطار كولونيا الدولي، ثم استقلينا سيارة متجهين الى بون، التي كانت عاصمة ألمانيا الاتحاديه، تبعد عن المطار بقرابة ثماني وعشرين كيلومترا .

قصدنا مباشرة احد المستشفيات الجامعية الكبرى، حسب ترتيبات المكتب الألماني للخدمات الطبيه. كان الوقت مساء، مما استدعى الانتظار ليوم غد كي يتسنى لنا مقابلة االاستشاري المعني بالأمر.

عملنا ما يلزم لاجراءات تقيّدي على لائحة مرضى الطبيب المقصود.

بقيت في المستشفى وانصرف عبدالله ليقيم في غرفته بفندق مجاور للمستشفى.

افتكرت بادئ ذي بدء ان اجري اتصالا مع اختي وزوجها ابو الخير كي أعلمهم بوصولي، دققت هاتفهم الأرضي وأتاني صوته ؛

حمدالله على السلامة ياداود.

حفظكم الله يا اخي ابو الخير.

اجبته، وقد تناهى الى سمعي نحيب اختي، فقلت ؛

كيفها ام الخير والأولاد ؟

بادرني بجوابه ؛

الا تسمع نحيبها.

قلت ؛

دعني اكلّمها ، زكاتك !

بعد لحظات، سخّرتها لتكفكف دموعها ، قالت ؛

تقبرني اخي، غلب عليها الانفعال فاستطردت ؛

ليت رؤيتك في غير هذه المحنه.

اجبتها وقد عددتني لمثل ذلك ؛

وضعي أسوة باي مواطن سوري وما يتعرّض له من جور النظام.

قالت بلهجة حانقه ؛

قاتلهم الله بحسمه لحق لا يضيع.

قلت ؛

هذا كلام المؤمن يا ام الخير.

تناول السماعة ابو الخير قائلا ؛

سنراك ظهر الغد ياداود.

اجبته بنية إنهاء المكالمة ؛

الى اللقاء غدا.

نحيب اختي ردعني عن مكالمة نرجس التي تركتها كأسوأ حالة اذ حظرت عليها توديعي في المطار مكتفيا بلقائنا في المشفى، قبّلت جبينها وهي تحتضنني ومسحت بوجهي دموعها. قائلا ؛

أعينني على مصابي بجلدكِ وليس بدمعكِ.

هي لاشك ألفت فضاضتي وقسوتي حيال هكذا مواقف.

لكني اشفقت على امتثالها لأمري دون أدنى ممانعه.

هاجسي ان لا المح علامات شفقة في عينيها.

وحتى في حركات يديها تعضدني.

يراودني احساس في مقابل هاجسي باني قد أكون مغالٍ في تصرفي لعدم منحها فرصة اداء ما تودّه و ما ينسجم ونزعتها الأنثوية الرهيفة.

كل ما يستحوذ اهتمامي في هذا الشأن، هو ان لا تخطأ في تفسير سلوكي لحرصي على سلامة روحها من الخدش.

لشدّما حاولت ان اخرج من عباءة رجولتي كي اقترب من نهر عاطفتها بقصد إرضائها ولكني لا ابلغ سقفها مهما علوت.

عبر هذا الجدل بين عقلي وقلبي تناهبّني الإعياء، فاغمضت عينيّ واستسلمت لسلطان النوم الذي لا يضاهيه غير سلطان الحب.

صحوت ظهر اليوم التالي على جلبة ام الخير. لكني ظللت مغمض العينيّن، في قلبي وجل وعلى صدري يجثم ضيق وغم.

ادركت بان ساعة المواجهة مع شقيقتي ستعيد عقارب الزمن الى الوراء القريب والبعيد، خاصة وقد مضى على فراقنا سنوات طوال.

سمعت صوت عبدالله بعد ان طرق الباب ؛

السلام عليكم.

فزّ اليه ابو الخير مصافحا ؛

وعليكم السلام، ثم قدّم اليه ام الخير.

فتحّت عينيّ لأرى الجميع مشرّابّي الأحداق نحوي.

تقدمت مني ام الخير، عانقتني بقبلاتها هامسة ؛

اجر وعافية اخي.

كذلك فعل ابو الخير، أجبتهم ؛

الحمد الله على السلامة واضفت ؛

يؤسفني جدا أزعاجكم وتجشّمكم متاعب السفر.

قال ابو الخير ؛

حاشاك ان تنطق بمثل هذا الكلام يا دَاوُدَ !

تقدم عبدالله محييا ؛

كيف أصبحت ؟

اجبته ؛

حمدا لله على ما أسبغها على عباده، نعمة النوم !

واضفت ؛

وانت كيف كانت ليلتك يا رفيقي ؟

قال بابتسامته المعهودة ؛

أرقت بعض الشيء بعد ان شاهدت فلما مرعبا.

بادلته وقار ابتسامته قائلا ؛

الا زالت تستهويك أفلام الرعب ؟

واضفت متسائلا ؛

اتمدّك ببعض الحصانه ؟

اجابني وقد اتسعت ابتسامته ؛

لا شك في ذلك.

غاب ابو الخير لبعض الوقت، حسبته خرج بقصد إشعال سيجارة كعهدي به. لكنه عاد متجهم الملامح وكأن أمرا باغته، اقترب من ام الخير ووشوشها، قضّبت جبينها .

لمح عبدالله قلق ابو الخير، تقدم منه متسائلا ؛

اراك قلقا يا اخي هل الملّك مكروه ؟

تلعثّم قبل ان يجيب ؛

آسف، لكن وصلني خبرا للتو من برلين.

صمت لوهله ثم استطرد ؛

حادث ارهابي، قتل فيه وجرح كثيرون.

سأله عبدالله ؛

كيف حدث ذلك ؟

اجابه ؛

هجوم بشاحنه في احد أسواق الميلاد.

لاحت علامات التأثر على وجه عبدالله. اطرق للحظات ثم قال؛

عندما يقع ماهو مُقدّر على الخلق، وأضاف ؛

لاحول ولا قوة الاّ بالله.

ظللت صامتا اسمع تحاورهما حتى قلت ؛

دخان الحرائق في شرقنا لا مناص من بلوغها الغرب عبر اليابسة.

قال عبدالله ؛

أينما كُنتُم يدرككم الموت، وأضاف ؛

لا ملجا من الله الاّ اليه.

نطقت ام الخير بعد وجومها ؛

إنّا لله وَإنّا اليه راجعون.

لاحت على وجه ابوالخير سمات الجد مشوبة بالتواتر وقال ؛

الخوف والقلق من تداعيات مثل هذه الاعمال على مستقبل اجيال عربية مهاجره هو بيت القصيد.

وأضاف ؛

بل انها تهدف بالأساس الى دقّ الاسفين بين أفراد المجتمع الألماني واللاجئين.

قلت موضحا ؛

الذين استقبلتهم ألمانيا في السنوات الاخيرة على اثر الثوره السوريه.

اطرق الجميع مهموما.

حتى قالت ام الخير ؛

النظام يفرّخ أمثال الدواعش ليزيد الفارين للهجرة.

قال عبدالله ؛

كما ان فلولهم بعد الهزائم التي منّوا بها في مشرقنا تقذف بهم الريح صوب أوربا.

ساد وجوم حتى قال ابو الخير ؛

الإرهاب في أوربا له جذور قديمه.

وأضاف ؛

هناك دائما خلايا نائمة مستقلة عن مراكزها.

قال عبدالله ؛

بعد ان باتت المراكز تحت مراقبة مكثّفة .

وأضاف ؛

طريقة الاستقلال الذاتي فاعلة، وضعتهم على صدارة الاهتمام الإعلامي كما ينشدون.

قلت ؛

ووضعت الأجهزة الامنيه امام صعوبات جمّة.

طرق الباب فدخل اثنان من الأطباء، تحدث معهم ابو الخير بلغتهم.

بعد معاينة ساقي بدقة وإجابتهم على استفسارات كثيره خرجوا.

45

مضى ما يناهز الأسبوع على وجودي في المشفى الجامعي بمدينة بون الألمانية، تم تدريبي على استعمال ساق صناعية تسمح لي بالتحرك دون مساعده من الغير.

بعدها غادرت برفقة اختي وزوجها الى برلين العاصمة حيث يعيشون منذ هجرتهم التي مضى عليها سنون طويلة، أنجبوا اولادهم الألمان وتعايشوا في المجتمع الألماني.

اصرّوا على الإقامة في بيتهم بقصد الرفقة التي افتقدناه منذ هجرتهم.

بعد تفكير معمّق ارتأيت في ذلك صوابا كي يمنحني متسعا من حياة الاسترخاء تعينني على التكيّف مع متغيرات قسمها الله لي.

لم يكن الامر هيّنا البته، لكن ساورتني تهيئات ونداءات انبلجت من عقلي وقلبي باتجاه الكتابة.

غاية لم تكن لتكشف عن فحواها في خضم امواجي المتلاطمة.

رغبة تبلورت في داخلي لممارسة حياة العائلة، امر افتقدته منذ زمن.

ألفيت اختي بعائلتها شامية الهوى شرقية المنهل، بين جوانبهم ترتسم ترانيم الصور الألمانية الشفافة، استهوتني، فآثرت الاقتراب منها.

وهو ما يبعدني ولو لردح من الوقت عن تأسّي مشاعر لا يمكنني تجاهلها.

تلقّيت اتصالات جمّه من رفاق عبر وطننا العربي ومن زملائي في السلك الدبلوماسي عبر مسيرتي الطويلة.

منهم من هو بأوربا وفي ألمانيا بالتحديد، ومنهم من تقاعد وتفرغ لأمور أكاديمية، منهم من هو بعيد تفصل بيننا القارات او المحيطات. معظمهم يتوخّى زيارتي ويودّ رؤيتي للاطئنان عليّ.

لكم احدث ذاك تحولا في أعماقي، عادت روحي بعض الشيء لسابق صفائها، ازددت قربا من ذاتي وطبائعها.

حدّثت اختي وزوجها برغبة الكثيرين لزيارتي، اولوا الأمر اهتماما

قال لي ابوالخير ؛

اطلق عاطفتك من مخابئها.

وقالت اختي ؛

لا تتوشح بغير ردائك يا اخي.

واضافت ؛

هؤلاء الاصحاب خبروك وعزّوك بذاك القلب والقالب.

حتى كان يوما استأذنني ابو الخير لدخول غرفتي وبيده أكوام من الورق نظرت اليها تغلبني الدهشة، فقلت متسائلا ؛

ما هذا يا ابو الخير ؟

جلس وفرد امامي خرائط لالمانيا وما حولها كذلك لبرلين وسبل الوصول اليها سواء عن طريق القطارات او السيارات وما من شانه تسهيل بلوغ منطقة سكناهم بسهولة ويسر.

ضحكت من صميم قلبي على التفاصيل وما رافقها من جدّية العرض وشفافية العزم وصدق النيّه .

بادلني بابتسامة رائقة شرح، بها صدري المعنّف قائلا ؛

أتدرك مغزى ان يعودك شخص لدى الملمّات،

وأضاف ؛

في تلك الاحايين، اذ تكثر وتتنوع الملمّات .

صمتّ لوهلة موغلا في عمق منطوقه من دلالات. ثم اجبته ؛

قد يكون بدافع محبه، واردفت ؛

وقد يكون بدافع تشفّي.

قال ؛

ياخي دَاوُدَ الغير الدافع الاول يتكلّف المخلوق مشقة ترحاله ؟!

وأضاف ؛

وأما الدافع الآخر فيكفيه صاحبه ان يقبّره في قلبه.

قلت له ؛

وما قولك في دافع الإشفاق ؟

اجاب ؛

هي من تداعيات المحبة وعمقها.

سرحت بذهني بعيدا عن ابو الخير، حتى اوقظني بقوله ؛

كانما جرفك فيض يا اخي.

وأردف متسائلا ؛

هل انت على مايرام ؟

سارعت فأجبته ؛

289

هو كذلك، واوضحت ؛

أوراق القلب متعددة !

قال بابتسامته الرائقه ؛

اعانك من ثبّته، بين ضلوعك.

دخلت ام الخير مستأذنه ؛

هل للنساء ان تدلوا ؟

ضحك الجميع.

تقدمت مني تقبّلني وقالت ؛

كيفك اخي ؟

اجبتها ؛

الحمد لله، واضفت ؛

الفضل لله ولرفقتكم المتعالية.

سألتني ؛

هل بلغ كلام اخيك وصهرك مبلغه ؟

اجبتها

هو كذلك، وحق السماء.

استدار ابو الخير خارجا من الغرفة. قلت له ؛

يعتذر الشكر عن قلة فصاحته .

اجاب ؛

أخجلت التواضع.

توجهت لأختي قائلا ؛

زكاتكِ اختي لا تفرطوا في التكريم .

290

ردّت بفورها ؛

بل هو نداء القلب ودم اللحمة يا ابن ابي وامي.

واردفت ؛

بتعرف يا دَاوُدَ انك مليت علينا البيت بعد ان هجره العيال كل في طريقه.

قلت لها ؛

يباركم ويباركهم الله.

46

وحلّ اليوم الذي قضيت لإعداده ما ينيف عن العشرين يوما، أخرجني من حال الى حال، تجاوزت مصابي وأتيت على رضوض روحي.

بدى لي ولحقه يقيني، بان صهري واخي ابو الخير قد اجهدته الحيلة لحملي على تحقيق ما بلغته اليوم.

اليوم سألتقي بخيرة من عاشرت والتحمت معهم بالفكر والوجدان عبر حطات حياتي المنبسطة والملتهبة. كل من استهول ما ألمّ بي، ودفعته روحه للقائي وربما لمواساتي لا ضير.

منهم من غدرت به ذاكرتي لطول ما افترقنا، كعهود الجامعة والصبينه.

خواتيم العلم ممّن عبروا دمشق، وفلول الأحزاب العربية ممّن ابتلى بعشق الشام. ثلّة الفكر والأدب المكتظة بها ارض العرب، وفوق كل هذا وذاك زملاء السّكة الدبلوماسية بنجومها واعلامها، اشقيائها وأقرانها .

طُرق الباب ودخل ابو الخير متسائلا ؛

أمن اعتذارات طارئة ؟

استدرت له مبتسما ؛

لا أظن واردا ما تعتقده.

ردّ ابو الخير بابتسامته المحببة ؛

وهذا ما نصبوا اليه.

وأردف مؤكدا ؛

حمدا لله حساباتنا صدقت.

اجبته ؛

ما يقارب الأربع والعشرين شخصا ،

واضفت بأعرض من ابتسامتي السابقة ؛

سيكونون في ضيافتك على عشاء هذا المساء.

قال برضا ؛

بل ضيوفي وفي بيتك اخي.

استدار قبل ان يخرج وقال ؛

خذ قسطا من الراحة لساعة من الزمن.

بلغت الخامسة مساء، وابتدأ الاصحاب يتقاطرون على مجلسنا اليوم. انضم إليّ ابو الخير لاستقبالهم بينما ام الخير أُرتهنت في المطبخ.

يأخذني الحماس للقائهم فأقف تارة واجلس تارة مرتديا بسمة ابوالخير الخيّرة الآسرة.

لمّا اكتملت لمّة القوم دخل شباب ابو الخير وأصحابهم يسقون الضيوف، يملاهم الحماس وتدفعهم نخوة الشرق البعيد عن هيأتهم والقريب من ارواحهم.

ينظرون إليّ بين الفينة والأخرى يرددون ؛

بدك شيء يا خالو ؟

وانا اكتفي بابتسامة الحنو والرضا.

أُعاود استدارتي يميناً وشمالا لمجاملة من هم قريبين مني، حتى انتقل لمقعد في الجانب الآخر كي احادث الحضور.

الجميع مشرئبة اعناقهم تنظر إليّ بعيون اختلفت مقاصدها وان اجتمعت على اللهفة، قلت ؛

مرحبا بأهلنا وأصحابنا، ثم أردفت ؛

أهي ثورة سوريا ما جمعتنا اليوم ام هي جذورنا الضاربة في عمق تاريخنا.

قال جاري وقريني في السلك الدبلوماسي ؛

تاريخنا بما اجتهد فيه الاولون على اجتماعهم واختلافهم.

قال من كان سفيرا لمصر في الصين ؛

لكم تشدّني كلمة اختلافهم بين عصرين من الزمان، الاول قبل اربع مائة وألف عام والآخر هو حاضرنا، وأوضح ؛

ان الخمس او الست سنين الاخيرة، لشبيبة بذات العدد من السنين وبالتحديد منذ مقتل الخليفة الراشدي الثالث عثمان بن عفان وحتى مقتل الرابع والأخير علي بن ابي طالب .

قلت ؛

هي فترة اقتتال بين العرب أنفسهم، واردفت ؛

لا هي حروب ردّه ولا شان لها بالإسلام.

قال آخر ؛

بل هي حروب نزاع على السلطة والنفوذ كما يحدث اليوم.

قلت ؛

وما أشبه بمعاوية وتنصيب ابنه يزيد كسابقة بالامس، إلا حافظ الأسد وتوريث ابنه بشّار اليوم.

اشترك الجمع في التعبير بايماءة الموافقة.

وقال الدكتور يونس ؛

في كل من موقعة الجمل وصفيّن قتلى وثكلى ومعاقون وأضرار جسام .

وأردف ؛

وهي ما استفزّت جماعات، عُرفت بالخوارج ادعت عبثية تلك الحروب.

قلت مضيفا ؛

حتى اتفقت على قتل كل من علي ومعاويه وعمرو بن العاص في ليلة واحده.

قال احد رفاق الثوره ؛

سلم منها كل من معاويه وعمرو ولم يسلم منها علي.

سأل رفيق اخر ؛

ما أسباب الطعن في خلافة عثمان وحصاره ثم قتله ؟

تفضل بالردّ أستاذ الدراسات الاسلامية في جامعة برلين فقال ؛

ان الزعامات والقيادات المؤثره عبر تاريخ البشرية جمعاء تتطلب بالأساس ما نطلق عليه كرزمة فاعلة في التأثير على ردود فعل الآخرين حيال قيادتها. وأضاف ؛

شخصية عثمان تفتقر لمثل تلك، كان رجل صادق وكريم وورع مما جعله عرضة لأطماع الذوات المختلفة على رأسهم ذويه من بني أمية.

صمت قليلا وكأنه يشحذ ذاكرته ثم قال ؛

سبب حصاره من قبل آلاف قدمت من كل من مصر والكوفة هو احتجاجهم على سؤ ولاته في تلك الأمصار.

ثم أضاف ؛

الى جانب ثغرات مُهلكة، تأثر بها المهاجرين وابنائهم وهم من صحابة رسول الله صلى الله عليه وَسَلَّم في المدينه.

قال جاره في المقعد ؛

يالشدة بأس من حوله حيال ضعفة وهونه، وأردف ؛

خليفة يُحاصر ويمنع عنه الزاد والماء وهو قابع في بيته، ثم يُقّتل ويُمّثل به من قبل كثره من رعيته !

قال اَخر مندهشا ؛

أين ذاك الزمان منّا الآن ! وأردف ؛

كيف تطول رئيسا اليوم !

قال اَخر موجها حديثه للاستاذ ؛

اصحاب الشورى، ستة جميعهم من صحابة رسول الله التسعة، بعد ان توفي منهم ابو بكر وعمر بن الخطاب وأبو عبيده بن الجراح،

ثمّ سأل ؛

ما أساس اختيار الستة لعثمان بن عفّان ؟

علت ملامح الاستاذ ابتسامه وقال ؛

هذا الاستفسار يجرّنا لما قبله، وهو لماذا لم يدعُ عمر لمبايعة واحد من السته كما فعل ابو بكر ؟

وأردف ؛

شدة المنافسة بين بعضهم جنّبت عمر الدعوة لمبايعة واحد منهم، بل وألهمته حنكته خرج الشورى، وهو رجل سياسة لم يوجد نظيره.

صمت للحظات، ثم تابع قائلا ؛

لمّا اجتمع الستة، رأس جلستهم من لايطمع بالخلافة لبعد أحقيته وهو عبدالرحمن بن عوف.

وجّه هذا الأخير سؤاله لعثمان، بعد ان أخذ من كل منهم العهود والمواثيق والتسليم والرضا لمن يجمع عليه، ثم ما عُرف بشرط عمر وهو؛ ان لا تجعل احدا من بني اميه على رقاب الناس، ردّ عثمان بالموافقة .

ثمّ وجه ذات الشرط لعلي وهو ممسكا بيده ؛ على ان لا تجعل احدا من بني هاشم على رقاب الناس.

صمت ثم قال ؛

كان جواب علي مغايرا لعثمان وهو رفضه ذاك الشرط،

ثم أردف ؛

كان عمر رجلا شديدا، وقد ضيق على قريش انفاسها، لم ينل احد شيئا إعظاما له واجلالا، وتأسيا به واقتداء، ولقد قال فيه يوم شهادته عبدالله بن عباس، " مصّر الله بك الأمصار وجبا بك الأموال ونفى بك العدو وادخل الله على أهل كل بيت من المسلمين توسعة في دينهم وتوسعة في أرزاقهم، ثم ختم الله لك بالشهاده " .

وختم الاستاذحديثه قائلا ؛

امتدّت خلافة عمر عشر سنين، كانت إمارته فتحا، كما كان إسلامه عزا ونصرا.

ساد صمت وكأن الحضور قد أُخذ بعيدا بكلام أستاذ الدراسات الاسلامية.

سأله سفير الجزائر في باريس سابقا ؛

ألدى الاستاذ رأيا فيما يتعلق بأحقية الخلافه فيما بين ابو بكر وعلي عليهما السلام وأوضح ؛

بعد وفاة الرسول.

غلبت الاستاذ صفنة عميقه ثم قال ؛

هذه الاشكالات العقيمة وهذا الجدل المتطاول حسمته إرادة الله عزّ وجلّ.

وأردف ؛

لديه في كتابه اجل كل من وُلّي خليفه على المسلمين، فقُبض ابو بكر ثم عمر، تلاه عثمان وكان علي خاتمة الخلافه الرشيدية بمقتله.

وأضاف ؛

ولو أراد الله غير هذا لأوحى لنبيّه.

قلت مستنتجا ؛

ولصرّح به رسول الله قبل ان يُقبّض، واضفت ؛

برغم ادعاءات من يعتقد بأحقية علي، لقرابته من رسول الله ومساندة فاطمة زوجته وبنت رسول الله بإصرار وبعزيمه، حتى ذُكر بان علي حملها على بغلة لتستدر مبايعة الانصار بعد ان بايعوا ابو بكر، الا انهم اعتذروا عن الرجوع في مبايعتهم.

خيّم صمت، لكأن الجميع يمارس عصفا للأذهان والذاكرة.

قال الدكتور يونس ؛

ظلّ الجدل بين كل من فاطمة وأبوبكر يتطاول كُلَّمَا يأتيها دارها ولكم بكى ابوبكر، حتى زُهقت روحه. كان تأثره عظيما بكلام فاطمة وزعلها.

وأضاف ؛

وقد تمنّع عن سؤال علي لمبايعته، حتى قُبضت فاطمة بعد ابيها بسبعين يوما.

وأردف ؛

حينها بعث علي في طلب ابوبكر وبايعه في حضور عدد من بني هاشم.

قال سفير الكويت السابق في الصين ؛

كان تاريخ، او حقبه من الزمن، تواجد فيها بشر باختلاف نزعاتهم، اجتهدوا فأصابوا وأخطاوا ، ثم أضاف ؛

مسلسل طويل من تاريخ امتنا ، لاشك، حفل بأمجاد أمدتنا بأكسيد الحياة، كماحوى مطبّات كثيره هلك فيها الكثير. بعده بدأت فصول اخرى واليوم علينا ان نوقظ العقل للنقد والتقيّم بعيدا عن النزعات المتطرفه، رايتنا التسامح والسلام كما ارادها لنا رسولنا العظيم.

ساد همس واحاديث جانبيه قطعه ابو الخير موجها سؤاله للاستاذ ؛

ليتك تفيدنا برأي فيما يتعلق بتاثير القرابه لرسول الله على الخلافه وما تبعها من احداث ؟

اجابه ؛

لنعلم جميعا بان النبوة شخصية يصطفيها المولى العظيم المعني بخلقه .

هي ابعد ما تكون عن مقولة التوارث بما شملت حتى البركات الوارده من تلك القرابه، والتي ما هي سوى تهيات لا تتعدّى الحاجز النفسي. إذ ان الشفاعة لا تقع إلا بإذنه عزّ وجلّ.

تدخّلت في الحديث بقولي ؛

جُبلت النفوس العربيه على تقدير قرابة الدم منذ القدم.

وتابعت ؛

نزعة العرب القبليه تغلب في جميع الأحوال، للأسف حتى يومنا هذا بل أضحت باذخة.

فتجّعلهم انتقائيّن في توجهاتهم بالسليقة، قبل الاسلام وحتى مع تأثير الاسلام.

انبرى سفير لبنان السابق في باريس قائلا ؛

لكن هناك نزعه اخرى مؤثرة وقد جُبل العرب بها وهي الاعتزاز بشخوصهم وأنسابهم مما ضاعف حدة الاحتكاك حتى التناحر.

وأردف ؛

خاصة بعد ان خلت ساحاتهم من التأثير المباشرلرسول الله بموته .

قلت ؛

صلة القرابة والمصاهرة مع رسول الله احدثت نتائج متضاربة ومتناقضة.

واوضحت ؛

وجه، شمل التقدير والتعاطف معهما، وأما الوجه الآخر فلم يبعد عن النفورلشدّة المبالغة في استغلال تلك القرابه او تلك المصاهرة .

واضفت محاذرا ؛

ولعمري ما أوصى الرسول بأهل بيته إلا وقد لمس تأثير تلك القرابه بوجهيها وخشي فرط ما تؤجحه تلك التأثيرات في نفوس المهاجرين والأنصار.

ساد وجوم وهمس لبعض الوقت قطعه أستاذ الاجتماع بقوله ؛

وذاك ما احدث إساءة تفسير لوصية رسول الله، اذ اعتبرها العامة بمثابة تفضيل لأهل بيته، بينما القصد منها صونهم من تأثير تلك التداعيات بعد مماته.

وأضاف ؛

اذ ان الرسول العظيم لمنزّه عن التفضيل بين الناس الا بالتقوى.

بل وبشهادة من بعثه رسولا كما ورد في محكم كتابه " وانك لعلى خلق عظيم ".

بعد لحظات من الصمت تقدم رئيس تحرير جريدة تشرين سابقا متوجها بسؤاله الى أستاذ الاجتماع قائلا ؛

بودّي لو تتكرم برأيك في شخصية علي بن ابي طالب كرّم الله وجهه.

وأوضح ؛

ان كنت لا ترى في ذلك ضيرا.

ابتسم الاستاذ قائلا ؛

ان كان رايّ لا يغضب البعض.

لاح ما يشبه الحماس على وجوه الكثيرين، فقلت له ؛

تفضل هو رأي لا يُلزم، ومن لديه رؤيه مغايره فاهلا بها.

مضت لحظات، بعدها قال الاستاذ :

ان منشأ الجدل حول شخصية علي كرّم اللّه وجه، هو ما أتى به أنصاره بعد مقتله، ومنهم من تفقه الى اخر ما وردنا من علم بهذا الشأن.

وأضاف ؛

ان المغالاة في النصره تُحدث شقوقا تنفذ منها أياد عابثة واطماع مستعبثة .

صمت لوهلة وكأنه يستفكر، ثم قال ؛

علي هو ابن ابي طالب، سيد بني هاشم وذو حظوه على قريش. ونحن نعلم ان محمدا رسول اللّه قد كفله وأنشأه عمه أبوطالب بسبب يتمّه.

علي كرّم اللّه وجهه، فخور جدا بنسبه، ضاعفه ان بُعث محمد رسولا وهو ابن عمّه ولصيق له، فبادر بتصديقه ومؤازرته في محنته.

تابع قائلا ؛

أظهر علي، تفوقا في التقوى وفي فصاحة اللسان والمبارزة، شهد به الرسول واصحابه في خلافتهم وقد استعان عمر بتبحر علي في الفقه.

سأله جاره في المقعد ؛

مميزات علي تلك، لم تحدث اشكالا لدى مبايعته عمر بن الخطاب ؟

اجابه ؛

كان يعلم بان عمر لايقل عنه في اي من هذه الصفات، اضافه الى أسبقية سنه، وقد يتقدم عليه في الزهد والعدل بين الناس ونبذ التعصب للقبيلة.

قلت وقد حضرني امر ؛

يُروى عن قول لعلي ابن ابي طالب، ان رسول الله قال له في ابو بكر وعمر أنهما سيّدا كهول أهل الجنه، الا ما كان من الأنبياء عليهم السلام، ولا تخبرهما.

قال رئيس التحرير موجها كلامه للاستاذ ؛

الم يُحدث تفاخر علي بنسبه تقرصا ونفورا من الآخرين في محيط المهاجرين والأنصار بل وعموم الناس ؟

اجاب ؛

يتباين انعكاس ذلك ان كان في حضرة الرسول او غيابه.

وأوضح ؛

الجميع او بالاصح اصحاب الرسول التسعة المقربين يفهمون بواطن بعضهم.

ساد صمت،

قطعه أستاذ الدراسات الاسلامية بقوله ؛

بعد مقتل عثمان ومبايعة علي من قبل البعض ورفض معاويه لمبايعته بحجة ذنبه في مقتل ابن عمه عثمان، أتى الحسن دار ابيه علي وقال له " اما نصحتك ان تركب رواحلك فتلحق بمكة المشرّفه، فلا تُتّهم به ولا تحل شيئا من أمره، فعصيتني، وأمرتك حين دُعيت الى البيعة ان لا تبسط يدك الا على بيعة جماعة، فعصيتني "

وتابع قائلا ؛

كما قال الحسن لأبيه علي " وأمرتك حين خالف عليك طلحة والزبير ان لا تكرههما على البيعة وتدع الناس يتشاورون عاما كاملا ".

وأضاف الحسن لأبيه " وانا آمرك اليوم ان تقيلهما بيعتهما وترد الى الناس امرهم، فان رفضوك رفضتهم، وان قبلوك قبلتهم، فاني والله قد رأيت الغدر في رءوسهم، وفي وجوههم النكث والكراهيه "

سأله رئيس تحرير جريدة تشرين سابقا ؛

وما كان ردّ ابيه علي ؟

قال له " لا وآلله يابنيّ، ولكن أقاتل بمن أطاعني من عصاني وما زلت مبغيا عليّ منذ هلك جدكّ ".

صمت ثم تابع ؛

" قال له الحسن " يا ابتِ ليظهرنّ عليك معاويه، لانه (من قُتِل مظلوما فقد جعلنا لوليّه سلطانا).

قال السائل ؛

بعدها حدث ما حدث في موقعة الجمل وقُتل كل من طلحة والزبير.

قلت ؛

تبعها موقعة صفّين والذي هلك فيها الكثيرون حتى رُوي، ان علي كرّم الله وجهه كان يضرب يمنة ويسرة بسيف رسول الله ودرعه وفرسه.

قال الاستاذ ؛

حتى هاج الناس وفرّ الكثيرون وظهرت عليه الخوراج واتجه لمقاتلتهم حتى كان مقتله.

ساد صمت لدقائق وكأن الكل في معرض إصدار رأي ما حتى قال أستاذ الاجتماع ؛

لمّا بُويع ابو بكر في سقيفة بني ساعده، وما واجهه من زعل فاطمة، لمّا ذهب اليها وقد ختمت حديثها ان قالت له " والله لأدّعون الله عليك في كل صلاة اصليها "، خرج باكيا، فاجتمع اليه الناس فقال لهم اقيلوني بيعتي لا حاجه، لي بها.

قلت سائلا ؛

اكمل ما كان ردّهم ؛

قال ؛

قالوا له، 'يا خليفة رسول الله ان هذا الامر لا يستقيم، وانت أعلمنا بذلك انه ان كان هذا لمّ يقمّ للّه دين' .

سالت ؛

وماذا بعد ؟

قال؛

قال لهم ابو بكر " والله لولا ذلك وما أخافه من رخاوة هذه العروة، ما بت ليله ولي في عنق مسلم بيعه بعد ماسمعت ورايت من فاطمة" .

بعد لحظات صمت قال ؛

اوردت ذاك في سبيل التأكيد، على اختلاف النفوس لرد فعلها حيال ذات الموقف.

قلت متسائلا ؛

تعني كل من علي وأبوبكر ؟

اجاب ؛

هو كذلك، ثم أضاف ؛

لم يسأل ابو بكر علي المبايعه حتى بعث له الأخير بعد موت فاطمة.

قلت ؛

رغم إلحاح الناس على ابو بكر لفعل ذلك.

بعد احاديث جانبية وهمس ؛

قال أستاذ الاجتماع ؛

جميع البشر تخطأ وتصيب .

سأل سفير البحرين في الصين سابقا ؛

ماذا تقول عن إدّعاء العصمة لبعض الأئمة من قبل بعض الفقهاء؟

ساد ما يشبه التحفز للاستفاضة في هذا الامر.

بعد تردد من أستاذ الاجتماع قال ؛

أرجّح ان يكون أستاذ الدراسات الاسلامية أفصّح في الرّد

اشرأبت الاعناق في اتجاه مطرح الاستاذ، وفي اعينهم تساؤل وترقّب.

ارتسمت ملامح الاجتهاد على وجه الاستاذ المعني، ثم قال ؛

عماد هذه الدعوة او من ادّعها هو القرابه من رسول الله . ثم. صمت.

ولمّا طال صمته، توجهته مستحثا بقولي ؛

تفضل ياستاذ.

واضفت ؛

علما بان هذه العصمة حسب من ادّعها لا تشمل كل الأقرب لرسول الله ؟

انبرى سفير البحرين قائلا ؛

بل تشمل بالتحديد علي وابنيه الحسن و الحسين ثم علي بن الحسين وهكذا حتى الثاني عشر من ذريته .

قال احد رفاق الثوره ؛

بدى وكأن غاية من ادّعى هو التعاطف مع كل من علي والحسين.

وأردف ؛

وهو ما يُعرف بمظلومية علي وأحقيته بالخلافة بعد رسول الله، وأما الحسين ففي مقتله اثناء واقعة الحره لما خرج الى مكة مستكرها مبايعة يزيد بن معاويه. وقد ناصره ومال اليه الناس، ثم أتاه كتاب أهل الكوفه يستميلونه، فتوجه اليها وبعث مسلم بن عقيل يعلمهم بقدومه.

صمت وكأنه يستدعي ذاكرته فقال ؛

علم يزيد بخروج الحسين الى الكوفه، فأرسل لواليه عليها عبيدالله بن زياد ان يلقى الحسين جيش بإمرة عمرو بن سعيد بن العاص . أتى مقتل مسلم الى الحسين بعد ان غدروا به في الكوفه، فاراد ان يرجع وكان معه عدد من اخوة مسلم، فقالوا له كيف ترجع وقد قُتِل اخونا.

لما تقابل كل من الحسين وعمرو بن سعيد ، عرض الاول على الثاني قبول واحد من ثلاثة، ان يتركه يرجع كما جاء، او يسيّره الى الترك يقاتلهم حتى يموت، او يسيره الى يزيد ، يحكم فيما يريد.

همّ عمرو ان يسيره الى يزيد بعد ان اعلم ابن زياد وكان معه شهر بن حوشب فقال له الأخير ان أرسلته الى يزيد لن يصيبه مكروه بل ليكونن منه بالمكان الذي لا تناله انت ولا غيرك من أهل الارض، فقاتله.

ساد صمت واحاديث جانبيه.

ثم تابع ؛

تباطأ عمرو في اقتتال الحسين فأرسل ابن زياد شهر بن حوشب يستحثه ليقاتل اويقتله. اخيراً قُتِل الحسين، ومعه كثرة من ال علي قُتلوا، وأما الأسرى، فسُيّروا الى يزيد وكلهم غلمان ومعهم فاطمة بنت الحسين.

يُروى انه بكى لكلام فاطمة وقد امر بإعادتهم الى المدينه بعد ان أكرمهم واحتفى بهم كثيرا.

ساد صمت من جهة وحديث جانبي في الجهة الاخرى

الجميع مُستفز للحديث وإبداء الرأي. لكن دعوتهم للعشاء سبقت حديثهم.

47

انتهى الجمع من تناول العشاء، بعضهم انصرف ممّن يتعيّن عليه اللحاق بموعد قطار او رحلة جويه وماشابه.

بقي اخرون ممّن ليس أمامه عائق، وهم كثرة. بادرت بحديثي متوجها به الى أستاذ الدراسات الاسلامية فقلت ؛

ان روايات مقتل الحسين في موقعة الحره او كربلاء كما عُرفت يدور حولها اختلاف في التفاصيل، الديك رأي فيما قاله الرفيق.

قال ؛

من المجمع عليه، ان قاتله شهر بن حوشب، وانه من حرّض بن زياد على ان لا يسيّره ليزيد ليضع يده في يده فيسود الصلح بينهما لعظيم مكانة احفاد رسول الله لديه وان اختلفوا بسبب الملك.

وأردف ؛

حول من قُتِل من ال علي مع الحسين، هناك اختلاف وقيل من أبناء جعفر وعقيل، ولكن لاشك كان وقع الحدث مهولا وبالامكان تجنبه.

وفي كل الأحوال، هناك من يشعل فتيل التناحر ويمنع عن الآخرين لأطماع في نفسه كما سمعنا.

قال السفير ؛

ان مقتل الحسين مع اخوته ، بعد ابيه علي ابن ابي طالب ، زرعت احقادا في قلوب أنصاره ، وسمحت بظهور فتن كثيره لها اول وليس لها اخر.

حتى يومنا هذا.

قال الاستاذ ؛

هذا صحيح ، وأردف ؛

واستُغلّت عبارة آل البيت وطمع الإتّجار بها مريضوا النفوس والّبت بين بني هاشم أنفسهم.

قال السفير ؛

استغلّ أعداء الدوله الاسلامية هذه الثغرة للنيل من قوتها ووحدتها بعد الفتوحات ، فأرادوا إضعافها ، خاصة من تغلغل في خصوصياتها من شعوب الأطراف.

قلت ؛

ومن له مصالح واطماع ، على سبيل التحديد ، برزت فكرة الإمامة حتى أصبحت هي الاصل في المذهب الجعفري ، تلمس ذلك في فقههم وأصولهم بل أضحت من أركان مذهبهم ، بدل الشهادتين.

قال ألأستاذ ؛

لعل اول من تحدث عن الأمامة هو ابن سبا وهو يهودي ، بدأ يشيع بأنها وصاية من النبي ، ومحصور ه بالوصي ، وقد اعترف الشيعة بان ابن سبأ هو اول من أشهر القول بفرض امامة علي ، وأظهر البراءة من اعدائه.

وأردف ؛

اعترف شيوخ الشيعة بان 'بأبويه القمّي' سجل عقائدهم في القرن الرابع وقال انهم يعتقدون بان لكل نبي وصيا ، أوصى اليه بأمر الله تعالى.

كما ذكر ' المجلسي' بان عليا هو اخر الأوصياء، وان الإمامة بعده باطلة.

قلت ؛

وهذا ينقض مذهب الأنثى عشريه من اصله.

قال الاستاذ؛

يقّرالكاشف الغطا" احد مراجع الشيعة في هذا العصر، ان الإمامة منصب الهي كالنبوة، كما قال "المجلسي" ان استنباط الفرق بين الإمامة والنبوة لا يخلو من أشكال.

وأضاف ؛

بل في احاديث 'الكليني ' ما أورده ' الكافي' بأنها اي الإمامة تعلو على مرتبة النبوه وهذا ما يجاهر به جملة من شيوخهم، قال نعمة الله الجزائري ؛

" الإمامة العامة التي هي فوق درجة النبوة والرسالة ".

قال السفير ؛

بل وقال 'هادي الظهراني'، احد مراجع هذا العصر " الإمامة أجَلّ من النبوة انها مرتبه ثالثه شرّف الله تعالى بها ابراهيم بعد النبوة والخلّة ".

وأضاف ؛

311

من اخبارهم الكثيرة "بانه عُرج بالنبي صلى الله عليه وسلم السماء، مائة وعشرين مره، ما من مرّه الا وقد أوصى الله النبي بالولاية لعليّ، والائمة من بعده، اكثر مما أوصاه بالفرائض ".

ساد صمت قطعه الاستاذ قائلا ؛

تجلّى مبدأ السريه للإمامة، لدى الشيعة، مما يعني وجود خلية سريّه وتابع ؛

وضعت لاتباعها هذا المبدأ بهدف تقويض أركان الخلافة الاسلامية.

وما ان كُشف امرها في عهد الخلافة الراشده، حتى وقف منها

أمير المؤمنين علي كرّم الله وجهه موقفا صارما، فتعقّب ابن سبأ ونفاه الى المدائن ونفى ما حاول أشاعته من أفكار، ويعترف علماء الشيعة بهذا،

بل قالوا ان عليا قتله.

صمت للحظات ثم قال ؛

عادت هذه الخليّة تدعوا في سريه تامه، ولمّا كانت التقيه شديده في عصرهم، أمروا شيعتهم بكتمان اسرار مذهبهم، والتظاهر بالاتجاه الشيعي المعتدل.

قال السفير ؛

بل طلبوا منهم التستّر بالزيدية لانها تطلب الولايه علنا، وقد استثني زيد بن علي بن الحسين وفق مذهبهم من الإمامة .

وأضاف ؛

حتى ان عيسى بن زيد خرج باتباعه لمقاتلة ابو جعفر المنصور بعد، ان قتل ابو مسلم الخراساني الذي كان يدعو لآل علي في

الخلافة بعد ان استولى على ملك العراق والشام والحجاز وخراسان ومصر واليمن، ولكنه انهزم بعد ان أقام اياما يقاتل ابو جعفر المنصور، فيما بين الكوفه وبغداد.

قال الاستاذ ؛

في القرن الثاني الهجري، أُحيّت هذه العقيدة بذكر من عُرف 'بشيطان الطاق' حسب ما رواه الجاحظ، وكذلك هشام بن الحكم الذي جرأ على شتم ابي بكر وعمر وعثمان والمهاجرين والأنصار.

وأضاف ؛

لما وصلت الى هارون الرشيد، اخبار إحياء النظرية السبأيه بأمر موسى الكاظم، وكان متطلعا للملك كما قيّل، بعث اليه وسجنه.

ذُكر، ان جعفر الصادق لمّا سُئل عن هذا الامرقال؛ 'انهم يتكلمون ويدّعون اذ انا رضيت به أقمت على الضلالة، وان برئت منه شقّ علي.'

ساد صمت، تخلله تناول بعض المشروبات.

قلت ؛

وما قول الاستاذ في اختلافهم حول عدد الائمّة ؟

اجاب ؛

هناك روايات كثيره، بالادعاء على علي كرّم الله وجهه بل وحتى على الرسول ومنها عن ابي جعفر، ' ان قال الرسول اني واثني عشر اماما من ولدي، وانت يا علي زرّ الارض، يعني أوتادها' .

وأضاف ؛

وما يُقال عن لوح فاطمة عن الأوصياء من ولدها اثني عشر، لم يعتبروا علي من ائمّتهم.

تواتر الاختلاف حول إدّعاء فرق عديده في شأن عدد ائمّتها .

قلت ؛

هي مزاعم افتّروها على أهل البيت، وفق مصلحة الوقت، ليأخذوا الخمس والنذور والهدايا، من اتباعهم باسم أمامهم المزعوم وليعيشوا بها.

قال الاستاذ ؛

وللاسف، فان متاخريهم قد قلّدوا أوائلهم بلا دليل.

وأوضح ؛

كثرة روايات الاثنى عشريه، وسرّيتهم، جعلت الأئمة يكذّبون رواتها، مما يثير الشكوك في صدقها.

قال السفير ؛

لاستعمال بعضهم التأويلات الباطنيه.

ساد صمت وكأن الجميع يستفكر ؛

ثم قال الاستاذ ؛

ان كتاب نهج البلاغة، وقد أُجمع عليه، لم يذكر اسماء الاثنى عشر من الأئمة، وقد جُمع عن علي، في القرن الرابع الهجري، بينما تحديد الأئمة شمل فترة ما يربو عن القرنين ونصف فقط.

قلت ؛

ان فكرة تحديد عدد الائمّه يخالف العقل والمنطق، مما يعني ان تظل بعدهم الامه بدون امام !.

واردفت ؛

أُستعيظ بما سُمِّي فترة نيابة المجتهد عن الامام. ثمّ الامام الغائب والنيابة عنه والارتزاق باسمه.

قال الاستاذ ؛

ان الجو السرِّي لمنشأ الفكرة، مجال للوضع والافتراء. وما أُريد منها سوى تفرقة الامه وبثّ النزاع والشك والخلاف في صفوفها .

قال السفير ؛

برغم توارد الخلاف بين فرق الشيعة، حول عدد الائمّه، الا ان إنكار احد الأئمة يُعتبر كفر في مذهب الاثنى عشريه.

وأوضح قائلا ؛

يدّعي 'المطهر الحلي'، ان إنكار امامة الاثنى عشر، اعظم من إنكار النبوّه، فقال ؛ الإمامة لطف عام والنبوة لطف خاص، وانكار الإمامة شر من إنكار النبوه.

لاحت علامات الدهشة على وجوه الحضور، لغياب عقل مُدّعِيه .

ثم قال الاستاذ ؛

اما سمعتم بقول 'الجزائري' من علماء المتطرفين، اذ يقول ؛ " بانفصال الشيعة عن المسلمين، بسبب لم نجتمع معهم على اله ولا نبي ولا امام.

وذلك انهم يقولون، ان ربهم هو الذي كان محمد نبيّه، وخليفته بعده ابوبكر، ونحن لا نقول، بهذا الرب ولا بذلك النبي، بل نقول ان الرب خليفة نبيّه ابو بكر ليس ربنا ولا ذلك النبي نبيّنا " .

وجم الحضور وغمّ على قلوبهم، فكرّهم ما ادبر بما اقبل وما تعيشه الأمة في حاضرها.

48

أوعزت لابناء اختي ان يُقدِّموا للضيوف بعض الشاي والقهوة لبعث الحيوية في اذهانهم. بعد اقل من ساعة عاد المجلس لحديثه.

قال أستاذ الاجتماع ؛

ان سريّة الدعوة لآل علي، ثم ما عُرف بالتقية، أخصبت اجواء ظاهرة الباطنيه، فلجأت هذه الفرق الى تكفير بعضها البعض دون ان تعلنه.

وأردف ؛

ان الاثنى عشريه قد كفّرت كل من يخالفها في احد ائمّتها، وفقا لعقيدتها.

قد كفّرت الزيدية وكل السنّه، ولكن دون الجهر بما تبطنه.

بلّ ذهبت الى ابعد من ذلك، حمّلت المتطرفين السنّه تهمة تكفيرها المعلن، واخفت تكفيرها السرِّي وهو أشد خطورة.

قلت ؛

ان هذا يسمح لتمرير تكتيكها العسكري القائم على العنف والحيلة، كما حدث بين الحشاشين وصلاح الدين الأيوبي عندما همّ بقتالهم لصالح الدولة المركزيه العباسية، فاحتالوا لقتله بالعديد من سبلهم ولكن جميعها فشل.

واردفت ؛

هذا لم يمنعهم بل سمح لهم التعاون مع صلاح الدين في التخلص واغتيال ملك بيت المقدس المركيز كونراد في العام 1192م، 585 هجريه.

كما تعاونوا مع الدولة المملوكية في التصدي للتهديد المغولي في الشام.

ساد صمت للحظات.

قطعه أستاذ الدراسات الإسلامية بقوله ؛

ما عُرِف بالحشاشين، فرقه انشقت عن الدوله الفاطمية او الإسماعيلية، واساس منشأها في غرب ايران وبالتحديد في اقليم الديلم.

ذُكر الكثير عن دولة الحشاشين وقلعة الموت المحصنه بشكل عجيب، وعن استراتيجيتها العسكريه، القائمة على عقيدة، الفدائيّن والتنكر للاغتيالات التي شملت ملوكا، وقادة جيش في الدوله السلجوقية في ايران، كما طالت فرق اغتيالاتهم شخصيات هامة في الدوله العباسية.

قال الدكتور يونس موجها سؤاله للاستاذ ؛

هل من شخصيات ذُكرت، لزعماء الحشاشين ؟

اجاب الاستاذ ؛

مؤسسهم وزعيمهم، حسن الصباح، وُلد في قمّ ويُقال انه من أصول يمانيّه، ذهب الى القاهرة في العام الهجري 471، اي أواخر عهد الدوله الفاطمية.

قلت ؛

استمرت دولة الحشاشين في قلعة الموت قوية، استعصت على الدوله المركزيه حتى دخل المغول وانتهت باقتحامهم القلعة ويقال قُتِل فيها الكثير.

واضفت ؛

بانتهاء دولتهم في فارس، ضعفت دولتهم في الشام على يد الظاهر بيبرس الذي فرض عليهم الجزيه، حتى كانت نهايتها في العام الهجري 671، 1237م. وكان قيام دولتهم في العام 496 الهجري في شمال سوريا، حول إمارة أنطاكيا .

قال أستاذ الاجتماع ؛

قد يصح تعريف الحشاشين بأنها فرق متطرفة من الإسماعيلية، استغلّت ضعف وانهيار الدوله الفاطمية الإسماعيلية، التي حكمت مصر والحجاز واليمن في الفترة ما بين الأعوام، 259 الى 524 هجريه.

ساد صمت حتى تابع الاستاذ بقوله ؛

امّا كيف قامت دولة الإسماعيليين، فيُقال انها انطلقت من مدينة السلميه بشمال سوريا، على يد الداعيه ابو عبيد الله، للمدعو اليه عبيد الله المهدي، الذي توجه الى شمال افريقيا وأسس مدينته المهدية في تونس.

قلت ؛

بالطبع مُدّعيا نسبه لآل البيت او آل علي، وربما للحسين، كي يستّدر عطف ومؤازرة مؤيدين.

قال أستاذ الدراسات الإسلامية ؛

تشترك الإسماعيلية مع الاثنى عشريه في مفهوم الإمامة، لكن حدث الانشقاق بينهم بعد موت جعفر الصادق، الامام السادس. اذ

318

ترى فئة ان الإمامة لابنه الأكبر اسماعيل الذي أوصى له. بينما الفئة الاخرى تقول، انه توفي قبل ابيه، وان الإمامة لاخوه موسى الكاظم.

قلت ؛

ان دعوة الإسماعيليين، انتشرت بين قبائل البربر والأمازيغ في افريقيا.

قال أستاذ الدراسات الاسلامية :

انها الباطنيه، ظاهرها التشيّع لآل البيت، وحقيقتها اطماع السلطة، والنيل من وحدة عقيدة ما جاء بها الرسول العظيم، محمد بن عبدالله .

49

مضى على مكوثي في برلين، ما يربو على تسعة أشهر، لم ارها او اسمع صوتها ، حتى كان يوما رنّ هاتفي وانساب صوتها ؛

ياه.. كم اشتاقك !

لان صوتي لم ينساب كصوتها ، أردفت ؛

كيف حالك حدثّني عنك !

قلت بنبرة تخلو من الحياة ؛

لا بأس.

قالت ؛

هل بإمكانك ان تستوقفني على ما يقلقني من امرك ؟

قلت بتكلّف ؛

أصبحت بساق صناعية وساق خلقية.

قالت متسائلة ؛

اتأذن لي بزيارتك ؟

اجبتها ؛

دعيها لايام قادمة .

سألتني ؛

اما وصلك طوفان شوقي ؟

قلت لها ؛

انا اعيشة، واردفت ؛

لربما اختلط عليّ، فتهت عن مورده.

قالت ؛

ابعث لي منه ما يقيم الحياة بين جوانحي.

تدخّل السكوت، ينصّت لحديث الأرواح.

بعد برهة، سألتها ؛

الم تخبريني، ان كنت قد ذهبت الى الشام ؟

تبعتني كعادتها، لدى تعرّج طريقي.

فأجابت ؛

قد ذهبت.

وصمتت، كأنها تنتظر مني تفصيلا في السؤال.

متى ذهبتِ، وهل بمفردك ؟

أجابت ؛

لا اذكر على وجه الدقة.

ثم أردفت ؛

بعد سفرك بشهرين او يزيد قليلا.

أعدت فسألتها ؛

وهل بمفردكِ ؟

قالت ؛

هو كذلك.

واضافت ؛

الدكتور إيهاب، هوّن مشقة المهمة، بعد ان استثقلتها.

لفحتني رياح دهشة باردة، فسألتها ؛

ومن هو إيهاب ؟

أجابت ؛

الاتذكره ساعة زيارته لك، في المشفى ببيروت !

عُدت لمحطة تستنزف ما تبقّى لي من رمق، استعرضت من زارني حينها ثم شحت بقلبي عن ذاكرتي.

فقلت لها ؛

حدثيني عن الشام.

قالت ؛

حبيبي، أأحدّثك بما يعلمه قلبك !

صمتنا نحن الاثنين، حتى اضافت ؛

مكثت في ابو رمانه معظم الوقت.

استهويت ما قالته، فسألتها ؛

كيف وجدتِ البيت، واردفت ؛

أهو لا زال قائما ؟

احسست بتثاقل لسانها حتى نطقت ؛

البيت يشكو من أضرار، لكنها ما بلغت أضرار روحي.

واردفت ؛

أصلحت ما أمكنني اصلاحه، وأزال عن روحي بعض ما علق بها من أغبرة.

داهمني الحنق، وما كنت اهلاً لحمله فقلت ؛

باللّه عَلَيْكِ افصحي.

قالت ؛

ديارك افسح وأكثف حنوا من قلبك.

قلت لها ؛

وهل أُصبتِ في عقلكِ او قلبكِ ؛!

اجابتني ؛

لم أتوه قط عن قول الشاعر، " وما حب الديار شغفن قلبي، ولكن حب من سكن الديارا ".

تضاعف حنقي فقلت لها ؛

ان كنتِ بهذه الحذاقه، إذن لما التجني ؛!

قالت ؛

أسرّ لي بيتك ما داره عنيّ قلبك.

ادركت مرمى غمزاتها ، فقلت لها ؛

بل ما داره عنكِ قلبي، كان تحننا على كلانا .

فأجابت منفعلة ؛

كيف تزعم هذا وقد امتحنّا بعيش الأنفاق، وبالموت المقيم .

واردفت ؛

لكم هلكت روحي، وحسبتك علة هلاكها.؛!

لزمت الصمت، لجموحي النأي عن نبش جراحات عفاها الزمن. ماكنت لاطيق عبئا لا جدوى من حمله.

حتى قالت ؛

حبيبي، اتسمعني ؟

اسعفتها بقولي ؛

كلي اذان صاغيه. واردفت ؛

ها انت وقد علمتِ علة محنتنا، وقد هلكت، فحسم الزمان أمره.

احسّت نبرة الحسم في صوتي وليس في الزمان وحده، تلاشت حدة انفعالها فقالت ؛

حبيبي، حزني يسلب مني الإرادة والمنطق فلا تؤاخذني بغيابهما. تلبّدت الغيوم في روحي، كيف انزعها او اهرب منها ! الى أين، حضنها أيا ليت شعري.!

فاض وجدي بدمع يحرق صدقيّ، ياه.. لو بلغكِ جحيم حزني وشقاء رجولتي

ولكن، لاضير كلانا يفتعل اعاصيرا تسحق روحه وتجرفها الى مجهول.

قلت لها ؛

لا باس، حبيبتي.

واضفت ؛

لا تبتأسي دعيني في قلبك، ينقشع حزنكِ.

قالت ؛

وهل غادرته كي ادعوك اليه !

قلت بمزاح افتعلته ؛

جافيه، ليرحل.

قالت ؛

ساهلك قبل رحيله.

ساد صمت دامع، فأردت تحجيمه.

قلت لها ؛

ما هو حال شقة شارع بغداد ؟

ردّت على مضض ؛

معظم البنايات نصف قائمة بتاثير الانفجارات.

سألتها ؛

وكم مكثتِ في الشام ؟

قالت ؛

قرابة الأربع شهور.

سألتها ؛

وكيف مرّت ؟

أجابت ؛

بالتسكع في الشوق والحنين.

استّفطنت لسؤال، تاه عن ذهني حال سماعي صوتها، فقلت لها ؛

أأنت في بيروت الآن ؟

أجابت ؛

لست في بيروت.

ايُعقل ان تكوني بالشام وما احسست بعبقها !

شهقت بالقول ؛

اجابتني مستنكره ؛

غادرت الشام منذ حوالي الشهر.

قلت وقد غلبتني الدهشة ؛

أين تكونين إذن !

قالت بيقين ؛

ابحث عني جواك ".

كلماتها تبهجني وتشقيني في آن، فأفقد الشهوة للرّد بما يغنّجها، ادرك موقع ضعفي وجنح خيالها، صمتّ لوهلة كي يتلاشى اثير كلماتها.

ثم سألتها ؛

هل مررتِ بالمهاجرين ؟

قالت بعد وهلة، وقد بلغها إحساسي ؛

بالطبع، لقد قصدتها مرارا، واردفت ؛

ياه، لو تعلم كم تجرعت علقما !

صمتت وكأنها تستعيد ذاك الوخز في باطنها.

انتشلتها بقولي ؛

الم تلتقِ بأحد شاطرك مشاعرك، فاستلهمتِ المواساة.

أجابت ؛

ابدا، تجنبت ذلك.

واضافت ؛

اندفعت حتى بلغت مقام شيخنا الكبير ابن عربي، فشكوته ما آل اليه حال المدينه.

سألتها ؛

وهل بلغتِ الجامعة وبردى ؟

قالت ؛

خشيت صعقة الغربه، برؤية اشباح خلق.

واضافت ؛

توقفت لدى الحجاز، تناولت سندوتش حلاوه كما كنت افعل ايامات الجامعة، لكن تلاشت تلك النكهة .

وجمتُ، وكأنني أتحسس مواقع ما قصدتها، داهمتني فجأة مخاوف حرماني وطأتها عاجلا وآجلا.

بعد هنيهة، شعرت بتدفق حرارة الشوق والامل في عروقي، قلت؛

حدثيني عن ساحة "المرجه" وبردها القارص كتاريخها.

قالت ؛

تعرف، لذات السبب تجاوزتها نزولا الى سوق ساروجا، واردفت ؛

حيث حرارة البشر تعج بالمكان.

قلت ؛

ياه، ما دفعكِ الى هناك !

أجابت ؛

غربة ما هو اقرب الى جوارحي، أشدّ وطأة من زحام سوق ساروجا، الذي نادرا ما امخر عبره.

حملتني عباراتها الى واجهته من الطرف الآخر، حيث سينما السفراء والمحلات الراقية، وممرات التسكع الشقيّه.

سألتها ؛

اما بلغتِ ساحة العباسيين ؟

أجابت ؛

تحاشيت الساحتين العباسيين والأمويين، اذ انها مناطق حرب كما كانت في القرنين الاول والثاني الهجريين.

سألتها ؛

الم تغادرِ دمشق الى ضواحيها ؟

أجابت ؛

لم افعل ذلك.

ثم ادركت شيئا ، فقالت ؛

ذهبت بمهمة الى جرمانا.

دُهشت، فسألتها ؛

ما طبيعة المهمة ؟

صمتت لوهلة وكأنها تبحث عن مدخل لامر ما.

ثم قالت ؛

اما ذكرت دكتور إيهاب حتى اللحظه !

ولمّا لم تسمع جوابا ، أوضحت ؛

صديق سهيل، رحمه الله.

استحضرت مخالب ذاكرتي لسماعي بالاسم المرادف، فلاحت لي بسمته حين عادني في المشفى.

قلت لها ؛

انه طبيب العظام، أليس كذلك ؟

قالت ؛

نعم، لديه شقيقة تعيش بجرمانا ، ولقد كلّفني بايصال ظرف حوى نقودا.

واردفت ؛

هي اقل سخونة من غيرها من ضواحي دمشق، تسكنها غالبية مسيحية.

وجمت للحظات، ثم سألتها ؛

أأنتِ اعلمتِه بذهابك الى الشام ؟

أجابت ؛

هو كذلك.

واوضحت ؛

هو من وفّر لي سائقا موثوقا .

سألتها محاولا ان اخفي التشقق في داخلي ؛

اكنتِ على اتصال به طيلة مكوثكِ في بيروت ؟

أجابت ؛

بل نبل اخلاقه وشفافيته تلازمه، كما قدّم صدق مواساته في محنتي لموت سهيل، يفعل الآن وقد شعر بمصابنا.

قلت حانقا ؛

لا تطابق في الحالتين.

سارعت بقولها ؛

هو شغل حيّزا، شغرّته انت بغيابك مضطرا، فاضحيت وحيدة في مصابي

واردفت ؛

ما احتجت لمداراته لو اصطحبتني معك.

تبعثرنا في فضاء المجادلة العبثية، ولزمنا الصمت. كان حنقي
وانكساري ابلغ من الحروف والكلمات.

انتشلتني من يأسي بقولها مازحة ؛

حبيبي، مخرك طوفان الغيرة العتيد او اصطدمت بصلابة رأسك
العنيد !

تجاهلت ما سمعت لوهلة ثم أُستثرّت فقلت ؛

ماوراء كلماتكِ ؟

أجابت بمكر ؛

عُدّ الى ما يزيد عن العقدين الى الوراء.

برغم فهمي لما تدور في فلكه، الا اني بادلتها المكر، فقلت ؛

لم افهم ما ترصدينه !

صمتت وكأنها تراجع نفسها فيما سيصدر عنها.

حتى قالت ؛

حين عزبت عن الشام عنوة الى موسكو بتكتم، وتجاهلت او
بالأحرى قذفت بكل مشاعرنا الى المجهول، بكل صلافة وعند.

استشطت حنقا، فأجبتها ؛

اما كنتِ بين يديّ رجل آخر !

قالت مفتعلة الهدؤ؛

ولكن قلبي معك !

استمر شططي، فأجبت ؛

لست دَاوُدَ ان تغافلت عمّا تزدريه نفسي.

صمتت بوازع التردد ، ثم قالت ؛

اما ارتبطت بسونيا وضممتها بين يديك.

قلت جازما ؛

ليس هي الحقيقة.

سالت بإلحاح ؛

وما هي الحقيقة إذن ؟

اجبتها بذات النبره ؛

جمعتنا المصالح وليست المشاعر.

واوضحت ؛

ما كان لإمراة اخرى ان تعبر قلبي.

تابعت مستنتجة ؛

لقد سلكت ذات الطريق، التي سبقتك اليه.

قلت محتدا ؛

لكن جوهر الشيء مختلف.

شعرت بغيضها قبل ان تفصح.

اذ قالت ؛

وما وجه الاختلاف في الجوهر.

اجبتها مستنكرا ؛

انا سيّد سلوكي، ولكنكِ عكس ذلك.

قالت بمكر ؛

انا المفعول به (واردفت ؛

بينما انت الفاعل.

تبادلنا ابتسامات مُستبطنه المكر والمشاكسة.

ثم سالت ؛

وهل كل رجل فاعل وسيد سلوكه ؟

اجبتها ؛

ليس بالضروره .

قالت منتشيه ؛

بالله على غرورك، ايزيدني عشقا ام حقدا !

اجبتها ؛

عَلَيْكِ ان تختاري.

قالت ؛

ساجمع بين الاثنين !

قلت لها ؛

هذا لا يستقيم، الكِ قلبان !

صمتت وكأنها تبحث عن معبر.

بعد لحظات قررت تيّسير عبورها ، فسألتها ؛

عبر سنوات عشقنا المديد ، هل داخلك حقد عليّ، او داهمتكِ الغيره من سونيا ؟

أجابت بلا تردد ؛

هذا ، مالم يحدث ابدا لا اليوم ولا غدا ، وُجدت سونيا ام لم تكن.

سألتها ؛

هل تعلمين سببا لهذا اليقين ؟

وجمت ثم قالت ؛

هو اليقين، ينبع من الداخل، من الروح.

اجبتها ؛

بل هو يقينك في رجل أحببته وهو سيد نفسه.

قالت ؛

قد يكون ما تقوله صوابا.

ثم اضافت ؛

وقد تكون ذاتي منبع يقيني.

اجبتها متشككا ؛

ليس على وجه الدقه.

قالت ؛

وجدت الشِعب الى قلبك وحرت في اتباع اي الشِعاب الى ذهنك.

اجبتها ؛

بل علمتها واقتربتِ منها ولكن تتمنّعين عن ولوجها.

قالت ببعض الاستنكار ؛

فيها موت مقيم لكلينا !

قلت بنبرة باطنها التأسّي ؛

الفراق لا يُوقف نبض الحب.

قالت تغلبها حسرات ؛

ولكنه ارتضاض للروح.

قلت ؛

رضوض الروح اهون من هلاكها بتوقف نبض الحب.

ساد صمت حديث الروح ونشوتها، فكنت احس نبضها يصرخ
ملتاعا بهدير الصّب، حتى قالت ؛

أيا ليتني بين يديك، هو أنجع وأقرب المسالك الى رأسك.

سقطت في هاوية شوق تستثير الشهوة، لم استطع المواجهة عن
بعد، قلت لها ؛

اطلنا الحديث وهنا من ينتظرني، اعتني بنفسك حتى لقاء.

50

قفلت خط الهاتف وتهاويت على الكنبه، لا ادرِ كم مرّ من الوقت، افتطنت عندما أرخى الليل سدوله.

كان صدى كلماتها الجياشة يخترق علائق مهجتي، ويُوقظ في راسي فزعا.

اني اقذف بها في قعرسراديب مقيته، وكأني اختبرها، يا خشيتي من عواقبها.

تُرى ما هي عليه اللحظة وغدا وبعده ! لا شك انها تدرك مرماي.

كلانا يصطلي بحريق الفراق، ستعذرني لفداحة قراري فهو بفداحة مصابي.

جلّ ما يسلب مني الحياة، فقدانها وضياعها، قالت لي اننا تهنا، قلت لها أنتِ لن تضيعي.

لكني أقول ما قاله محي الدين بن عربي ؛

ان الفراق مع الغرام لقاتـلي   صعب الغرام مع اللقاء يهـونُ

ما لي عذولُ في هواها، انها   معشوقة حسناء حيث تَكُونُ

فقت على نداء داخلي يدفعني للكتابة، نهضت الملم جراحاتي وانكساراتي وانكببت على اوراقي.

الكتابه تضمّد جراحا وتجبّر كسورا. ورب قائل يدّعي عكس ذلك.

اننا نكتب بارادة ان يظل الجرح حيّا ومفتوحا، نكتب لان من نحبه غادر ونحن لم نقل له بعد ما كنّا نشتهي قوله.

نكتب لأننا نرفض ان نشفى من الآخر، كما نرفض ان ننسى، العشق دائما هكذا، اصلد عنيد على وجه الارض. لا يستسلم الا لرغباته وشهواته .

قد نكتب بغرض حاجتنا للنسيان او لمزيد من الالم، مُوجّهين نداء إستغاثة، لا يهمّ اذا سُمعنا، ام لم نُسمع.

في كل الأحوال، بالكتابة نفتح نافذة على الروح، نعتقد بان روح المعشوق في الجهة المقابلة . ذاك ما استشعره ابن عربي ؛

تناوحت الأرواحُ في غيضة الغضا   فمالت بأفنان عليّ، فأفناني

وجاءت من الشوق المبرّح والجوى   ومن طُرف البلوى إليّ بأفنانِ

سأقتفي درب " أندريه جيد" في السرد، لطالما احببت شفافيته وتدفق نبضه غير المتسلسل.

تباغتني الذاكره في خلوتي، فتضرب عرض القلب بكل أسراري.

يوم كنّا نملك احلاما وفضاء مشعا، يضمّنا وطن وتحتوينا قلوب دافئه ويحصّننا شموخ قاسيون يغمرنا بظلال الجنة.

كنت في ذلك الزمن الذي صار اليوم بعيدا، الشاب العاشق الغارق في النظريات والابجديات الغامضة، وكنتِ الصبيه المعشوقة ذات الضفائر الحريرية المنسابه، تضيء بكِ الألوان الزهرية وتشرق في عينيكِ اسحار شرقية.

المحك عبر النافذة متخفيا خلف الستاره، ساعة تغيير ملابسك، سعيدا برؤية مفاتن جسدك المشع كخيوط الضؤ. زاد ولعي بكِ وازددت رغبة لكشف سرّك الآسر، مع إحساسي بالخوف والرهبة.

سنة تنسحب وأُخرى تأتي، وانت ما زلت تستفيضين حسنا ملائكيا، يستتر بهالة الطفوله، قبل ان يضحى باذخا يستصرخ الشهوة.

في عينيكِ، سحر ينبعث من بريق يومض بالدعوة الى حب مقيم، والى شوق عنيد فاضح.

كنتِ لدى زيارتكِ لي في المكتب، تجلسين في مقعد بمحاذاة مكتبي، لتضيّق المسافة بين نظراتنا. اصطنع الانشغال بأوراقي بينما عينيّ تتسلل لتقرأ ما في عينيكِ، فتقبضيني متلبسا، يسري اشتعالي اليكِ فيستفيض ذاك البريق حتى يعرّي نشوتنا.

ان ما ترسله عيناكِ يزيدني عشقا، يجذبني الى جنة نار لا اريد ان اغادرها، كما وأنكِ بين ذراعيّ، نتمرّغ في نعيم حب يتدفق نبعه، فيغمرنا حتى نغرق.

لكم يحضرني ابن عربي اذ ينشد ؛

من كل فاتكة الالحاظ مالكةٍ
تخالها فوق عرش الدّر، بلقيسا
تُحيي، اذا قتلت با للحظ، منطقها
كأنها عندما تُحيي به عيسى

ان الحب هو حظ كبير يوضع بين يدي الانسان، عليه ان يتشبث به حتى الموت. تخيّل كيف ستكون الدنيا لو لم يكن هناك امرأة تعشقها فتنير ظلمة الحياة.

للأسف، الانسان يملك قدرا مبطنا وعفويا من البؤس، يدفع به دائما نحو تدمير اهم صرح من صروح البشرية، الا وهو الحب.

ما في عينيكِ من بريق يستصرخ شهوتي ورجولتي، بشفرات يبعثها، فتُوقظ فيّ الحياة، عندما يضيق بي كدرها.

دوما مفعمة بعطاء لا ينضب، من التحنن ورهافة الحس وفيضان في الوجد، يغمرني في الوصل وفي الفراق، يقطر من انفاس كلمات تبثّها فتخترق أحشائي، لا يسعفني سوى قرار احمق بسرعة البرق، يأخذني عبر المحيطات واليابسة حيث تكون.

في نهار من زمن اضحى بعيدا، كانت لا تزال في باريس وانا في الشام، احسست بنار وجدها تشعلني عبر اثير الهاتف، فجن جنوني.

في مساء اليوم الذي يليه هاتفتها، أتاني صوتها ؛

آلو ... حياتي

اجبتها ؛

انا بالفور سيزن شانزيليزيه.

قالت مندهشة ؛

ايُعقّل ان تغادر العقل !

قلت لها ؛

وهل تتركين لمن يحبكِ عقلا.

سمعت ضحكاتها وقد امتزجت سعادتها الفائقة بسخرية مُفتعله.

قلت بانفعال الولهان ؛

كُفّي، لا تفسدي منحة القدر، واردفت ؛

تعالي كما أنتِ ولا تتزيني.

أجابت مرتبكة ؛

سمعت واطعت الى اللقاء.

بعد اقل من ساعة، مرّت متثاقلة، طرقت باب غرفتي، فتحته واختبات خلفه كما يلعب الأطفال، انتظرت دخولها فأمسكت بخصرها.

قالت محاولة ان تقع بنظرها على وجهي ؛

حبيبي، دعني احدّق في عينيك لأدرك بانه ليس حلما.

ظللت على قبضتي وانا خلفها، فأضحت مأسورة.

قلت لها ؛

اتودين رؤية رجلا غادر عقله !

قالت مشتعلة ؛

بلى، هو غادره لأجلي.

أبقيتها ملتصقة بصدري، قالت ؛

الا يروقك ان تشهد مقتلي فيك ؟

قلت لها ؛

اعلم بان مقتلكِ في ابتسامة عينيّ. واردفت ؛

لكني لا أودّ قتلك قبل ان أُطعم بكِ جوعي وانت شهيّة.

آثرنا الصمت، فقد تكسّرت الأبجدية في حناجرنا حين فاقتها النشوة.

339

ما كنت لأقاوم، مررت بشفتي الظمأى عنقها، تراخت قبضتي وقد زجرتها سيادة شهوتي، أدرتها ولامست شفتيّ شفتيها كما يُلعق رحيق الندى من ثنايا النرجس.

همست بين شفتيّ ؛

ابحت لك قتلي !

قلت وانا أحملها الى السرير، وقد خفّ جسدها وعقلها ؛

أين تركتِ العقل !

أجابت؛

لعقته شفتاك.

قلت ؛

وما سرّ خفة جسدكِ !

قالت ؛

عرّته عيناك !

قلت بخفة عقل ؛

وأين ذهبت روحكِ.

قالت باستكانة مفرطة ؛

الى بارءها !

بعدها، سلبنا نبض اجسادنا ملكة السّرد بالكلمات.

افقنا على خيوط شعاع الشمس، المتسربة من ثنايا الستائر.

تسرّبت هي الاخرى، من بين ثنايا أعضائي المرتخيّه، قبل ان تُباغت بتصلّبها، فتقع في الأسر مجددا.

احسست بشفتيها تقبّل عينيّ ووجنتيّ وصدري، وانا نصف نائم.

همست في أذني ؛

حبيبي، اراك لاحقا.

برّرت ذلك بقولها ؛

لكم انت في حاجة الى الاسترخاء ! بعد توترك من خلال طلقات سفرك الداهم .!

51

مساء ذلك اليوم استقبلتها في مطعم الفندق، قالت بقبلتها؛

انمت بما يكفيك ؟

قلت مستنكرا ؛

وهل قطعت كل تلك المسافات كي انام !

أجابت وقد غلبها التحنّن ؛

شغفي بك وخوفي عليك، فعذرا.

سألتها ؛

ماذا تُحبين ان يُحضّر لكِ ؟

قالت بغزل لسانها ؛

وهل في من أحبّ منك !

قلت مازحا ؛

اتشبعين بي ؟

قالت ؛

ويحك، اسأل قلبك !

قلت لها ؛

الوصال في الحب غذاء للروح. واضفت ؛

لكنه ابدا لا يُشبعها، ليس كما الاكل، وحاجة الجسم لقدر منه.

قالت ؛

صدقت يا فيلسوف الحب.

ساد صمت الهوى، عندما اقبل النادل لتلقي أوامر وجبتنا .

ثم قالت بعد انصرافه ؛

اذا كنت تقرّ بنعمة الوصال للروح، فما قول الفيلسوف، ونحن نتلظّى بنار الفراق ؟

صمت لبرهة ثم قلت ؛

اثناء الفراق، تتغذّى روحي باشعاعكِ.

قالت ؛

حبيبي، أتعرف ان غريزة الحب وشهواته اكثر كثافة وإلحاح لدى المرأة.

قلت لها ؛

لان الرجل يُوظِّف مساحة اكبر للعقل في الحالات العاديه.

ابتسمت، واقتربت منها هامسا ؛

اما عيّرتني بمغادرة العقل ؟

قالت بوله ؛

بل ليتك تغادره دوما.

اجبتها وكأني أفشي سرا ؛

لِما كان لي في قلبك، هذه المكانه الخاصة والفريدة في لونها.

مضت ما يقارب الساعتان حتى انتهينا من تناول العشاء، أصبحت في عجلة من امري، اذ تضاعفت شهوتي وانا انظر في بريق عينيها يغمزني بشفراته الحاده. كانت تلبس رداءَ يعرّي جزء من نهديها القاتلين.

وصلنا الغرفة ونحن على صفيح ساخن من النشوة الطائره، اللحظات التي تعبر بنَا الى برزخ، ادفع كل عمري ثمنا لبلوغه.

لا اعلم كيف أصبحنا جنينين، للتو خرجا من رحم عراة، بالكاد تفتح أعينهما للضوء.

ما أجَلّ تلك الومضات التي يمنحها القدر للإنسان، كالصدقة الفريدة.

تلك الساعات التي يجود بها الزمان، فتخفق الأبجديات والالوان في رسمها.

كنّا كالأجنّة في أرحام امهاتهم، في احضان بَعضُنَا، نتلو صلوات الغفران والشكر للقدر.

امتطيت فرسي الأبيض الجميل، وقد سرجّته بنشوة الحب الفلكية، يعدوا بيّ طائرا بأجنحة من ألوان قوس قزح، تصافح النجوم التائه .

دوما شقوة عشقي باذخة لا تهدأ ، أحسّت بأنّتي وهي بين ذراعيّ وفخذيّ، سألتني ؛

مابك حبيبي ؟

قلت كمن يستذّبح لنشوته غير عابئ ؛

يبدو انه طفح جلدي خفيف وعابر في فخذي الأيمن، يُحرقني عندما تلامسه خصيتي.

قالت لي بانفاس الشغف والحنوّ ؛

اهدأ وأرني وجهك.

لما فعلت، ادارتني على جنبي الأيسر وهي على جنبها الأيمن، رفعت فخذي الأيمن ووضعته على جنبها الأيمن.

وضعت راسي على صدرها مُقرّبة حلمة نهدها الأشم والذي اعشق في فمي.

رضعته، حتى سكرت به، فغفوت.

كان شهد حب وتحنن الهيين، لا تبلغه الكائنات في الارض.

هي تعلم كنه ما يعني لي نهداها، أقول لها دوما، انه الاقنيم الرابع.

هو آية في الحسن والرقة والشمم، نموذج ابدع في خلقه الرب،

منذ نشأتها وبلوغها، لمحته متخفيا من وراء الستاره فأحببته، ظننت ان كل نهود النساء تماثله. حتى ادركت لاحقا بلاهتي وجهلي.

كنت أظن جميع النساء، بذات الرقه والرهافة وذات الملمس والإحساس.

حتى استفطّنت حماقتي، بعد ان عاينت كثيرات منهن عبر طريقي.

انها أيقونة بحثت عنها وفق مخيلتي، حتى أصبحت ليّ الحياة .

52

مضت سبعة شهور دون ان اسمعها، عزائي اني اكتبها بدفق شرايّني قبل ان تتضبّ وتجفّ. حتى كان يوما، سلّمني ابو الخير مظروفا يحمل طوابع لبنانيه، فتحته، في جوفه مظروف آخر مُغلق.

فتحت المظروف المغلق، وقرأت ؛

اكتب اليك، كما فعلت قبل خمس وعشرين عاما، عندما انتفيت بجسدي في حضن أندلس ابن عربي وابن حزم. كان الوجد يفيض عبر " تريفا " الى بحر الظلمات فيبلّه، كما قال كامو " ظل المطر يسقط حتى ابتل ماء البحر ".

اليوم، انتفيت فيك، فلبستك رداء الرهبنة لدير القديسة ' تقلا ' في معلولا.

حضنتك شاما وانت في منفاك، اذ كما قلت لي يوما اصبح بعيدا ؛

لا تطيق الروح فراقكِ والوطن مجتمعين.

ما أشبه اليوم بالبارحة، عندما حجرت علينا، حينها كتبت اليك لابثّ شكوى الوجد، اليوم تحكم بذات الحجر على نبضينا، لكني لا اكتب لابثك شكواي، حبيبي. بل لاحيطك علما كي لا ترجو وصالا.

لقد بلغ الالم مني مبلغك، فعاشرته، وضرب الحزن اطنابه في روحي فضاجعته.

نرجس، نيسان 2017 معلولا.

طويت الرسالة، وقد أفلجتّني الدهشة، ما كنت لاتخيّلها راهبة، في دير ببر الشام، بدى، وقد سكنها الكمد والاسى، يا لحماقتي !

قد هضمت ما بجوفي من مشاعر القلق والغيرة، بعد ان اختبرتني.

تساوت لديها الإقامة، خارج الدير وداخله، فآثرت الثانيه علّ تجد فيها نبّتة النسيان.

الحجر في مثل عشقنا، كدمات للروح، لا يُشفى من اثارها إلاّ بزوال اسبابها، وقد لمست استحالة ذلك.

كانت علّة الحجر الاول والذي اصبح بعيدا، بعد السماء عن الارض، خوفي عليها من انياب البشر تنهش منها، حتى زلنا اسبابه.

اليوم، علّة الحجرعلى الوصال، خوفي عليها من شكّات القدر تتزامن مع الوصال، وانا عاجز عن تغيير او تجنّب قدري ولو فيه حَتْفِي.

مكثت شهورا، افتح رسالتها واطويها حتى حلّ أيلول ببرده ورياحه الغجرية الهوجاء وتساقط أوراق شجره وبشره الصفراء.

كنت أُعوّل على الربيع، مربع قلوبنا بالهوى، ونفحة زهره أينما كنّا.

لم يكن عشقنا يتواءم ودمع الخريف او صقيع الشتاء، هو في عُرِّي أبدي.

هجرني الانتظار، عزائي اني اكتبها اليوم بنبض حروفي، بما يشبهها بعد ان كنت اكتبها بنبض جسدي، بما يشبهني.

ان الأكثر وجعا، ليس ما لم يكن نملكه، بل، ما امتلكناه زمنا وسيظلّ ينقصنا الى الأبد.

قلب الفصاحة لإبن عربي ؛

بان العزاءُ، وبان الصبرُ اذ بانوا
بانوا وهم في سويداء القلب سكانُ
سألتهم عن مقيل الركب، قيل لنا :
مقيلهم حيث فاح الشّيحُ والبانُ
ألا يا حمامات الأَرَاكةِ وألبانِ
ترفّقن لا تُضعفن بالشجو أشجاني
ترفّقن لا تُظهرن بالنوح والبكا
خفيّ صباباتي ومكنون أحزاني.

اصدارات المؤلفة

صدر للمؤلفة عن المؤسسة العربية للدراسات والنشر:

1ـ العولمة والتنمية الاقتصادية ـ اقتصاد/2002.

2ـ عشقي الابي ـ شعر/2016.

3ـ قلق الذاكرة ـ رواية/2016.

4ـ عندما يكون الحب عذرياً ـ شعر/2018.